# 現代日本の景気循環と経済危機

●

星野富一著

御茶の水書房

# はじめに

　1950〜60年代に全盛期を迎えたパクス・アメリカーナの下で，先進資本主義諸国での大企業体制と労資同権化を基礎とし安価で豊富な原油と労働力の供給に支えられ，歴史上も異例に高い経済成長が実現された。特にその60年代は「資本主義の黄金時代」と称される繁栄期であった。それと共に，この時期の各種法人税や個人所得税などで潤った国家財政に支えられて多かれ少なかれ社会保障制度を完備する福祉国家体制が成立したのである。
　しかし，そうした高度経済成長期も，決して長くは続かなかった。やがて労働力不足による労働運動の急進化と貨幣賃金率の上昇，原油価格の急騰が企業利潤を削減し，大企業体制の下で経済成長の停滞ないし不況とインフレーションの進行とが同居するスタグフレーション現象が発生したのである。また，国家財政も社会保障費の増大とは対照的に税収は頭打ちないしは減少し，財政収支赤字の拡大の下で福祉国家体制も見直しを余儀なくされたのである。
　それと同時に，1960年代には先進諸国間での不均等な経済発展も進んだ。敗戦国として戦争による破壊と荒廃からの急速な戦後復興を進め，インフラの整備と民間企業の設備投資によって高い労働生産性を実現し世界市場で輸出競争力を高めた日本やドイツは，基軸国アメリカを急速に追い上げ，追い越したのである。アメリカでは，輸入の増大に対する輸出の低迷によって貿易収支赤字が拡大しドルの対外流出とそれに伴う金ドル交換でアメリカからの金準備の流出も増大した。
　1970年代に入ると，パクス・アメリカーナの衰退はより一層急速に進行した。1971年にはニクソン・ショックを契機とする固定為替相場制は崩壊し変動為替相場制への移行が進んだ。70年代には2度のオイルショックを契機としてスタグフレーションは世界的な現象となり，それへの適応力の違いもあり先進各国間での経済の不均等発展はさらに進行した。

そうしたパクス・アメリカーナの衰退に対し，それらへの対応としてパクス・アメリカーナ再編の動きが本格化するのは1980年代である。1979年にまずイギリスでサッチャー政権が新自由主義政策を掲げて登場した。また，それに呼応する形で1981年にはアメリカで本格的な新自由主義政権としてのレーガン政権が登場した。日本でも1982年11月に成立した自民党中曽根康弘政権が明らかに同じ流れに乗り新自由主義政策を採用した。それら政権にいずれも共通する点は，労資同権化から労働組合運動の抑圧への労働政策の転換，減税と小さな政府による福祉国家の再編，民営化と規制緩和を政策的枠組みとするものであった。アメリカ主導の新自由主義政策は一方では，「小さな政府」をスローガンとする世界規模での資本の自由化ないしは活性化と市場主義の復権であり，「世界的成長連関」への一体化に統合としてのグローバル資本主義化の推進である。しかし，それは同時にまた戦後の労資の同権化を逆転させる「資本の反革命」（水野和夫）によって利潤率を高め資本の復権を図る動きに他ならなかったのである。幻想としての社会主義が存在していた時期には，それが「資本の反革命」に対するある程度の抑制要因として作用したかもしれないが，社会主義の幻想が徐々に剥がれ，そしてまた「現実存在としての社会主義」体制が崩壊した1990年以降は，ロシアや東欧の旧社会主義諸国や中国やベトナムの社会主義諸国も雪崩を打って，グローバル資本主義に組み込まれていったのである。さらに，このグローバル資本主義化の技術的基礎となったのものこそ，インターネットの普及に代表される情報化の急速な進展であった。

　本書は，先進資本主義諸国だけには留まらず社会主義国・旧社会主義国などの市場経済移行国を含む世界各国でグローバル資本主義化と新自由主義政策が全盛となった下で，明らかにそれまでとは異なった動きを示すようになった1980年代後半から2013年頃までの日本における景気循環や経済危機を実証的に解明することを課題としたものである。

　本書は全体が2部から成っている。第1部「1980年代日本の大型好況から90年代の長期低迷へ」では，主として1980年代後半から90年代にかけ

ての日本の景気循環と経済危機を中心に考察した。第1部は3つの章を配している。

第1章「日本のバブル経済期における大型好況とその終焉」は，日本のバブル経済期は株式や不動産等への資産投機とそれらへの金融機関による投機的な与信行動が行われたという金融面だけの現象に留まるものでは決してなく，それは同時に高度成長期にも匹敵する民間企業の設備投資ブームに支えられた大型好況であったことに注目し，そうしたバブル経済の実態面に立ち入った考察を加えたものである。

まず第1節では，1985年9月のプラザ合意による急速な円高の進行で日本は円高不況に陥ったとはいえ，比較的短期間に日本企業は円高への適応を完了し，1987年頃からはむしろ内需主導の大型好況へと転換したことを明らかにした。またその大型好況の原因として，政府・日銀の財政金融政策に加え，中曽根政権による規制緩和と民営化路線，そして何よりも民間企業の設備投資などが大きく寄与したことを明らかにした。第2節では，この大型好況を支え，またその後の人手不足を生み出すことになる民間企業の設備投資の特徴を解明した。第3節では，大型好況期における雇用・賃金動向や個人消費を中心に考察した。第4節では，こうしたバブル期の大型好況を終焉させた原因をやや立ち入って考察した。すなわち，一方ではバブル経済の加熱によるインフレ懸念を強めつつあった日銀が，消費者物価上昇への予防的措置を理由として公定歩合を相次いで引き上げるなど金融引き締めに転換したことを重要な転機とし，他方で実体経済面での人手不足による人件費や減価償却費の負担増大等が売上高経常利益率を低下させたことが，バブル崩壊の大きな原因であったとした。

第2章「金融機関の不良債権問題と日本経済」では，バブル崩壊後の1990年代における金融システム不安の核心であった金融機関の不良債権問題の実体について考察すると共に，こうした不良債権問題がただ単に金融機関だけの問題ではなく，同時にまた実体経済面と密接に関連した問題であったことに検討を加えた。第1節では，金融機関の不良債権問題と金融システム不安や金融危機を巡る状況を具体的に整理した。第2節では，不良債権の

諸定義を明らかにした上で，金融機関が抱える不良債権の規模とその処理状況を考察した。第3節では，不良債権問題を処理する後から新規に不良債権が生み出される実体経済にも注目する必要があることを指摘した。

　第3章「バブル崩壊後における日本経済の長期低迷と企業金融の変容」では，「失われた日本の10年」といわれる日本経済長期停滞の原因を改めて確認すると共に，日本企業の資金余剰主体への転換に示される企業金融の変容の原因を考察した。本章は膨大な不良債権問題を抱えた金融機関による「貸し渋り・貸し剥がし」に求める通説とは異なり，1980年代のバブル経済期における過剰投資や過大な財テクを進めた企業部門がバブル崩壊後にバランスシートを悪化させ，また過剰雇用・過剰設備・過剰負債の3つの過剰問題を抱えて業績を悪化させた結果，バランスシートの改善や高コスト体質の是正を求められたことや，そのことが日本経済の長期停滞を余儀なくされた第1の原因であると考えている。その結果，日本企業は従来のマーケット・シェア拡大型の投資行動から収益重視・財務体質の改善への転換を進め，資金の余剰主体へと向かったと考えたのである。まず第1節では，日本銀行の「資金循環勘定」を用いて民間非金融法人企業部門が資金余剰主体へ転換した事実を確認した。第2節では，90年代以降の民間非金融法人企業の資金運用の減少とその内実を，また第3節では，民間非金融企業の資金調達の減少とその内実を，それぞれ財務省「法人企業統計」を用いて明らかにした。第4節では，民間非金融法人企業の資金運用・調達構造の変容を生みだした背景に焦点を当てつつ，日本経済長期低迷の主因を考察したのである。

　以上の第1部に対して，第2部「2000年代日本の戦後最長の景気拡大から二重の経済危機へ」は，2000年代から始まる日本のいわゆる戦後最長の景気拡大とその実態を考察した上で，その後2000年末から2010年代に相次いで襲来し，その長期景気拡大を終焉させた世界経済金融危機と東日本大震災という2つの経済危機のもたらした影響を考察した。またこれと関連して，アメリカ発の世界経済金融危機とその原因についても考察した。最後に，1990年代から2000年代を通じた日本経済は「失われた日本の20年」といわれる長期低迷として特徴付けられるが，この問題に対する安倍政権の経済

政策であるアベノミクスを批判的に検討した。この第2部は，以下の4つの章から構成されている。

第4章「2000年代日本の戦後最長の景気拡大とその実態」は，10年間の長期停滞の後に久々に訪れた2002年に始まる戦後最長の景気拡大と，その実態を明らかにすることを課題とした。第1節では，この戦後最長と囃されるその景気拡大も，経済成長率が過去の景気拡大と比較して極めて低く多くの人々にとってほとんど好況感を持てないものであったにもかかわらず，企業業績面では1980年代後半のバブル期のピークを上回り過去最高益を更新するなど好況の実体は確かにあったことを示した。その上で，その景気拡大の要因として，企業部門の3つの過剰問題と金融機関の不良債権問題の上からの処理が多かれ少なかれ進捗したことや，円安とアメリカの景気拡大により日本の輸出が拡大したこと，そしてそれらが相俟って大企業を中心とする法人企業の利益を押し上げたことなど，の側面から明らかにした。第2節では，そうした戦後最長の景気拡大は，しかし，企業の内部留保の増大と設備投資の低迷，非正規雇用者数の増大と所得等の格差拡大，ワーキングプア層を含めた被保護人員の増大などの多くの構造的問題も抱えており，今や「失われた日本の20年」ともいうべき過程に入っていたことを指摘した。

第5章「二重の経済危機下の日本経済」は，そうしたいびつな経済的繁栄であった戦後最長の景気拡大も，2008年9月のリーマン・ショックを契機とする世界経済金融危機＝世界同時不況により終止符を打たれたこと，またそこからの回復も進まぬうちに2011年3月には東日本大震災によりさらなる落ち込みを経験したことや，それらが及ぼした経済面での影響を考察した。第1節では，世界同時不況によって日本経済がいかなる影響を被ったのかを，輸出動向，鉱工業生産指数の推移，企業収益，設備投資，そして雇用・賃金の面から考察した。第2節では，世界同時不況からの回復途上にあった日本経済を突然に襲った自然的・人的災害である東日本大震災について，その損害額の推計を見た上で，その大震災が企業経営や雇用・労働条件に及ぼした影響とその後の推移を考察した。

第6章「アメリカ発世界経済金融危機とその原因」は，第4章と第5章の

世界経済的枠組みであった2000年代アメリカの景気拡大やアメリカ発の世界経済金融経済危機を概観すると共に，その世界経済金融危機の原因は，多くの論者の見解に見られた「金融の暴走」という側面だけに求めるのではなく，むしろ2000年代アメリカの景気拡大の実体経済的側面に内在したことを実証的に解明した。

第7章「アベノミクスと日本経済の行方」は，本書の主として第1章から第5章までで分析した1990年代から2000年代にかけての日本経済の長期経済停滞（「失われた日本の20年」）やその構造的な問題を，大胆な金融政策，機動的な財政政策，そして民間投資を喚起する成長戦略の3本の矢によって解決しようとする第2次安倍政権の経済政策であるアベノミクスについて，政権発足後4か月あまりという極めて限定された時点に立ってではあるが，批判的に検討し予測したものである。

第1節は，「ゼロ金利政策」だけでは足りず「量的緩和政策」にまでの「未知の領域」にまで踏み込んでいた白川日銀の金融政策を「デフレ政策」に過ぎないと強く批判し，2％の物価上昇率目標が達成されるまで，大胆な金融政策（「量・質とも異次元の金融緩和」）を進めるという黒田新日銀の金融政策の危うさを検討した。「異次元の金融緩和」がデフレ脱却をもたらすメカニズムが必ずしも明確でないことや，賃金水準を上回るインフレの悪性化によって国民生活が悪化したりバブルが再来したりするなどの副作用が懸念されるとした。

第2節は，民主党政権による「コンクリートから人」への政策を，「国土強靱化」を大義名分として再逆転させ，公共事業を増大・優遇しようとする財政政策が，景気回復に繋がらないまま財政赤字を急増させた1990年代の二の舞になりかねないことや，消費税率の10％への引き上げが社会保障制度の安定的財源を確保することを大義名分に決定されたにもかかわらず，事実上それが公共事業費や明確な課税ベースの拡大なき法人税率引き下げの財源とされかねないことへの懸念を指摘した。

第3節は，アベノミクス推進の立場からでさえ，カンフル剤的効果しか期待できないとされていた第1，第2の矢に対して，最も重要な第3の矢であ

りながらも具体策に欠けるとの批判が多い「民間投資を喚起する成長戦略」を，エネルギー政策，通商政策，労働政策の3つの側面から検討した。エネルギー政策では，未だ収束の見込みが立たない福島第1原子力発電所の過酷事故を忘れたかのようなトップセールスによる原発の海外への売り込みや，国内での原発再稼働の強引な推進など，露骨な原発マフィア寄りの政策を批判すると共に，発送電分離と電力の地域独占打破を軸とする電力小売り自由化実現の重要性を強調した。通商政策では，選挙公約違反となりかねないアメリカ(とその巨大資本)主導のTPP締結に前のめりとなるのではなく，アジア共同体をも見据えたASEAN＋6によるRCEP（東アジア地域経済包括連携協定）締結への推進に期待感を示した。また労働政策では，解雇規制の自由化や残業手当なき無制限の長時間労働を可能にするホワイトカラー・エグゼンプション導入など，大企業寄りの人件費削減政策や労働市場の流動化政策が推進されようとしていることを批判し，むしろ同一労働同一賃金原則による労働の社会的公正確立の重要性に言及した。

　以上のように本書は，1980年代から現在までの日本の景気循環や経済危機を中心とする現状分析である。しかし，これも当初から一貫した主題の下で1冊の単著に纏める目的で，順次執筆してきたものでは全くない。過去10年間ほどの間のその時々の私の問題関心の下で，しかも時期的にも前後しながら，或る時は学会誌の掲載のために，また或る時は初心者向けの教科書用に執筆したものに，今回新たに書き下ろしの諸章も加えて，一書に取り纏めたものである。したがって，各章ごとの叙述の精粗の違いや若干の文体の違いを埋めることに出来るだけ努力はしたものの，それを完全になくすことは出来なかった。読者にはご海容をお願いする次第である。また，本書が目指した課題がどれだけ達成できているかについては，読者のご判断とご批判に委ねるほかはない。
　なお，本書で「景気変動」ではなく「景気循環」という用語を使用した理由も若干説明しておこう。「景気循環」という用語を使用したのは，それが必ずしも「好況―恐慌―不況」という例えば10年の周期的景気循環だけを

意味することにはならないと思うからである。英語の business cycle/ trade cycle は「景気循環」「景気変動」の両者を意味する一般的な用語として使われており，英語とほぼ同義な「景気循環」もまた，「好況—恐慌—不況」からなる周期的な景気循環だけでなく，不規則でしかも激発的な恐慌局面を持たない「好況—不況」のように単なる景気局面の交替を指すものとして使っても差し支えないと考えたからである。

　本書の出版に当たっては，多くの方々にお世話になった。特にグローバル資本主義を中心テーマとしてほぼ20年近く大学セミナーハウスを会場として毎年2回開催されてきたSGCIME研究会の河村哲二・法政大学経済学部教授をはじめとする研究会の皆様，それに合わせて途中からやはり年2回開催されている関根友彦先生(ヨーク大学名誉教授)を囲む杉並経済学研究会の皆様，さらに東北大学大学院での指導教授であった故・馬渡尚憲先生を囲む年1回の仙台経済学研究会の皆様には，多くの発表の機会を与えて頂いたほか，そうした研究会や懇談の場を通じて多々ご教示を頂いた。また，筆者が所属する経済理論学会の皆様や富山大学経済学部の前の同僚，その他一々お一人ずつのお名前をあげることは出来ないが先輩や友人諸兄にも，この場をお借りして感謝申し上げたい。

　また，今回の出版に際して御茶の水書房の橋本盛作社長と同編集部の小堺章夫氏にも大変お世話になった。特にゲラの校正作業を大幅に遅らせるなど，多大なご迷惑をおかけしたことに対し心よりお詫び申し上げると共に，出版までの間，筆者の無理な注文も受け入れて終始，丁寧な編集作業に当たって下さったことに対して深く御礼を申し上げなければならない。

　最後に，内容的には極めて不十分な本書だが，昨年の5月にあまりにも突然のご病気で他界された馬渡尚憲先生と，本書の出版を支援してくれた妻・恵久子，今年92歳を迎えた母フミに捧げたい。

2014年9月11日

星野富一

初出一覧

第1章「日本のバブル経済期における大型好況とその終焉」：
　（SGCIME編『グローバル資本主義と景気循環』御茶の水書房，2008年3月15日，第2章，所収）。
第2章「金融機関の不良債権問題と日本経済」：
　（小林正雄編著『日本経済の論点』学文社，2002年5月10日，第6章，所収）。
第3章「バブル崩壊後における日本経済の長期低迷と企業金融の変容」：
　（村上和光・半田正樹・平本厚編著『転換する資本主義：現状と構想』御茶の水書房，2005年6月1日，第7章，所収）。
第4章「2000年代日本の戦後最長の景気拡大とその実態」：
　書き下ろし
第5章「二重の経済危機下の日本経済—世界同時不況から東日本大震災へ—」：
　書き下ろし
第6章「アメリカ発世界経済金融危機とその原因」：
　（経済理論学会編『季刊　経済理論』第47巻第2号，2010年7月，所収）。
第7章「アベノミクスと日本経済の行方」：
　（大下敦史編『情況』2013年第四期7・8月合併号，所収）。

# 現代日本の景気循環と経済危機

目　次

まえがき　*i*

目　次

## 第1部　1980年代日本の大型好況から90年代の長期低迷へ

### 第1章　日本のバブル経済期における大型好況とその終焉……5
　はじめに　*5*
　1　大型好況の出現とその原因　*6*
　2　バブル期の民間企業設備投資の特徴と企業収益の動向　*13*
　3　バブル期の雇用・賃金と個人消費の動向　*23*
　4　バブル経済の崩壊と企業収益の悪化　*26*
　むすび　*32*

### 第2章　金融機関の不良債権問題と日本経済……37
　はじめに　*37*
　1　日本の不良債権問題と金融危機　*38*
　2　不良債権問題の規模と処理状況　*46*
　3　不良債権問題と実体経済　*57*
　むすび　*64*

### 第3章　バブル崩壊後における日本経済の長期低迷と企業金融の変容……71
　はじめに　*71*
　1　民間非金融法人企業部門における「資金余剰」化現象　*74*
　2　民間非金融法人企業による資金運用動向　*76*
　3　民間非金融法人企業による資金調達動向　*83*
　4　バブル崩壊後の民間非金融法人企業による財務体質改善行動　*89*
　むすび　*92*

## 第2部 2000年代日本の戦後最長の景気拡大から二重の経済危機へ

### 第4章 2000年代日本の戦後最長の景気拡大とその実態 …… 97
  はじめに *97*
  1 戦後最長の景気拡大とその要因 *99*
  2 2000年代景気拡大の特質と問題点 *115*
  むすび *122*

### 第5章 二重の経済危機下の日本経済
  ──世界同時不況から東日本大震災へ …………… *125*
  はじめに *125*
  1 世界同時不況下の日本経済 *126*
  2 東日本大震災とその影響 *142*
  むすび *155*

### 第6章 アメリカ発世界経済金融危機とその原因 ………… *163*
  はじめに *163*
  1 2008年世界経済金融危機の原因 *163*
  2 アメリカ2000年代好況の特徴と民間企業部門の動向 *166*
  3 アメリカの景気過熱と2008年経済金融危機 *176*
  むすび *181*

### 第7章 アベノミクスと日本経済の行方 ……………… *187*
  はじめに *187*
  1 大胆な金融政策 *188*
  2 機動的な財政政策 *191*
  3 民間投資を喚起する成長戦略 *192*
  むすび *197*
  補足 *197*

# 現代日本の景気循環と経済危機

# 第1部
# 1980年代日本の大型好況から90年代の長期低迷へ

# 第1章　日本のバブル経済期における大型好況とその終焉

## はじめに

　1980年代後半から90年代初めにかけての日本のバブル経済期には，法人企業や個人企業等が不動産や株式への投機的活動を進め，金融機関もそれらの活動を資金面から支える行動に走った結果，バブル崩壊後は金融機関の不良債権問題が発生し，その後の不況を深刻化させた。そのためもあり，バブル期の資産投機やその後の崩壊に対してはこれまで多くの考察が加えられてきた。その最も優れた分析の1つは宮崎義一『複合不況』であろう。勿論，バブルの金融的側面の分析が重要であることは否定できない。しかし，バブルの金融面に焦点を当てるだけでは，日本のバブル経済期が高度成長期のピーク時にも匹敵する設備投資ブームを伴う大型好況であったことや，好調な企業業績がバブル経済を実体面から支えていたこと，またその後のバブル崩壊の影響が，単なる資産デフレや金融機関の不良債権問題の悪化だけに留まらず，設備投資とGDP成長率の急減速など実体経済面にまで広く深く且つ長期に及んだ理由は，必ずしも明確にはならないように思われる。

　そこで本章では，日本のバブル経済期の大型好況とその終焉にむしろ焦点を当てて分析することとしたい。以下，まず第1節では，87年以降に大型好況が出現した原因を，この時期の財政金融政策に加え，中曽根内閣による規制緩和と民活路線，民間企業の設備投資などの側面から解明する。また第2節では，この大型好況を支え，その後の深刻な人手不足を生み出した民間企業の設備投資の特徴を解明し，さらに第3節では，この大型好況期における雇用・賃金と個人消費の動向を考察する。最後に第4節では，大型好況を終焉させた原因を企業収益悪化の側面から主として分析しよう。

**図1-1　四半期別実質GDP成長率とその寄与度 1981-1992**

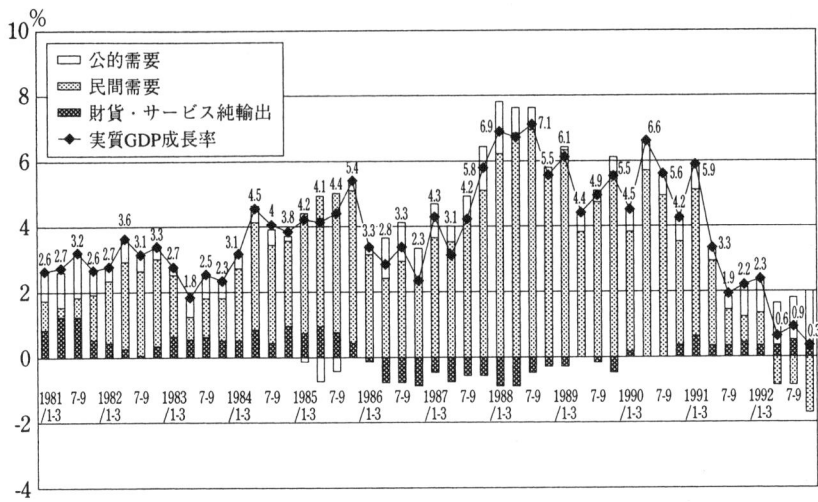

出所）内閣府Webページのデータより筆者作成。

## 1　大型好況の出現とその原因

### (1)　実質GDP成長率と各項目の寄与度

1980年代前半のアメリカにおける深刻な双子の赤字問題とドルのいわゆるサスティナビリティ・ショック[1]を受けて行われた85年9月の国際通貨協調（プラザ合意）による急速なドル高是正＝円高の進行は，自動車産業や家電産業など日本の輸出産業に深刻な打撃を与えた。もっとも，景気基準日付によれば既に85年6月をピークとしてそれ以降景気後退が始まっており，予算の「マイナス・シーリング」を契機とする中曽根行革不況が円高ショックによって加重されたのがいわゆる円高不況だとみるべきであろう[2]。その結果，四半期別の実質GDP成長率は，85年第4四半期の前年同期比5.4％から86年第1四半期以降は同2～3％台へと急減速したのである（図1-1参照）。

しかし，この円高が日本の製造業に与えた打撃は，内需の強さが外需のマイナスを相殺したため比較的軽微で済んだようにもみえる。日本経済は87

年1月には早くも回復過程に入り91年2月までの4年あまりに及ぶ近年稀にみる大型好況へと移行した。四半期別実質GDP成長率は，87年第1四半期の4.3%に始まり，景気拡大過程のピーク時には7.1%にも達したのである。

しかもこの時期の経済成長率を内需と外需の寄与度別にみれば，景気回復直後の87年第1四半期に内需の寄与度は4.7%だっただけではなく，それ以降内需の寄与度はより一層高まり88年第1四半期～第3四半期には7%台後半にも達した。これに対し外需（純輸出）は86～89年にほぼ4年連続のマイナス寄与度で推移した[3]。この時期の景気拡大は，従来までの景気拡大パターンとは明らかに異なる展開を示したのである。

特に高い数値を示した民間需要の寄与度は，87年第3四半期には4%を越え，ピークに達した88年第1四半期からは3期連続で6%以上に達している。中でも民間最終消費支出は，円高不況期には2%前後の寄与度で景気の落ち込みを下支えし，また景気回復以降も3%前後の寄与度を維持するなど，経済成長を支えた最大の要因の1つであった。また景気回復過程から景気拡大過程前半で民間最終消費支出に次ぐ寄与度を示したのは，民間住宅投資であった。民間住宅投資は87年第1四半期から寄与度を高め，特にピーク時の88年第1四半期には1.7%にも達した。住宅ローン金利の低下，住宅の買い換え特例，そして借入金による賃貸住宅建設にかかる優遇税制は，86年半ばから88年第1四半期にかけて地価の上昇が著しかった都心部を中心に民間住宅投資を促進し，実質GDP成長率への寄与度を高めた。中でも新規住宅着工戸数がピークの173万戸に達した87年の貸家建設は89万戸となるなど，その過半を占めていた（日銀「主要金融経済指標 5．住宅投資」による）。他方，民間企業設備投資は円高不況期にはその寄与度を低下させたが，87年第1四半期から寄与度を高め，88年第1四半期からは民間住宅投資に取って代わった。また民間在庫品増加も，87年第4四半期からわずかながら寄与度を高めた。

それに対し政府最終消費支出，公的固定資本形成，公的在庫品増加を合わせた公的需要は，財政再建のための行革を優先してきた鈴木善幸内閣と中曽根内閣の下で寄与度を徐々に下げ，85年第1～第3四半期には3期連続マイ

ナスだった。特に公的固定資本形成は82年第3四半期から15期連続のマイナス寄与度であった。

しかしプラザ合意を契機とした85年第4四半期以降公的需要はプラス寄与度へと転じ，特にピーク時の88年第1四半期には1.5％にも達した。円高でも解消しない日米間の貿易摩擦激化の中で，アメリカから日本への内需拡大要求が強まったことや，中曽根首相の私的諮問機関で前川・前日銀総裁を座長とする経済構造調整研究会がいわゆる「前川レポート」（86年）を発表し日本経済の内需拡大型成長への転換を強く求めたことなどとも相俟って，大型の財政政策が発動されたからである。

これに反し，外需はプラザ合意後の円高の進行を契機として寄与度を下げ，特に86年第1四半期からはほぼ16期連続のマイナス寄与度となったのである。但し，外需（純輸出）の寄与度が低いとはいえ，決して輸出の役割が小さかったというわけではない。円高による輸出の落ち込みにより86年第1四半期から87年第2四半期まで輸出の寄与度はマイナスで推移したものの，87年第3四半期からは輸出産業が円高への適応をほぼ完了した結果，輸出の寄与度はバブル期を通じてプラスで推移した。にもかかわらず外需（純輸出）の寄与度がマイナスだったのは，円高による輸入増大のため，輸入の寄与度が大幅なマイナスで推移したからである。

それならば先に述べた成長率における設備投資の高い寄与度は，輸出の伸びに支えられていたのかといえば，決してそうではなかった。『平成2年版通商白書』が指摘するように，プラザ合意以降80年代末にかけての日本の主要な輸出産業では輸出比率（＝輸出額／売上高）が大幅に低下するなど「輸出企業の内需化」の傾向が顕著にみられたのである（第2章第4節「急激に変化する我が国の輸出入構造」，参照）。製造業の輸出比率は，85年から89年第3四半期にかけ26.4％から20.1％へ低下し，就中，鉄鋼業では35.3％から17.6％へと，最大の低下となった。また日本の最大の輸出産業である自動車産業では49.2％から33.2％へ，同じく電気機械産業でも38.2％から29.2％へと低下した。これらの事実は，この時期の経済成長が従来型の輸出主導型でなく内需主導型だったことを明確に示すものである。

以上，1980年代後半の四半期別実質GDP成長率の推移と各項目別の寄与度を見た。それにより，87年第1四半期頃から91年第1四半期まで続いた公的固定資本形成などの公的需要と，民間最終消費支出，住宅投資，民間企業設備投資などの民間需要より成る内需に牽引された大型好況の存在が確認されたのである。

### (2) 大型好況の原因
#### (i) 日銀の金融政策の役割
　それでは以上の考察を踏まえ，ここで改めて大型好況出現の原因を整理しておこう。

　この時期に大型好況が出現した第1の原因は，金融の自由化や金余り現象を背景に金融が大膨張したことである。就中，日本における巨額の経常収支黒字に代表されるアメリカとの間の経済的インバランス解消のための内需拡大を目的に，3年4ヶ月に亘る日銀の超金融緩和政策が実施されたのである。

　そもそも日銀のこの金融緩和政策は，米独との協調利下げの一環として始まった。公定歩合は1986年の1月30日に4.5％へと引き下げられたのを手始めに，同年だけで0.5％ずつ計4回に亘り3％へ引き下げられ，翌87年2月にはさらに2.5％にまで引き下げられた。ところが，87年9月に入るとニューヨーク連銀は割引率を5.5％から5.95％へと引き上げ以後引き締め気味に推移し，またドイツ・ブンデスバンクも割引率を88年7月に2.5％から3％へ引き上げ，これ以後，急激な引き上げに転じた。にもかかわらず，日銀だけは公定歩合を2.5％で89年5月31日まで据え置いたのである。

　話は少し遡るが，1970年代から既にグローバルに展開されつつあった金融の自由化と間接金融から直接金融へのシフトを背景としつつ，銀行など預金取扱金融機関同士の与信拡大競争や，銀行と証券会社の間の，あるいは証券会社同士の熾烈な顧客獲得競争は，上述した日銀による超金融緩和政策とも相俟って，資金の運用と調達の両面で金利選好を強めていた民間企業にとって極めて良好な金融環境を提供した。

　急激な円高の進行による輸出の低迷で苦しんでいた自動車や家電などの輸

出産業は勿論のこと，その他の内需向け産業もまた，こうした金融環境の下で，本業のための設備投資の資金調達を可能とされたことに加えて，経営多角化投資，あるいは財テク投資へと潤沢な資金を振り向け，収益改善を図った。特に大企業では，財テクによる金融収支の増大が営業利益の落ち込みを底支えし，営業利益を上回る経常利益を生み出したのである。

　また，民間の金融機関や公的金融機関（住宅金融公庫等）の住宅ローン金利の低下（固定金利：85年12月7.68％→87年6月6.12％）は，金融機関側での与信審査の緩和や住宅地の地価・マンション等の住宅価格の先高感とも相俟って，住宅ローン需要を急増させた。他方，販売信用と消費者金融から成る消費者信用は，その金利が公定歩合とはほとんど連動せず割高に維持されていたとは言え，消費者の受信時は販売店側や金融機関側からの審査が全く無いか，有っても年収や勤続年数などカード発行時の形式的な審査だけで済むため，与信残高は急増した。

　それでは日銀の超金融緩和政策がなぜこれほど長期に亘り維持されたのかといえば，それはまず何より，日米開戦前夜といわれたほどに深刻化した日米間の貿易摩擦問題を受け，日本の内需拡大が，日本側からもアメリカ側からも当時最優先の政策課題となっていたからである。このことは，前述したいわゆる前川レポートが述べた通りである。

　加えて，プラザ合意以降，急速な円高進行の中で特に日本の中小の輸出業者や国会議員の間からは政府・日銀に円高対策を求める声が強まっていた。内需拡大のための公定歩合引き下げはまた，円高対策としての意味合いをも伴っていたのである。

　さらに，中央銀行の金融政策では，周知のように通貨価値の維持＝物価安定が，経済成長の実現と並ぶ最も重要な政策目標だが，バブル期には資産価格が大幅な上昇を示した反面で，輸入物価や原油価格が大幅に下落し，卸売物価もそれに次ぐ下落を示したこと，しかも消費者物価は極めて安定的に推移していた。87年10月のブラック・マンデーの影響も確かにあった。また後述するように，この大型好況のピーク時には，民間企業の旺盛な設備投資の下での労働力需給の逼迫にもかかわらず，貨幣賃金の上昇率が過去の景気

局面に対し比較的低位に留まっていたことも見逃せない特徴の1つであった。これらの事情は当時の金融政策を規定した重要な要因であった。日銀は一方では資産バブルの進行を懸念しつつも，緊縮的な金融政策へ転換する大義名分を見出せなかったのである[4]。

以上のような国内外からの内需拡大への強い圧力，求められる円高不況対策，そして資産価格の急上昇とは対照的な物価や賃金の安定は，80年代の後半を通じ当時としては史上最低の超金融緩和政策を日銀に維持させた重要な要因だったのである。

### (ii) 中曽根内閣の財政政策及び規制緩和・民間活力導入政策

しかし，円高不況後に出現した大型好況の原因は，以上の金融的要因だけには留まらない。第2の原因は，中曽根内閣の財政面からの内需拡大政策や，サッチャー・レーガン流の民営化と各種の規制緩和・民間活力導入政策が，公定歩合の引き下げと相俟って内需拡大への刺激を加え続けたことである。

まず財政面からの内需拡大政策の役割をみよう。通説では，80年代は鈴木内閣の予算の「ゼロ・シーリング」から中曽根内閣の「マイナス・シーリング」へと強化された財政再建路線のため，内需拡大は金融政策にのみ過度の負担が掛かったとされる。しかし既述のように，公的需要は85年第1四半期から第3四半期にかけてマイナスの寄与度だったが，同年第4四半期以降はプラスに転じ，公的固定資本形成も86年第2四半期からプラスの寄与度に転じ，公的需要は全体で1％以上も成長率を高める効果を持ったのである。しかも，6月のベネチア・サミット直前の87年5月末に決定された約6兆円規模の緊急経済対策[5]がこれに加わり，87年第4四半期以降，公的需要の寄与度は1.5％前後まで高まった[6]。NTT株式の公開による売却収入がその財源であった。

しかし，そうした為替相場の是正や財政金融面からの内需拡大政策による調整だけでは対外インバランスは容易には是正されず，特に87年まで経常収支黒字は拡大の一途を辿った。したがってアメリカは日本に対して，口先介入による円高圧力を加えつつ同時にスーパー301条（87年）の発動をちら

つかせることによって内需拡大要求を強め，日米構造協議（1990年）では日本に対し今後10年間で約400兆円もの公共事業の実施を迫ったのである。

しかも，金融面と財政面から内需拡大への刺激が加えられただけではなかった。同時にまた，1980年代初めからのサッチャーとレーガンの新自由主義政策に符節を合わせつつ，政財官界一体となった中曽根民間活力導入政策が，一方では都市再開発を通じ，また他方では地方のリゾート開発と第4次全国総合開発計画（四全総）を通じて，強力に推進された[7]。そうした様々な政策面からの誘導策が，金融の膨張とも相俟って，80年代後半の内需拡大による大型好況やバブル経済化の一大推進力となると共に，東京など大都市圏に始まり，その後に全国へと波及した狂乱地価の推進力ともなったのである。

(iii) 円高と逆オイルショックによる円高差益（交易条件の改善）

さらに大型好況の第3の原因について触れておこう。それは円高による輸入品価格の下落や，逆オイルショックによる原油輸入単価の急落で，企業の生産コストが大幅に減少した反面，内外価格差是正に向けた監督官庁の行政指導にもかかわらず，約30兆円と試算されるいわゆる円高差益が十分に国民各層に還元されず，それらの残りは製造業・非製造業分野での企業の懐を潤したという事情が挙げられよう[8]。

この間の事情をごく簡単にみておけば，85年前半には250円台で推移した円ドル相場がプラザ合意を経た86年初めには早くも200円台を割り込み，87年12月の120円台に向かって一直線に上昇した。加えて，円高の進行とほぼ時期を同じくして逆オイルショックが発生し，原油価格の単価も大きく下落し始めた。84年度には1バーレル当たり約7,000円だった原油価格は，85年度には約6,000円に，86年度にはさらに約2,200円へと急落したのである（最安値となった88年度は約1,900円）。

以上の結果，田中隆之の分析によれば，各産業別の投入物価に対する産出物価の変化率を示す製造業の交易条件指数は，マイナスに転じた電気機械と輸送機械を除く全ての業種で改善され，就中，石油・石炭業では30％もの

改善を示した。また，円高による輸入物価の下落に反して産出物価が輸出物価の影響を受けにくい非製造業でも，交易条件の改善効果は一層大きかったと推測される[9]。これは言い換えれば，膨大な円高差益が特殊日本的流通機構の下で不十分にしか還元されず，その残りが各企業部門での収益の上乗せや円高不況による収益の落ち込みを下支えしたのである。

(ⅳ) 円高に対する製造業の適応の完了

最後に，大型好況出現の第4の原因であり且つその主体的要因ともなったものは，急激な円高の進行によって大きな打撃を受けた製造業，特に自動車や家電などの輸出産業の適応行動である。輸出産業は一方では，タイを中心とするASEAN地域や北米への直接投資を拡大すると共に，他方では日銀と政府による内需拡大政策に牽引されつつ87年初めに円高への適応を完了し，内需向けの設備投資を拡大していった。しかも，これら設備投資は，88年第1四半期から91年第1四半期には実質GDP成長率に対する寄与度が約2～3％台に達するなど，バブル期の景気拡大を支えた2本柱の1つだったのである。

以上，バブル期の大型好況の原因を考察してきたが，就中，民間企業による設備投資は，民間最終消費支出と並び今回の景気拡大を牽引した最大の要因の1つだった。以下，その点を具体的に見ていこう。

## 2 バブル期の民間企業設備投資の特徴と企業収益の動向

### (1) 民間企業設備投資の特徴

今回の景気拡大の大きな特徴の1つとなった民間企業設備投資には，幾つかの興味深い特徴がみられた。

第1に，民間企業設備投資は88～91年連続で2桁の伸びを続け[10]，91年には64兆円台[11]（名目GDP比19.4％）に達するなど，この時期は単なる資産バブルであっただけではなく，高度成長期のピークである各目GDP比20～21％に迫る設備投資ブームでもあったのである[12]。

また第2に，この時期の設備投資は，いわば「全員参加型」の設備投資と

でもいうべきものであった。製造業であるか非製造業であるか，また大企業であるか中小企業であるかを問わず，積極的な設備投資の拡大が進められたからである[13]。

第3に，1980年前後より「半導体革命」ないし「ME革命」と呼ばれる技術革新の動きが加速すると共に，設備投資全体に占める研究開発・新製品開発向けの設備投資のシェアも80年代を通じ一貫して高い伸びを示したのである[14]。

バブル期の設備投資の特徴を概略，以上のように捉えることができるが，そこに立ち入ってみれば，なお多くの特徴を挙げることができよう。

### (i) 製造業と非製造業における設備投資動向

まず製造業と非製造業における設備投資動向には，無視できない相違があった。既にみたように，円高の直撃を受けた製造業では，86年度，87年度と設備投資の伸び率はマイナスで推移した。これに対し非製造業の設備投資は，円高不況下の85年度以降，ほとんど円高からの影響を受けず着実な拡大過程を辿ったのである（図1-2，図1-3参照）。

『昭和63年版経済白書』によれば，83年（昭和58年）以来，非製造業の設備投資は不況局面にもかかわらず伸び率を高めるなど，景気循環との関連性が弱まってきたが，その理由は次の2点にあった。

「非製造業において循環的な動きが少なくなってきたのは，①個人消費など比較的景気変動で変化の少ない需要に依存していること，②55年の外為法改正以後の金融自由化・国際化に対応した，また，高度情報化の進展による独立的な投資が旺盛であったこと，などが理由として挙げられる」[15]と。

以上の2点のうちで，特に情報化投資が独立的投資の性格を示しているとの指摘は，後述のように近年の重要な産業構造の変化として，無視できない点であろう。しかし，財務省「法人企業統計調査」の四半期別設備投資動向によれば，非製造業の設備投資の中で最大の項目を占めていたのは，卸・小売業と広告・その他の事業所向けサービス業である。両業種とも，1985年初めの5,000億円から92年の2兆5,000億円にまで増大しており，以下，不

第1章 日本のバブル経済期における大型好況とその終焉

**図1-2** 設備投資（四半期別）の動向 1985-1992：製造業

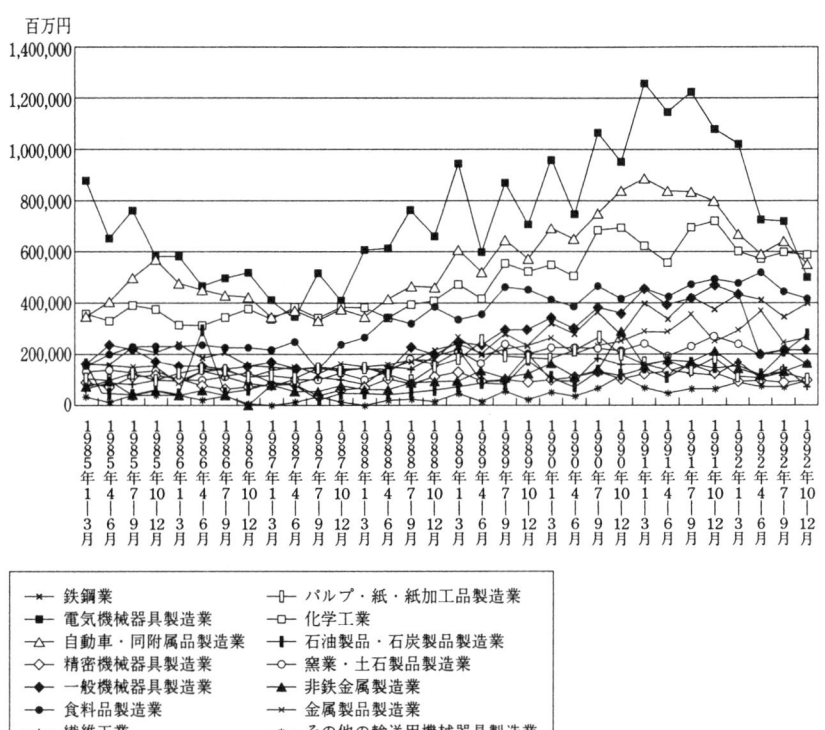

出所）財務省「法人企業統計調査」（同省Webページ）より筆者作成。

動産業，建設業の順で続いていた（図1-3参照）。

　しかし88年度に入ると，着実な伸びを続ける非製造業の設備投資に反し製造業での設備投資は低迷するというそれまでの状況は一変した。88〜90年度の3年間，非製造業の設備投資は10%前後の伸び率であったのに対して，製造業ではそれを大幅に上回り，24.7%→22.3%→20.8%と，3年連続20%台の高い伸び率を示したのである[16]。日本銀行によれば，製造業では，プラザ合意以来の急速な円高の進展や日米貿易摩擦の激化などにより，販売先を従来の輸出中心から「内需シフト」戦略へ切り替えることを余儀なくされ，結果としてそれが新たな設備投資を誘発することになったからである。

15

**図1-3** 設備投資（四半期別）の動向（除く運輸業）1985-1992：非製造業

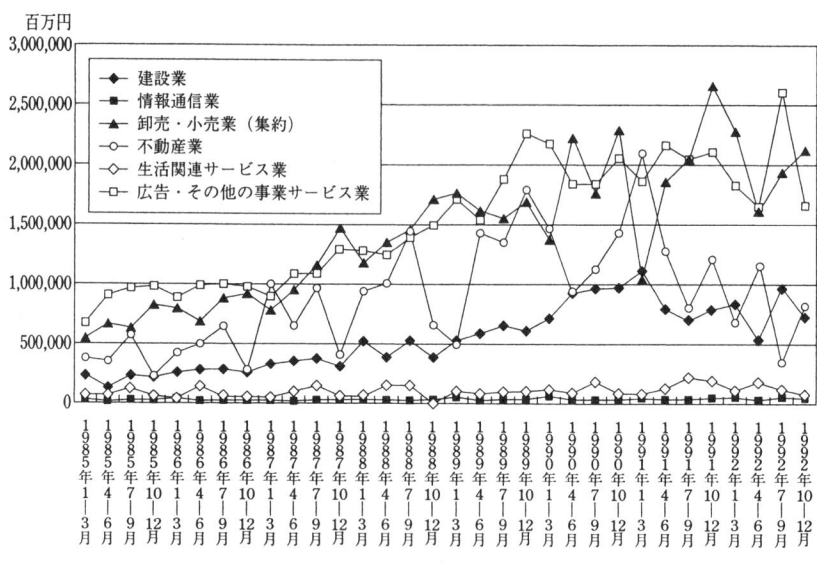

出所）財務省「法人企業統計調査」（同省Webページ）より筆者作成。

　また上述の「法人企業統計調査」によれば，製造業の設備投資額の中で最大の比率を占める電気機械器具製造業では，1985年初めには約9,000億円であった設備投資が87年半ばには4,000億円にまで減少した後，91年第1四半期の1兆2,000億円にまで増大した。またこれに次ぐ投資規模を持つ自動車・同付属品製造業でも，85年第4四半期の6,000億円から87年第2四半期の4,000億円に減少した後，91年第1四半期の9,000億円近辺にまで増大したのである（図1-2参照）。

**(ii) コンピュータ・情報通信技術の進展と設備投資**

　また1980年代以降バブル期にかけての大きな変化の1つは，コンピュータ・情報通信関連技術が急速に進展したのに伴い，生産性の上昇や高付加価値製品の生産等を通じる国際競争力の強化，あるいは生産の外需から内需への転換を進めることなどを目的として，ハードとソフトの両面から日本の民間企業でも情報化投資が急速に進展したことである。ここでいう情報化投資

とはすなわち,「電子計算機」,「電子計算機付属装置」,「有線電気通信機器」,「無線電気通信機器」,及び「ソフトウェア(コンピュータ用)」の合計を指す[17]。1980年における日本の民間企業における情報化投資額は約1兆2,000億円,民間企業の設備投資額に占めるその比率は3.1%,また対GDP比は0.4%であったが,10年後の90年には,それぞれ10兆円,11.3%,2.2%に達しており(いずれも平成7年価格での実質化による),コンピュータ化・情報通信化の急速な進展ぶりが伺われる。民間企業によるこの間の情報化投資は,景気の動向にはほとんど関わりない急速なものであり,既述のように,いわゆる独立投資としての性格を強く持っていた。またバブル期に進められた民間企業設備投資の中,10%強は情報化投資だったのである。

これを1985～90年の5年間における産業別の情報化投資額でみると,第2次産業では約9,000億円から2兆7,000億円へと3倍に,また第3次産業では約2兆円から約5兆4,700億円へと2.7倍強になっており,両産業とも金額,倍率のいずれでも大幅増となった。また,これを個別の産業別にみると,製造業が約8,800億円から2兆5,000億円へと推移し,最大の投資部門となり,サービス業がこれに次いでいる。また,当然ながら通信業でも情報化投資が大きな金額を占め,さらに金融の自由化・国際化の進展に対応するため数次に及ぶオンライン化を進めている金融・保険業でも情報化投資が活発となっている[18]。

### (iii) 個人消費のサービス化・高級化・個性化と設備投資動向

80年代は企業活動の面での情報化・ソフト化・サービス化だけでなく,個人消費の面でのサービス化の現象も顕著であり,産業構造の情報化・ソフト化・サービス化は一段と進展した。

特に,80年代後半には民間企業による設備投資の急増という流れの中で全体的に労働市場が好転し男女とも雇用機会が大幅に増加したうえに,企業が家庭の主婦など女性のパート労働や派遣労働に依存する度合いを強めたことは,女性の社会進出が大幅に増加する契機ともなった。その結果,家族や女性自身の外食の機会が増えたことや,若者を中心にした人々の間でのライ

フスタイルが変化したこととも相俟って，レストランなど外食産業や各種飲食店，コンビニエンス・ストアなど，個人向けサービス業が大きく伸長することとなった。また家計の消費支出に占める教育費の割合も1970年代以降80年代にかけてますます増加しており，これが一方では家計の予備校・塾などの教育産業への支出の増加を支えると共に，こうした教育費の負担増加は女性の社会進出に一層拍車をかけたのである。

さらに，従業員30人以上の企業のうちで週休2日制を導入した割合は1970年にはわずかに4.4％に過ぎなかったが，その後75年69.9％→80年74.1％→86年78.0％[19]となるなど，週休2日制の普及・定着が着実に進んだ。また第2次オイルショック以降，日本企業の輸出攻勢が強まると海外諸国では日本の長時間労働への批判や，日米間の貿易摩擦の激化を受け，政府にとっても内需拡大政策の一環として，週40時間制の導入や企業の中での有給休暇の消化，残業時間の短縮など時短政策が急務となった。こうして80年代末には長時間労働の短縮や余暇時間の拡大が進み，レジャー関連の支出が増加すると共に，他方ではレジャー関連の個人向けサービス事業も拡大した。

1980年代はまた，日本企業が，若者層を中心に進む消費者ニーズの多様化や消費の高級化，個性化などを背景とし，消費者の購買意欲を発掘し刺激する新たな製品の企画・開発に積極的に取り組み，そのため各企業は研究開発投資にしのぎを削った。その結果，CDプレーヤー（85年），ドライ・ビール（87年），小型・軽量カメラ一体型VTR（89年）といったヒット商品が相次いで市場に投入され，消費の飽和やもの離れと言われる風潮にもかかわらず，企業は消費者の購買意欲を掘り起こし売り上げと収益を順調に伸ばした。そして，それはまた賃金引き上げや雇用の増加，女性の社会進出の増加を通じた勤労者世帯の可処分所得と個人消費の増加を通じ，企業の設備投資を促すという具合に，従来からもみられた「国内の個人消費と設備投資との相乗的な拡大メカニズム」が一層強く作用するようになった[20]。

同様のメカニズムは，無論，非製造業でも作用していた。多様化した消費者ニーズを瞬時に把握し，商品の在庫管理と受発注を最適化するPOSシス

テム（販売時点情報管理システム）を導入する小売店舗は急速に増えた。JAN型POSシステム（JIS規格に従う共通商品コードを使用）を導入する店舗は，1982年4月の91店から，85年6月の4,212店，90年3月の70,061店へと急増し，且つその4分の1弱はコンビニエンス・ストアが占めたのである。

　また，ショッピングがレジャーの一部となる風潮がますます強まり，アメリカの内需拡大要求とも相俟って，大型ショッピングセンターの出店や，既存小売店舗のリニューアル投資も活発に進んだ。建設されたショッピングセンターの累計は，69年度以前は大都市圏や中都市圏を中心にわずか132店舗であったのに対し，80～89年には651店舗となり，その内訳も中心地域188，周辺地域164，郊外地域299と，郊外地域が最大であった。さらに，全小売業の総売上高に占めるショッピングセンター売上高の比率（シェア）も79年の7.84％が，91年には約11％にまで増加した。しかも91年のこのシェアは，百貨店のシェア8.49％，スーパーのシェア7.08％，をも上回り最大である[21]。

　なお，以上のような個人消費の拡大を支えた要因として見逃せないのは，金余り現象を背景に，金融機関が，乗用車などの耐久消費財や各種消費財・サービスの購入資金に加え，用途を限定しない消費者ローンの貸し付けを1980年代に急拡大させたことである。すなわち，全国銀行での消費財・サービス購入資金貸出残高は80年の約7,900億円から91年の20兆円まで25倍強に増加している。特に消費者ローンは42倍に増加し，サービス購入資金の29倍強がこれに続いた。また，絶対額でも消費者ローンは16兆円と全体の8割を占めた。消費財・サービス購入資金残高の高い伸びは信用金庫や信用組合でも同様であった（日本クレジット産業協会，[1993] 1, 222-4頁）。

(iv) 事業の多角化と設備投資動向

　以上で述べた企業活動と個人消費の拡大の両面で産業構造の情報化・ソフト化・サービス化が進展し，ソフトウェア産業，情報産業，リース業，娯

楽・旅行業，外食産業等が急成長したことや，金融の自由化・国際化あるいはバブル経済の進展によって保険業，不動産業，建設業等へのニーズが強まると，これら事業でのビジネスチャンスや事業多角化のために新規参入する企業が相次ぎ，新たな設備投資を引き起こした。しかも，こうした事業多角化のための参入に当たっては，「本体による参入」に加えて「子会社による参入」を試みる企業もあった。しかし，これについては紙数の制約もあり，日本銀行が1990年と91年の2ヶ年に亘って主要短観の補足調査として「事業分野の多角化状況調査」を実施し（それぞれ691社及び690社が調査対象であり回答率はいずれも100％），その結果を公表している[22]ことに言及するに留めておこう。

### (ⅴ) 民営化・規制緩和と設備投資の動向

さらに，中曽根内閣の民営化や規制緩和とそれによる民間活力を通じた産業活性策が民営化・規制緩和関連業種における設備投資を活性化させたことも無視できない。

まず電気通信業の分野における技術進歩と電電公社の民営化・参入規制緩和の結果，電気通信業への新規参入事業者は第1種で33社，第2種電気通信業の登録・届け出を行った事業者は530社にのぼり，85～87年度の3年間における設備投資額は累計で約7,000億円に達した。NTTやKDDの設備投資も活発であった。『昭和63年版経済白書』は「新規参入による設備投資増加が通信業全体の設備投資を底上げしていると考えられる」としている[23]。

またコンピュータ・通信技術の発展による金融取引コストの低下は金融の自由化，国際化，証券化を推進する技術的基礎となったが，両者は相俟って，金融機関の間でのオンライン化を急速に進めた[24]。その結果，金融機関による第3次オンライン化のための設備投資額は2兆円レベルに達したのである。

この他，航空業における86年の内外路線規制の緩和以降，航空大手3社による航空機の購入は大型機・中型機合わせて3年で42機に達した（単年度ベースで約400億円と試算）。トラック運送業では宅配サービスが開始された76年以降，設備投資が急増した（単年度ベースで約340億円と試算）。

石油業では87年の消防法の規制緩和以降,ガソリンスタンドの有効利用に加え,89年度内の競争政策導入の方向が打ち出されたため,設備投資が活発化した（単年度ベースで約130億円と試算)[25]。

### (2) 企業収益の動向

以上のようなほぼ全ての分野・業種に亘る民間企業設備投資の拡大は,既述した個人消費の高い伸びとも相俟って,製造業を中心に企業部門の売上高と利益を押し上げた。しかも好調な企業収益はさらなる設備投資を支えるなど,設備投資・個人消費と企業収益との間に好循環が形成され,バブル的好景気を支えたのである。但し,非製造業の収益は予想外に振るわなかった。日本銀行の全国短観により,企業収益の動向をみよう[26]。

まず製造業と非製造業を合わせた総売上高は,87年度に対前年度比6.4%のプラスとなり,以後88年度8.6%,89年度12%,90年度6.7%と,高い伸び率で推移した。企業規模別・業種別でみても,大企業か中小企業か,また製造業か非製造業かを問わず,売上高は大きく伸びた。また経常利益も,87年度22%,88年度23.5%と,2年連続2桁の伸びを示した。但し,89年度には8.5%,90年度1.1%と,経常利益の伸び率は急速に鈍化した。売上高の増加ほど経常利益は伸びていないのである。

経常利益の伸び率を企業規模別・業種別でみると,大企業・製造業では,87,88年度の2年間で38.4%と33.9%である。中小企業・製造業でも,同じ2年間に70.9%と31.2%である。製造業における経常利益の急回復ぶりが伺われる。他方,大企業・非製造業は同じ2年間に1.4%と7.3%で,伸び率は小さい。もっとも,中小企業・非製造業は16.5%と19.5%であり,製造業には及ばないが,かなり高水準である。これに対し89年度には,大企業・製造業は10.6%,大企業・非製造業は4.6%,中小企業・製造業は8.8%,中小企業・非製造業は13.3%と,いずれも伸び率は鈍化している。

それでは,いかなる要因がこの時期の経常利益の動向を規定していたのか。日銀『主要企業経営分析』にしたがい売上高経常利益率の変動要因をみよう（表1-1)。いずれも大企業（資本金10億円以上）が対象である。立ち入る

第1部　1980年代日本の大型好況から90年代の長期低迷へ

**表1-1　売上高経常利益率の変動要因**

製造業：除く石油精製　(単位%)

| 年度 | | | 85 | 86 | 87 | 88 | 89 | 90 | 91 | 92 |
|---|---|---|---|---|---|---|---|---|---|---|
| 売上高経常利益率 | | | 4.43 | 3.36 | 4.45 | 5.65 | 6.01 | 5.53 | 4.11 | 2.90 |
| 前年度変化幅 | | | △0.59 | △1.07 | 1.09 | 1.20 | 0.36 | △0.48 | △1.42 | △1.25 |
| 要因別寄与度 | 変動費 | | △0.43 | 0.04 | 1.39 | 0.08 | 0.66 | △0.39 | △0.41 | 0.10 |
| | 固定費（為替差損益を除く） | | △0.19 | △1.04 | △0.32 | 1.10 | △0.21 | △0.17 | △1.08 | △1.29 |
| | | 人件費 | △0.28 | △0.21 | 0.44 | 0.59 | 0.05 | 0.08 | △0.26 | △0.54 |
| | | （人件費／従業員数） | △0.56 | 0.36 | △0.14 | △0.69 | △0.80 | △0.64 | △0.26 | 0.11 |
| | | （従業員数／売上高） | 0.28 | △0.57 | 0.58 | 1.28 | 0.85 | 0.71 | 0.00 | △0.65 |
| | | 純金融費用 | 0.22 | 0.20 | 0.23 | 0.27 | 0.22 | 0.06 | △0.24 | △0.13 |
| | | 金融収益 | 0.04 | 0.00 | △0.14 | 0.02 | 0.31 | 0.21 | △0.19 | △0.39 |
| | | （金融収益／運用残高） | 0.01 | △0.21 | △0.29 | 0.02 | 0.26 | 0.24 | △0.11 | △0.43 |
| | | （運用残高／売上高） | 0.03 | 0.21 | 0.15 | 0.00 | 0.05 | △0.03 | △0.08 | 0.04 |
| | | 金融費用 | 0.18 | 0.20 | 0.36 | 0.25 | △0.09 | △0.15 | △0.05 | 0.26 |
| | | （金融費用／有利子負債） | 0.16 | 0.39 | 0.30 | 0.06 | △0.14 | △0.17 | 0.08 | 0.30 |
| | | （有利子負債／売上高） | 0.02 | △0.19 | 0.06 | 0.19 | 0.05 | 0.02 | △0.13 | △0.13 |
| | | 減価償却費 | △0.13 | △0.41 | 0.04 | 0.24 | △0.01 | △0.01 | △0.30 | △0.30 |
| | | （減価償却費／有形固定資産） | 0.03 | △0.06 | 0.01 | 0.03 | 0.09 | 0.08 | 0.02 | △0.06 |
| | | （有形固定資産／売上高） | △0.16 | △0.35 | 0.03 | 0.21 | △0.10 | △0.09 | △0.32 | △0.24 |
| | 為替差損益 | | 0.03 | △0.07 | 0.02 | 0.02 | △0.10 | 0.08 | 0.07 | △0.02 |

非製造業　(単位%)

| 年度 | | | 85 | 86 | 87 | 88 | 89 | 90 | 91 | 92 |
|---|---|---|---|---|---|---|---|---|---|---|
| 売上高経常利益率 | | | 1.71 | 2.22 | 1.98 | 1.99 | 1.91 | 1.88 | 1.89 | 1.66 |
| 前年度変化幅 | | | 0.19 | 0.51 | △0.24 | 0.01 | △0.08 | △0.03 | 0.01 | △0.23 |
| 要因別寄与度 | 変動費 | | 0.14 | 2.13 | △0.69 | △0.13 | 1.06 | 0.57 | 1.28 | 1.19 |
| | 固定費（為替差損益を除く） | | 0.03 | △1.61 | 0.46 | 0.12 | △1.13 | △0.61 | △1.27 | △1.41 |
| | | 人件費 | 0.04 | △0.66 | 0.20 | 0.10 | △0.44 | △0.28 | △0.37 | △0.49 |
| | | （人件費／従業員数） | △0.17 | △0.13 | △0.18 | △0.21 | 0.00 | △0.32 | △0.22 | △0.11 |
| | | （従業員数／売上高） | 0.21 | △0.53 | 0.37 | 0.31 | △0.44 | 0.04 | △0.14 | △0.38 |
| | | 純金融費用 | 0.04 | △0.02 | 0.16 | 0.08 | 0.13 | △0.15 | △0.20 | △0.04 |
| | | 金融収益 | △0.02 | 0.08 | △0.06 | 0.11 | 0.18 | 0.34 | △0.23 | △0.37 |
| | | （金融収益／運用残高） | △0.02 | △0.16 | △0.15 | △0.07 | 0.02 | 0.17 | △0.21 | △0.34 |
| | | （運用残高／売上高） | 0.00 | 0.24 | 0.09 | 0.18 | 0.16 | 0.17 | △0.02 | △0.03 |
| | | 金融費用 | 0.06 | △0.10 | 0.22 | △0.03 | △0.05 | △0.50 | 0.03 | 0.33 |
| | | （金融費用／有利子負債） | 0.03 | 0.23 | 0.21 | 0.65 | △0.02 | △0.36 | 0.23 | 0.50 |
| | | （有利子負債／売上高） | 0.03 | △0.33 | 0.01 | △0.09 | △0.03 | △0.14 | △0.20 | △0.17 |
| | | 減価償却費 | △0.08 | △0.23 | 0.01 | 0.03 | △0.64 | △0.09 | △0.31 | △0.22 |
| | | （減価償却費／有形固定資産） | △0.08 | 0.08 | △0.02 | 0.01 | △0.53 | 0.01 | △0.06 | 0.09 |
| | | （有形固定資産／売上高） | 0.00 | △0.31 | 0.03 | 0.02 | △0.11 | △0.10 | △0.25 | △0.31 |
| | 為替差損益 | | 0.02 | △0.01 | △0.01 | 0.02 | △0.01 | 0.01 | 0.00 | △0.01 |

出所）日本銀行調査統計局『主要企業経営分析』各年版による。

余裕はないが，86年度から89年度にかけて石油精製を除く製造業の利益率は2.65％の上昇だった。それは主として変動費要因に加え，固定費要因中の人件費と純金融費用と減価償却費が改善したからである。それに対し同じ期間の非製造業の利益率は逆に0.31％低下した。純金融費用は幾分改善したものの，89年度に人件費や減価償却費の負担が増加したからである。バブル期の企業収益は製造業が牽引していたというべきであろう。

この時期はまた比較的好調な企業収益を反映し，倒産件数が85年の18,800件から90年の6,000件へ，負債額も85年の4.2兆円から89年の約2兆円へ，いずれも大幅な減少を示したことが注目される。

## 3　バブル期の雇用・賃金と個人消費の動向[27]

### (1)　87年度以降の雇用動向

以上のような設備投資の増大と企業収益の伸張に伴い雇用動向も87年度から全体的に好転した。新規求人数の対前年度比伸び率は，87年度23.3％，88年度23.6％と2年連続の2桁増となった。また89年度7.7％，90年度3.3％と，これ以降伸び率自体は鈍化するとはいえ，なお伸びた。新規求人倍率の伸びも大きい。87年度に1.2倍と数年ぶりに1倍を超え，これ以降次第に伸び率を高め，特に90年度2.11倍，91年度1.95倍と推移した。有効求人倍率も87年度こそ0.76倍と低位であったが，88年度以降91年度まで1.3～1.4倍であった。完全失業者数は87年度には170万人と前年度とほとんど変化はないが，88年度は150万人へと20万人減少し，90年度は134万人に減少した。完全失業率も，87年度はなお2.8％だが，91年度には2.1％へと低下したのである。

以上のような雇用動向の改善を反映して，常用雇用者数の対前年度比増加率は，88年度には1.9％と伸び率を高め，対前年度比99万人増加した。パートタイム雇用者数の増加が58万人に留まっていたこととは対照的である[28]。また88～91年度の常用雇用者数伸び率は毎年2～3％増であり，近年では希に見る高い伸び率であった。この背景には，企業が次第に新規学卒者を中心に人手不足感を強めていた事情が挙げられる。

しかも企業の人手不足感には根強いものがあり，バブル崩壊後の92,93年度でさえ，「むしろ不況期こそ人材獲得のチャンス」とばかりに，中小企業を中心に雇用を拡大し，常用雇用者数は2.7%, 1.8%で伸び続けた。就業者数も86〜91年度の6年間を通じて500万人以上増加した。受注がありながら人員を確保できない中小企業の中には，「人手不足倒産」さえ発生したのである[29]。

こうして人手不足感が強まる中，15歳以上人口に対する労働力人口の比率（労働力率）は，男子の場合，これまで長期低落傾向にあったが，90年に入って「17年振りに上昇に転じ，91年（平成3年）も引き続き上昇」した。また，女子の労働力率は，一貫して上昇基調にあり，女性の職場進出が続いた[30]。その主な就業先は，卸・小売業やサービス業でのパート形態を中心とする非製造業であった[31]。

### (2) 87年度以降の賃金動向

以上の雇用動向の好転・企業側の強い人手不足感を反映し，現金給与総額伸び率（名目）は87年度の2%という過去最低水準に対し，88年度には3.9%，また89〜91年度には3年連続4%台と，80年代では最も高い水準となった。春季賃上げ率も89〜91年度には5%台の高い水準であった。

とはいえ，この時期の労働力需給の逼迫ないし強い人手不足感の割には，過去の同じような景気局面と比較して，現金給与総額伸び率（名目）も春季賃上げ率も，決して高かったとはいえない。それには幾つかの理由が挙げられるが，1つは春闘の中心的な担い手であった官公労を中心とする労働側の交渉力が，反組合色の濃い中曽根内閣による国鉄，電電公社や専売公社の分割・民営化政策の中で，急速に弱体化していったことがあろう。もう1つは，経営者が賃上げ率を決める際に従来から最も重視する要因だといわれる消費者物価上昇率が，今回の景気拡大局面では過去に例のないほど低水準で推移したことが挙げられよう[32]。

### (3) 87年度以降の所得と個人消費の動向

　以上のような雇用の拡大と賃金上昇率の下で，雇用者所得もバブル期の後半には大きく伸びた。可処分所得（勤労者世帯）の対前年度比伸び率は87年度にはわずか2.2%であったが，88～91年度の4年間には，4.9%→3.9%→4.8%→4.9%と，高水準で推移した。

　こうした可処分所得の高い伸びに加え，消費者物価の動向も考慮した家計の実収入の動きについて『昭和63年版経済白書』は，「実収入は61年度伸びの低下の後，定期収入の変動を主要因として一進一退を繰り返しながらも，妻の収入やその他収入等がプラスの寄与を示したことで全体の伸びをやや高めている」（14頁）と分析した。88年度以降，特に女子既婚者の社会進出が著しく，それが雇用者所得の増加に大きく寄与したのである[33]。

　以上のような所得の伸び率を反映し，勤労者世帯の消費支出も大きく伸びている。勤労者世帯の平均消費性向はこの間，長期低落傾向を示し，所得の伸び率より消費支出の伸び率は幾分低めで推移した。しかし，その点を一応考慮しても，87～91年度に，1.3%→3.8%→3.5%→4.4%→4.3%と，対前年比で高水準に推移したのである。

　この間の個人消費の伸びは，小売部門での販売額の好調な伸びからも伺える。87～91年度の小売業販売額は，勤労者世帯可処分所得の伸び率を大幅に上回り，ピーク時には8%にも達した。就中，耐久消費財の販売が好調であった。乗用車新車登録台数は1986年度の315万台（対前年度比2.1%）が90年度にはついに500万台を突破し，87～90年度の対前年度比伸び率も，7.8%→7.7%→30.7%→6.3%で推移したのである。

　こうした耐久消費財の高い伸び率の原因は，賃金所得の高い伸び率に加え，消費者ローン等も大きく寄与したと思われる。なお，個人事業者などを中心に資産効果がどれほど作用したかについては必ずしも定かではないが，バブル期に特有のユーフォリアが消費者の購買意欲を煽った面は否めないであろう。

　しかし，以上で考察したこの大型好況も，当時戦後最長と言われたいざなぎ景気の57ヶ月を超えるのではないかといわれながらも，それを目前にし

て敢え無く終焉を告げたのである。

## 4　バブル経済の崩壊と企業収益の悪化

### (1)　景気の過熱現象と日銀の金融引き締め政策への転換

　バブル経済崩壊の直接の契機をなし，大型好況を終焉させた政策上の転換は，日銀がそれまで据え置いた公定歩合を，89年5月31日に消費者物価上昇への予防的措置を理由に，0.75％引き上げ3.25％としたことに始まる。その引き上げは，大型好況の拡大と設備投資の増大，労働力需給の逼迫等の景気過熱現象がみられたこと，不動産価格の昂騰が家賃昂騰を招く恐れがあったことなど，日銀がかねてよりインフレを強く懸念していたからである。加えて89年4月には3％の消費税が創設された。この消費税の製品価格への転嫁やそれに伴う便乗値上げで物価が高まれば，これまで物価安定に支えられた息の長い好況が腰折れするのではないかと日銀は危惧した。三重野日銀新総裁の登場に伴う日銀のこうした金融引き締め政策への転換に際し，マスコミは三重野を「平成の鬼平」と囃したが，日銀は「資産バブル退治」を直接の目標に公定歩合を引き上げたわけでは決してなかった。

　その後さらに日銀は，消費者物価上昇への予防的措置を大義名分に，89年10月11日と12月30日にそれぞれ0.5％ずつ公定歩合を引き上げ，同年だけで引き上げ幅は計1.75％に及んだ。その結果，89年の大納会で最高値を付けた日経平均株価は，翌年の大発会から大幅な下落を始めた。明らかなバブル崩壊の始まりだった。そこには外資系証券会社による「株式の先物売り・現物買い」の裁定取引を解消する「先物買い・現物売り」があったといわれる（宮崎（1992），204-211頁）。90年に入ってからも日銀の金融引き締めスタンスは持続し，3月20日の公定歩合引き上げ幅は1％という大幅なものとなった。8月にイラクがクウェートに侵攻し原油価格の上昇懸念が強まると[34]，8月30日にはさらに0.75％引き上げられ，公定歩合は過去最も高い水準である6％に達した。

　こうした金融引き締めは，企業に対し受取利息等の増加をはるかに上回る支払利息・割引料の増加をもたらした。その結果，90年第1四半期を境に，

営業利益がまだ増加し続けているにもかかわらず，経常利益は減少し始めたのである。

他方，90年4月の大蔵省の不動産向け融資に対する総量規制や，91年度税制改革に基づく「地価税」の創設もあり，地価もついに91年半ば（7月頃）より下落し始めた。ここにバブル崩壊が全面化するに至ったのである。

しかもそれは，単なる経済の表層部分での崩壊現象には留まらなかった。バブル期には企業の「高コスト体質」が形成されたものの，まだ資産価格上昇による金融収支の改善や売上高の増加によって問題が糊塗され，表面的には企業経営も日本経済も極めて順調に推移しているかのようにみえた。しかし，一度バブルが崩壊すると，企業経営や日本経済の実態が次第に露呈していくのである。

### (2) 実質GDP成長率に占める各項目の寄与度

実質GDP成長率は，91年第1四半期の5.9％から第2四半期の3.3％へと下落したのを機に次第に低下し始め，日本経済は93年第3四半期を底とする景気後退過程へ向かった（図1-1）。景気基準日付によれば，91年2月をピークに以後，93年10月の谷までの1年8ヶ月の景気後退であった。こうした景気後退を引き起こした原因は一体どこにあるのだろうか。

実質GDP成長率に占める各項目の寄与度を民間需要，公的需要，外需（純輸出）別にみれば，民間需要は4～7％の間の高い寄与度でバブル期の大型好況を支えていたが，91年第2四半期以降寄与度を低下させ，92年第2四半期から6期連続のマイナスとなった。これに対して公的需要は，91年第4四半期から公的固定資本形成を中心に次第に寄与度を高め，1～1.5％ほど景気を下支えする役割を果たした。景気対策が92年から発動され，同年8月には事業規模10兆7,000億円という過去最大規模の「総合経済対策」が打ち出されたからである。また外需は，既述の通りバブル期にはほぼマイナスの寄与度で推移したが，90年第4四半期にプラスに転じて以後93年第3四半期まで12期連続のプラスで推移したのである（図1-1参照）。

以上より，実質GDP成長率低下の原因はただ1つ，民間需要の寄与度が

大幅に低下したためである。ではこの民間需要の寄与度低下の原因は何かといえば，民間最終消費支出と共に大型好況を支えた2本柱の1つである民間企業設備投資が91年第2四半期以降，その寄与度を急速に低下させたためであった。

さらに，設備投資の減少がどの産業からまず始まったのかといえば，製造業では，化学工業，電気機械器具製造業，自動車・同付属品製造業であり（図1-2参照），他方，非製造業では，広告・宣伝など事業所向けサービス業，不動産業，建設業，そしてやや遅れて卸売り・小売業であった（図1-3参照）。これらの産業はいずれも設備投資額が最大規模であり且つ今回の大型好況をまさしくリードした産業であった。こうした産業の設備投資が他に先駆けて減少すれば，他の産業に対する影響は当然ながら深刻なものとならざるを得なかった。

それでは，一体この民間企業設備投資減少の原因は何であろうか。以下，企業部門の売上高と経常利益の動向からその原因を探っていこう。

### (3) 売上高と経常利益の動向
(i) 売上高の動向

日銀の全国短観（全国企業短期経済観測調査・全国企業）[35]によると，89年度の全業種・総売上高は対前年度比で12％の伸び率を示した後，翌90年度には6.7％へと鈍化した。

これを業種別・企業規模別でみると，90年度に総売上高の鈍化が始まるのは，まず大企業・非製造業からである（89年度21.6％→90年度2.3％）。それを除く大企業・製造業，中小企業・製造業，中小企業・非製造業は逆に，90年度には対前年比で2～3％伸び率を高めている。そして91年度に入ると，全業種の総売上高の伸び率は1％へと，さらに鈍化している。業種別・企業規模別では，大企業・非製造業の伸び率が唯一のマイナス（△0.7％）であり，他はいずれも1～2％伸び率を低下させただけであった。全業種・総売上高がマイナスとなるのは92年度（△3.6％）からであり，それ以降94年度まで3年連続のマイナスとなった。また92～93年度には全ての業種・規

模で売上高がマイナスとなっている。

　なお一言注意を喚起すれば，92年度の全業種・総売上高の減少は，個人消費の減少に先立って生じている。勤労者世帯の消費支出の伸び率は91年度をピークとして，92年度に入って伸び率を鈍化させ，93年度に初めてマイナスとなった。勤労者世帯や全世帯の消費水準指数もほぼ同じような動きを見せている。これらの点からする限り，90年の株価下落に始まるバブル崩壊が，逆資産効果の作用を通じて総売上高の減少をもたらした直接の契機とは考えにくい。

　但し，乗用車新車登録台数（軽乗用車を除くベース）をみると，株価や地価の上昇が進む85年度から登録台数は年々伸び続け89年度には428万台のピークを付けた後，株価が反転する90年度より4年連続のマイナスになっている。その原因として，日銀の金融引き締めによる金利上昇がカーローンを利用した乗用車の販売困難をもたらしたためか，それとも資産価格の下落による逆資産効果が作用したためか，あるいは両者が作用したためか，にわかには判定できないのである。

(ii) 経常利益の動向

　以上，売上高の減少（減収）傾向を見たが，経常利益の減少（減益）傾向はさらに一層大幅である。同じく日銀の全国短観[36]によれば，全業種の経常利益の伸び率は，ピーク時の88年度に23.5％を付けたのに対して，89年度8.5％，90年度1.1％と伸び率を急速に鈍化させた。その後，91年度は14.4％のマイナスとなり，これ以後，3年連続2桁の減益となった。また業種別・規模別では，90年度にまず大企業・製造業（△1.9％）と中小企業・非製造業（△9.0％）がマイナスに転落し，翌91年度には全業種・全規模で大幅な減収・減益だった。特に92〜93年度の中小企業・製造業の減益幅は大きい（93年度△41.3％）。財務省「法人企業統計調査」でも全国短観とほぼ同様の傾向が伺われる。

### (iii) 売上高経常利益率の動向

経常利益の減少に伴い売上高経常利益率も大きく低下した。日銀の全国短観によれば，全体の売上高経常利益率は88年度にピーク（3.72％）をつけた後，93年度の1.93％へと下落した。業種別・規模別では，89年度に5.75％とピークをつけた大企業・製造業の売上高経常利益率は，その後93年度の2.41％へと低下した（下落幅3.34％）。また88年度に2.38％のピークをつけた大企業・非製造業では，94年度に1.62％にまで低下した（下落幅0.71％）。また財務省「法人企業統計調査」による売上高経常利益率は，ピーク時89年度の2.98％から93年度の1.43％へ下落したが，特に非製造業は大企業・中小企業共に94年度まで4年連続で低下している。

では，この経常利益率の低下はいかなる原因によるのだろうか。

### (4) 売上高経常利益率の低下とその原因

まず，日銀『主要企業経営分析』各年度版に基づいて（表1-1），製造業（除く石油精製）及び非製造業における売上高経常利益率の推移とその原因を，みていこう。製造業（除く石油精製）の場合，89年度から92年度までに経常利益率は3.11％も下落した。その下落の要因別寄与度を見ると，変動費比率が△0.70％，固定費比率が△2.54％と，それぞれ経常利益率を押し下げた。

売上高経常利益率を引き下げる最大の要因となった固定費比率の寄与度（△2.54％）の内訳をみれば，各項目の合計と必ずしも一致しないのではあるが，賃上げや雇用拡大による人件費要因（△0.79％），設備投資増大による減価償却費要因（△0.61％），そしてバブル崩壊による金融収支悪化に基づく純金融費用要因△0.31％が，いずれも利益率を押し下げているのである。

これらをもう少し細かくみよう。経常利益率変化幅は，89年度のプラスから90年度のマイナスへと転落し，91年度にはさらにその幅を広げた（89年度0.36％→90年度△0.48％→91年度△1.42％）。変動費比率（0.66％→△0.39％→△0.41％）も固定費比率（0.15％→△0.17％→△1.08）も90年度ないし89年度にはプラスからマイナスの寄与度へ変わり，91年度にかけ

てマイナス幅を広げたからである。その中で，売上高変動費比率がマイナス寄与度となったのは，86年度以降，概して交易条件の改善にもかかわらず，卸売物価の下落による実質的在庫評価損の発生に加えて，以下の事情から投入原単位（投入原材料価額／産出価額）が増加したからである。

まず1つは，人件費の増加を反映して外注加工費や荷造り運搬費も増加したという事情が挙げられる。この場合，外注加工費や荷造り運搬費がなぜ増加したのかといえば，自動車メーカーが部品在庫コストを圧縮しようとする結果，部品の小口発注・運送が頻繁化するが，それが部品メーカー側での人件費の増加要因となるからであろう。自動車メーカーにとっては合理的な行動も，部品メーカーを含む産業界全体としてはコスト削減となったのかどうかについては疑問が残る所以である。

また第2に，製品の高級化・多様化が進むと，その製造過程で使用される原材料や部品点数も高まり，それらが投入原材料コストの増加を通じて，投入原単位を増加させると考えられるからである[37]。

他方，売上高固定費比率の寄与度が大幅なマイナスとなったのは，減価償却費要因が89年度からマイナスの寄与度で推移したうえに，それまでプラスだった人件費要因と純金融費用要因さえ91年度にはマイナスの寄与度に転落したからである。

売上高固定費比率の中で人件費要因が悪化した最大の原因は，"いざなぎ景気"以来といわれる大型好況が出現する中で，90年度には「人手不足感の強まりから従業員数は5年ぶりの増加に転じ」，91年度にはさらに伸び率を高めたからであった[38]。

なお89〜92年度における非製造業の売上高経常利益率の下落幅はわずかマイナス0.25％であり，製造業での下落幅に比較すれば小さかった。しかし，ここで特徴的なのは変動費比率要因が3.04％売上高経常利益率を押し上げたにもかかわらず，固定費比率は逆にそれをはるかに上回る大幅な比率で売上高経常利益率を低下させたことである。その中でも人件費要因が最大のマイナス寄与度（△1.14％）であり，これに減価償却費要因（△0.62％），純金融費用要因（△0.39％）を合わせた固定費要因が売上高経常利益率を△

3.29％も下落させたのである[39]。

## むすび

　世界的な金融自由化や金余り現象，そして金融機関による投機的な与信行動を背景として1980年代初めから日本で始まった地価や株価の上昇を本格的なバブル経済へと醸成していった原因の根底にあった問題は何よりも，アメリカのレーガノミックスがもたらしたドル高とその製造業の輸出競争力の低下と産業空洞化，双子の赤字問題である。またその反面での日本の製造業の輸出競争力の強化と対米輸出の急増とによって生じた日米間での巨額の経常収支不均衡と深刻な貿易摩擦問題の存在であった。G5はこうした問題を国際協調によるドル高の是正と内需拡大によって対処しようとした。その過程でアメリカは，日本に対して内需拡大策を強く求めた。こうした国際的枠組みの下で，日本が採用した戦略が，日銀の超金融緩和政策と中曽根内閣による新自由主義的な内需拡大策，さらに企業部門の外需から内需へのシフトといった戦略であった。その結果，出現したのが内需向けの設備投資に主導された大型好況である。この大型好況は好調な企業収益や雇用と個人消費の拡大等を通じて，資産バブルを支え過剰な設備投資を招いた。そして，この大型好況の進展過程で，過剰債務の急増，減価償却費負担の増大，人手不足による人件費の増大とが相俟って，企業部門の高コスト体質と企業収益の悪化をもたらしたのである。

　日銀の金融緩和と資産バブルが続いた間は，純金融収支の改善により企業収益は順調であり，問題は表面化せずに済んだ。しかし，日銀がインフレ加速への懸念から金融引き締めへと転換し，また政府も世論やマスコミの批判を受けて遅まきながら不動産向け融資の総量規制や地価税の創設を行うや否や，それまでの状況は一変した。金融引き締めと資産バブルの崩壊で過剰設備，過剰雇用，過剰債務の３つの過剰問題が一挙に表面化し，企業収益の悪化とその後の大幅な民間企業設備投資の減少が大型好況の終焉をもたらしたのである。問題はそれだけではない。わずか数年の不況過程で処理するには事態はあまりにも深刻であり，90年代以降の日本経済の長期停滞と金融機

●注
1）橋本寿朗（1991），225頁。
2）ほとんど注目されなかったが，内閣府（旧経済企画庁）による「景気基準日付」によれば，1983年3月を谷として始まった景気拡大は85年6月には既にピークをつけていた。
3）経済企画庁（1989），8頁。
4）資産価格の上昇と物価の長期的安定というかつてないバブル期の「ねじれ現象」の中で，日銀が難しい金融政策の舵取りを迫られた経緯については，香西・白川・翁編（2001），に詳しい。
5）財政再建路線から内需拡大＝積極財政路線への転換の具体的経緯は，船橋（1988），第4章「円の政治経済学・日本」に詳しい。なお，同書は，こうした転換は，「あくまで行革政治の枠組み」というシンボルは残したままで「臨時の措置」として決定されたとの指摘も行っている（150頁）。
6）経済企画庁（1988），10頁。なお，同白書によれば，緊急経済対策6兆円の内訳は，4兆3,000億円の公共事業等，7,000億円の住宅金融公庫融資の追加，1兆円以上の減税などから成っていた。
7）その間の経緯は佐藤（1990）に詳しい。井村（2000）355-356頁も参照。
8）経済企画庁の試算に基づく奥田幹生議員の発言によれば，「プラザ合意以後去年（注1987年）の12月までにざっと29兆4,500億，30兆円の差益が出て」いた。そして，この中のどれだけが国民に還元されたのかとの同議員の質問に対し，中尾栄一経済企画庁長官は，［そのうち21兆円が還元されている］［円高還元率は実質的には69.6％，7割近い］と答弁している（国立国会図書館（1988），第112国会　衆議院商工委員会第2号〔1988年3月1日〕）。
9）田中（2002），58-61頁，を参照。
10）日本銀行（2004），「6．設備投資（3）」，参照。
11）財務省（法人企業統計調査）（同省Homepage）による。
12）内閣府（2006），「長期経済統計」を参照。
13）日本銀行（2004），「6．設備投資（3）（4）」参照。
14）日本銀行（1990c），34頁。

15) 経済企画庁（1988），311頁。
16) 日本開発銀行（1991），「第2-3表　設備投資の対前年増減率」，参照。
17) 総務省編（2003），43頁（注1）。
18) 以上は，いずれも総務省編（2003），「資料1-2-2　日米の情報化投資額の推移」，「資料1-2-3　産業別情報化投資額の推移」（335-6頁）に基づく。
19) 日本銀行（1989），13頁（注11），参照。
20) 日本銀行（1990a），13-15頁，参照。
21) 以上のデータは，日本ショッピングセンター（SC）協会「我が国SCの現況（2004年版）」（同協会Homepage）による。因みに，2002年時点でのショッピングセンターの売上高シェアは，19.33％に達している。
22) 日本銀行（1990b），92-99頁，付録の図表1～図表4及び日本銀行（1991），43-50頁と図表1～図表5を参照。
23) 以上は，経済企画庁（1988），183-186頁による。
24) 日本銀行（1989），16-20頁。
25) 経済企画庁（1988），332頁。
26) 日本銀行（2004），「主要金融経済指標・実体経済　8.企業収益（1）（2）」による。
27) 本節で用いたデータは，主として日本銀行（2004）による。
28) 経済企画庁（1989），48頁。
29) 通産省（1992），11頁。
30) 通産省（1992），12頁。
31) 日本銀行（1989），13頁。
32) 芳賀（1993）は，今回の景気拡大局面では，労働力需給の逼迫や有効求人倍率などの上昇にもかかわらず名目賃金上昇率が低かった理由を，「労働条件をめぐる労働組合と経営者のコンフリクト（闘争）と，これを調整する制度」が「機能不全に陥っている」ことに求めている。そして，そうした契機になったのは「労働組合が〈75年春闘〉で〈雇用か賃金か〉の選択を迫った経営側に屈服し，その後それに代わる戦略を提示しえない」ことに求めている（66頁）。重要な知見であるが，75年春闘における労働組合側の敗北だけでなく，中曽根内閣による国鉄や電電の民営化による国鉄労働組合や電電労組解体が官公労全体の弱体化や，ひいては春闘での労働側の力を削いでいった側面に加え，極度に低かった消費者物価上昇率といった80年代後半における具体的条件も考慮されるべきではなかろうか。

33）日本銀行（1990a），6-7 頁，参照。
34）原油の輸入単価は，88 年度の 1 バーレル約 1,890 円が，89 年度には 2,540 円へ引き上げられた。
35）日本銀行（2004），「主要金融経済指標・実体経済　8. 企業収益（1）」，による。
36）日本銀行（2004），による。
37）以上 2 点については，日本銀行（1992），41 頁注（4）による。
38）日本銀行（1992），42 頁。
39）橋本ほか（2006）は，バブル期の人件費の増大による「労働分配率の上昇が企業収益の低迷の最大の要因となった」と指摘している（315-316 頁）。橋本（2002）も参照。

●**参考文献**

伊丹敬之十伊丹研究室（1990），『円が揺れる企業は動く』NTT 出版。
井村喜代子（2000），『新版　現代日本経済論』有斐閣。
NHK（1987），『NHK 特集＝緊急リポート　世界の中の日本　土地は誰のものか』日本放送出版協会。
経済企画庁（1988）『昭和 63 年版経済白書』。
経済企画庁（1989）『平成元年版経済白書』。
香西泰・白川方明・翁邦雄編（2001），『バブルと金融政策』日本経済新聞社。
国立国会図書館（1988），第 112 国会　衆議院商工委員会第 2 号「1988 年 3 月 1 日」。
財務省（旧大蔵省）「法人企業統計調査」，各年度版。
佐藤誠（1990），『リゾート列島』岩波新書。
篠秀一（1999），「エクイティファイナンス諸規制についての歴史的考察」（日本証券経済研究所『証券経済研究』第 17 号）。
総務省編（2003），『平成 15 年版情報通信白書』ぎょうせい。
通産省（1990），『平成 2 年版通商白書』。
通産省（1992），『平成 4 年版中小企業白書』。
内閣府（及び旧経済企画庁）『国民経済計算年報』各年度版。
内開府編『経済財政白書』各年版。
西垣康幸（1993），「資産価格の変動と企業，消費者行動」（『国民生活研究』第 33 巻第 1 号）。

第 1 部　1980 年代日本の大型好況から 90 年代の長期低迷へ

日本開発銀行（1991），『調査』第 147 号，1991 年 3 月号。
日本銀行（1989），「わが国における第 3 次産業の拡大について――その背景とマクロ経済的含意――」（『調査月報』1989 年 9 月号）。
日本銀行（1990a），「堅調を続ける個人消費の動向」（『調査月報』1990 年 8 月号）。
日本銀行（1990b），「事業分野の多角化状況について」（『調査月報』1990 年 11 月号）。
日本銀行（1990c），「わが国金融経済の分析と展望――近年における研究開発の活発化とその影響について――」（『調査月報』平成 2 年秋）。
日本銀行（1991），「事業分野の多角化状況について」（『日本銀行月報』1991 年 11 月号）。
日本銀行（1992），「景気調整下における企業経営動向――「平成 3 年度主要企業経営分析」の結果から――」（『日本銀行月報』1992 年 11 月号）。
日本銀行（1993），「景気後退局面における企業経営動向について――「平成 4 年度主要企業経営分析」の結果から――」（『日本銀行月報』平成 5 年 11 月号）。
日本銀行（2004），「主要金融経済指標・実体経済」（同行 Web ページによる）。
日本クレジット産業協会（1993），『日本の消費者信用統計 '93 年版』。
日本経済新聞（1987），『日本経済新聞縮刷版』1987 年 3 月 31 日付け朝刊第 3 面。
田中隆之（2002），『現代日本経済』日本評論社。
芳賀健一（1993），「バブルの政治経済学」（季刊『窓』第 16 号）。
芳賀健一（2006），「日本企業と資本蓄積体制」（SGCIME 編『グローバル資本主義と企業システムの変容』御茶の水書房，所収）。
橋本寿朗（1991），『日本経済論』ミネルヴァ書房。
橋本寿朗（2002），『デフレの進行をどう読むか』岩波書店。
橋本寿朗・長谷川信・宮島英昭（2006），『新版現代日本経済』有斐閣。
船橋洋一（1988），『通貨烈烈』朝日新聞社。
宮崎義一（1992），『複合不況』中公新書。
米山秀隆（1993），「資産価格変動と家計消費――資産効果，逆資産効果は存在したのか――」（『国民生活研究』第 33 巻第 3 号）。

# 第2章　金融機関の不良債権問題と日本経済

**はじめに**

　バブル崩壊後の1990年代に日本の金融機関が抱えた巨額の不良債権問題は，日本の金融システムの安定にとっての最大のアキレス腱であった。またアメリカを始め海外ではこの問題が「日本発世界恐慌」の引き金ともなりかねないと懸念されていた。この不良債権問題の処理は，2001年3月18日から4日間，森喜朗首相（当時）が訪米した際にはブッシュ大統領との会談でその早期処理が「国際公約」化し，政府としてももはや後戻りできない状況に追い込まれた[1]。2001年4月の緊急経済対策に「不良債権の最終処理」が盛り込まれたほか，その後の小泉政権のいわゆる「骨太の方針」にも，不良債権の最終処理を今後2〜3年以内で行うこととされたのである。

　そもそも不良債権問題の最終処理とは，金融機関が不良債権の分類に応じて貸倒引当金を積むだけの間接償却とは異なる。会社更生法などに従って貸出先企業を法的に整理したり，債権を放棄し会社再建を進めたり，あるいは債権譲渡を行ったりすることにより，銀行のバランスシート上から不良債権を完全に切り離し銀行の損失を確定することを意味した。もちろん，それに伴い企業倒産や失業が発生するなど，多くの痛みをも伴う。

　しかし，それだけに果たしてこの問題は，政府の公約ほど短期に処理可能なものか，またそうした負担に耐えられるだけの体力が日本の金融機関に残っているのか，さらにまた，そうした早期処理が仮に可能だとしても，一体どれほど巨額の国民負担がさらに要求されることになるのかが大きな問題とされた。それに加えて，当時既にデフレに入りかけていた日本経済を真性のデフレスパイラルに追い込む懸念がないのかということがまた問題視されていたのである。

　本章では，こうした日本の金融システム不安の核心であった金融機関の不良債権問題をめぐる当時の状況を振り返ると共に，この問題が実体経済とい

かなる関係にあったのかを検討することが課題である。

以下ではまず第1節で，金融機関の不良債権問題と金融システム不安をめぐるこれまでの経緯を整理する。次いで第2節で，不良債権の規模や処理の進展状況などの動向を明らかにする。さらに第3節で，不良債権問題は日本の実体経済といかなる関係にあるのかを考察する。

## 1　日本の不良債権問題と金融危機

### (1)　バブルの崩壊と不良債権問題

既に第1章で考察した通り，1985年9月のプラザ合意以降に急速に進行した円高に対処するために日銀が採用した超金融緩和政策のもと，日本の金融機関は，バブル期を中心に金融機関の生命とも言うべき審査機能を極度に後退させつつ，土地を担保とする財テクやリゾート開発向けの融資を野放図に拡大していった。しかも，土地神話に基づく地価上昇を先取りしつつ，時には120％とも言われた融資実行時の担保価値をも上回る高掛け目での融資を実行していった。しかし，それらは結果として不動産や株式などの資産価格をさらに押し上げる役割を果たした。またその過程で，特に企業は資産と負債を両建てで拡大させたのである。しかし，資産価格の高騰は，政府の土地政策の不在とも相俟って，人びとの間での富の不平等を拡大させたり，固定資産税や相続税の上昇を通じて大都市圏中心部での空洞化現象を招いたりするなど，社会的なひずみを拡大する結果ともなった。また，無軌道なリゾート開発や乱開発によって自然破壊を押し進め，大都市圏で始まった地価高騰を全国に拡大した。こうした資産価格高騰の問題点はマスコミでも大きく報道され，政府としても資産価格の高騰を放置しておくわけにはいかなくなった。そうした中で，1989年5月には日銀が金融引締めへと政策を大きく転換し，公定歩合を当時戦後最低水準と言われた2.5％から5次に亘り6％（90年8月）にまで引き上げた。その結果まず，株価は89年12月の大納会でつけた38,900円という過去最高値の日経平均株価をピークにこれ以後90年1月の大発会から一挙に暴落過程をたどった。ついで，90年4月には，大蔵省が金融機関の不動産向け融資の総量規制を行ったことを契機に地価も

91年頃から急落し始めた。

その後，株価は上下動しつつも，バブル崩壊による実体経済の悪化をも織り込みつつ，トレンドとしては下げ続けた。株価はいくら下げても株価収益率（PER）などでみても，その割高感は一向に解消されなかった[2]。資産デフレによる逆資産効果が働き，バブル経済の金メッキが剥げ落ちたこともあるだろう。しかし，それだけではなかった。バブル以前から進行していた利潤率の低落に象徴される実体経済の悪化が，バブル崩壊を契機に一挙に顕在化したからである[3]。

さらに資産価格の暴落とその長期化は，日本の金融機関や企業に対しても深刻な打撃を与えずには済まなかった。資産価格の上昇過程では両建てで膨れ上がっていったバランスシートは，資産価格の急落過程で毀損されていったのである。一方では資産は現実的ないし潜在的な巨額の損失によって一挙に縮小すると共に，他方では，負債額は一向に減らずその重圧が企業経営に重くのしかかり，債務の返済に行き詰まる企業も少なくなかった。バブルの膨張過程で所得の伸びと地価上昇を見込んで長期多額のローンで住宅を取得した家計の場合にも，やはりバランスシートの毀損という同様の問題が起きた。このため金融機関にとっては，企業部門でも家計部門でも巨額の不良債権問題が発生することとなったのである。また日本企業にとって従来は，経営上のリスクを吸収する緩衝材となっていた資産の含み益が急減し，バブル崩壊後の本業の悪化を直ちに顕在化させ，企業経営を困難にした。株式の含み益の急減は同時にまた，金融機関にとっては自己資本比率の低下であり，経営に大きな打撃を与えた。金融機関が自己資本比率を高めようとすれば，増資などによって資本を増強するか，貸出資産を圧縮するかのいずれかである。しかし，株価の長期低落の下では，公募増資は事実上不可能である以上，貸出資産を圧縮するほかはない。新規の貸出はおろか，満期日前の貸出の回収さえも余儀なくされたのである。貸し渋りや貸し剥がしである。

この問題ももとはといえば，日本が銀行の自己資本に関するBISの国際的統一基準決定をめぐる87年のバーゼル会議で，バブル期の株価上昇を背景に，株式の含み益を自己資本全体の45％まで参入できるように強く主張し

て認めさせた経緯がある。しかし，結果としてそのことはバブル崩壊によって裏目に出てしまい，日本の金融機関の自己資本比率を悪化させる元凶の1つになり，金融機関の体力をさらに損なう羽目になったのである。

　他方，地価はバブル崩壊後十数年間連続で下げ続けたままである。2014（平成26）年公示地価でみれば，大都市部では不動産への需要も二極化し地価が上昇に転じたほか，全国平均でも約3％が上昇に転じ地価の下落率の縮小傾向がみられるものの，なお全体の53.8％，地方圏では76.1％で地価の下落が続いているのである。不良債権処理の過程で担保不動産が売却処分され，需給関係を一層悪化させたこともあろうが，それだけでなく取得した土地が収益の増大に結びつかないなど企業活動の低迷を反映していた面があることも否めない。上述した株価の急落とその後の長期低迷に加えて，こうした地価の長期下落が，不良債権問題を一層深刻化させてきたことは間違いない。

　バブル経済の崩壊は，以上のように株価や地価など資産価格の急落を招いただけでなく，バブル崩壊による企業業績の悪化が資産価格を長期に低迷させ，一方で巨額の不良債権を発生させると共に，金融機関の収益の悪化・自己資本比率の低下を通じてその経営を圧迫してきた。そのため90年代には，多くの金融機関が相次いで破綻した。バブル崩壊後の金融機関破綻第1号は，都内の中堅信金，三和信用金庫（91年3月，預金量1,877億円）であったが，同信金は東海銀行に救済合併された。その後も，中小金融機関の五月雨的破綻が続くが，やがて94年12月～96年の第1次金融危機，97年秋～98年前半の第2次金融危機，そして98年10月～99年前半の第3次金融危機という，3つの波状的金融危機が発生したのである[4]。以下，それらの金融危機を概観しておこう。

### （2）　第1次金融危機

　94年12月，「東京協和」と「安全」という，全国的には勿論，都内でも全く無名だった2つの信用組合（ともに預金量1,000億円強）の破綻を契機に，金融機関の不良債権問題が一挙に表面化した。第1次金融危機の始まりである。これは東京協和信用組合（以下，協和信組）の高橋理事長が，自身

が経営する不動産・レジャー企業グループのイ・アイ・イ・インターナショナルに対し，協和信組と知人の経営する安全信組から1,000億円強を融資させ，焦げ付かせた事件であり，それを契機に融資をめぐる政財官のスキャンダルさえも発覚した。こうした2つの信用組合の受け皿のため東京都，民間金融機関，日銀などが出資して「東京共同銀行」が設立された。しかし，これは極めて異例の「驚くべき破綻救済策」であり，事件の波及を隠蔽する狙いがあったのではないかとの疑念を抱かせた[5]。

翌95年7月末には東京のコスモ信用組合（預金量4,000億円強）が，また同年8月には資金規模のさらに大きな関西の木津信用組合（預金量1兆円強）と兵庫銀行（預金量2兆5,000億円強）が相次いで破綻した。「日本銀行の取引先の初の破綻」となった兵庫銀行は勿論のこと，日本銀行とは直接の取引関係にない他の信用組合にも，預金払い戻しの際の流動性不足に対処するため，全国信用協同組合連合会を通じて，いずれも日銀特融が発動された。これら金融機関の店頭には早朝から払い戻しを求める預金者の長蛇の列ができるなど，預金取り付け騒ぎが発生した。中には営業時間を過ぎた深夜（コスモ信用組合）や翌朝まで（木津信用組合）預金者との対応に追われるケースさえ生じた。翌96年3月末には太平洋銀行（預金量6,000億円強）が，同年11月には阪和銀行（預金量約5,000億円）が，それぞれ破綻した。前者は当面通常通り営業し，その後大手行4行（さくら，富士，東海，三和）が出資して設立した「わかしお銀行」に営業譲渡され日銀特融は発動されなかったが，後者の阪和銀行は受け皿金融機関がなく，預金払い戻し以外の業務停止命令が出され，翌年4月に日銀全額出資で設立された預金払い戻しだけの「紀伊預金管理銀行」に業務が譲渡された。しかも，阪和銀行への業務停止命令は，日銀ネットによる各種決済システム加入行への初のケースであり，決済システムの混乱が強く懸念された。

なお，この時期にはこのほかにも見落とせない重要な出来事があった。1つは，95年9月に大和銀行ニューヨーク支店で巨額損失事件が発覚し，しかも大和銀行はそのことを大蔵省（当時）にはいち早く伝えながら，アメリカでの金融監督当局にはそれを秘匿したばかりか，大蔵省もアメリカ側にそ

の事実の通告を遅延させていたことが明らかになった。そのため，大和銀行はアメリカからの撤収命令を受けたのである。この事件は，日本の金融監督当局と金融機関の間の不透明な関係について海外に強い不信の念を抱かせ，後述するジャパンプレミアム問題を顕在化させる契機ともなった。

　この時期のもう1つ見落せない出来事は，住宅金融専門会社，すなわち住専の不良債権処理に関わる公的資金の注入問題であった。住専7社の不良債権処理に際し，それに要する6.4兆円を母体行，一般行，農林系統金融機関で分担し，その不足分6,850億円を公的資金で負担することが決まったが，それは貸し手責任を持つ農林系統金融機関が本来負うべき負担を負わず，注入すべきでない公的資金を政治決着で注入させたものだとして，国民やマスコミから激しい反発や批判を受けた。特に，その問題処理の先頭に立ち護送船団型金融行政の象徴とみられてきた大蔵省に対して，攻撃の矛先が向けられた[6]。それ以来，金融機関の不良債権問題の処理で公的資金注入を政治の場で話題にすることは，一種のタブーと化したのである。

### (3) 第2次金融危機

　97年に入ると，橋本内閣によって推進された財政構造改革は，バブル崩壊や深刻な円高による痛手からようやく立ち直りかけつつあった日本経済に深刻な打撃を加え，再度不況を激化させることとなった。いわゆる政策不況である。そのため，同年11月にはついに不良債権処理の重圧に耐えきれなくなった金融機関の破綻が相次いで生じた。第2次金融危機の発生である。その直接の契機は，11月3日に三洋証券が会社更生法の適用を申請し，「金融機関における初の法的破綻」となったことである。それによる保全処分の決定で，三洋証券がインターバンク市場から調達していたコールマネーがデフォルトするという前代未聞の事態に発展した[7]。同じことが証券会社だけではなく銀行の法的破綻でも生じるのではないかという警戒感がインターバンク市場参加者の間で急速に高まった。しかも，同様の見方に傾いた海外の格付機関は，日本の金融機関の格付けを一斉に引き下げたため，市場からの資金調達は一挙に困難となり，「金融機関がタンス預金する」といわれる事

態さえ現われた。そうした中，11月17日には大手都市銀行の1つ北海道拓殖銀行が破綻し，さらに11月24日には四大証券の1つである山一証券が，多額の簿外債務を抱えて自主廃業に追い込まれた。その結果，戦後日本経済はこれまで経験したことのない金融システム不安[8]に陥った。そうした金融システム不安の発生は，ジャパンプレミアムを一層拡大すると共に，特に金融機関の中小企業に対する貸し渋りや貸し剥しを激化させることとなった。

こうした事態に対して，政府でも様々な対策を講じざるをえなかったが，その1つは銀行への公的資金注入による自己資本の増強策であった。97年11月に始まる金融システムの動揺は，住専問題以来のタブーをあっさり解除したのである。98年3月には大手都市銀行など21行に対して1兆8,156億円が，国による優先株や劣後債引き受けの形で注入された。

他方，企業への貸し渋り対策については，97年12月24日に大蔵省が「いわゆる『貸渋り』への対応について」を出した。それによって，一応事態は沈静化された。

### (4) 第3次金融危機

98年には日本長期信用銀行と日本債券信用銀行という2つの長期信用銀行が破綻し，前者は10月に，後者は12月にいずれも一時国有化（「特別公的管理」）される事態に至った。第3次金融危機の始まりである。両行とも同年10月に成立した「金融再生法」の枠組みのもとでの初の破綻処理が進められた。1年半後には，3兆円あまりの公的資金を投入された長銀がアメリカのリップルウッドに売却され「新生銀行」として，また日債銀が2年後にソフトバンクグループ（ソフトバンク，オリックス及び東京海上火災保険を中心に構成される出資グループ）に売却され「あおぞら銀行」として，それぞれ再出発した。しかし，それらの売却に際しては，譲渡された資産がその後2次ロスを生じ3年以内に2割以上下落した時は，国（預金保険機構）に「譲渡時の実質価値相当額」（債権の額面マイナス引当金）でそれを引き取らせることができる「瑕疵担保特約」[9]が付されていたばかりか，実際にも新生銀行側がその特約を盾に引き取りを要求する事態となり，契約のあり

方が政治問題化した。

　他方，99年に入ってからは，国民銀行（99年4月），幸福銀行（同年5月），東京相和銀行（同年6月），なみはや銀行（同年8月），新潟中央銀行（同年10月）という5つの地域銀行が次々と破綻した。それらの破綻処理では，破綻した金融機関へ弁護士，公認会計士，預金保険機構（ないし金融実務家）の三者から構成される金融整理管財人団を派遣し，その管理下で通常の営業を継続しつつ，入札制で受け皿金融機関を探す「金融整理管財人団制度」が採用された。もう1つの破綻処理パターンであるこの手法は，信用金庫や信用組合など中小の系統金融機関にも多数活用されたのである[10]。

　相次ぐ金融破綻に対して政府は以上のような破綻処理の枠組みを決めただけでなく，金融機関の自己資本増強策として，99年3月には大手都市銀行を始め銀行15行に対して98年3月の約1兆8,000億円をはるかに上回る7兆4,592億円の，さらに99年9月から翌年3月には地方銀行4行への2,300億円を含む総額1兆8,156億円の，公的資金を注入した[11]。また，それとの見計らいで不良債権の早期処理を銀行に対して促したのである。

　他方，98年10月には「中小企業金融安定化特別保証制度」を創設したが，それは中小企業への貸し渋りを緩和するうえで大きく寄与したといわれる。この制度は，①一般保証枠とは別枠で2億円のほか，無担保保証枠を5,000万円の計2億5,000万円まで保証限度額を拡大したこと，②第三者保証人を求めないなど保証要件を緩和したこと，③通常の1％から無担保保証で0.75％以下に信用保証率を引き下げたことなど，従来の信用保証制度に比べて中小企業にとって一層有利なものになった。そのため，利用実績も，99年9月時点で，保証承諾件数では98万件余り，保証債務残高14兆9,235億円に達した。また，中小企業の倒産も前年同月比でみれば最大でマイナス40％と大幅に減少した。なお，99年11月の「経済新生対策」では，「中小企業金融安定化特別保証制度」を2001年3月まで1年間延長し，保証枠を10兆円追加した[12]。

　さらに日本銀行は，バブル崩壊以後，急速に公定歩合を引き下げるなど金融緩和政策を採り続けてきたが，99年2月以降は，金融システム不安によ

る信用収縮や長期金利の上昇でデフレスパイラルに陥るのを防止するという理由から，インターバンク市場におけるコールレートを実質0%に誘導するという，超金融緩和政策（いわゆるゼロ金利政策）を採用した。

#### (5) 金融システム不安の沈静化とゼロ金利政策

こうして，97年から98年にかけてピークに達した日本の金融システム不安も，99年に入ると以上の政策が一応の効を奏し，ようやく沈静化へと向かった。日本の金融システム不安がピークに達した97年秋には，邦銀が海外市場で外貨を調達する際に上乗せされたいわゆるジャパンプレミアムは一時1%近くにも達したが，99年第2四半期にはほぼ消滅するに至った。他方，その後の日本経済は，実質GDP成長率の低迷，過去最悪の完全失業率，98年から始まる戦後に例のない1人当たり雇用者所得の減少，相次ぐ「過去最大の経済対策」の実施によって悪化する一方の政府の財政危機など，いずれの指標でみても景気回復にはほど遠い印象だった。日銀は，コール市場での金利の誘導目標を実質ゼロにするといういわゆるゼロ金利政策はあまりに異常であり，その長期化は望ましくないとの判断もあってか，2000年8月には政府・与党側の激しい反対を押し切る形で，ゼロ金利政策からの離脱を決めた。

ところが，それから1年も経たない2001年3月には，日銀はゼロ金利政策へと復帰した。アメリカではITバブルの崩壊を契機に2000年後半から景気後退が明確になり，その影響を受けて日本企業のアメリカ向け輸出も減退し企業業績の悪化が懸念されたこと，資産デフレにもまだ終息の兆しがみえないこと，逆輸入や規制緩和などに国内需要の弱含みも加わって物価の下落傾向に歯止めがかからないことなどに加え，金融機関における不良債権問題が一層危機的な状況になったからである。すなわち，不良債権問題の処理は企業リストラを加速させ，その結果，完全失業率も5%目前まで上昇するなど雇用問題はますます深刻化し，消費者物価も2年連続で下がり続けるなど，デフレスパイラルの懸念が強まった。金融機関も不良債権問題の処理や株価の下落によって体力を消耗し続けているうえに，後述するように不良債権は

一向に減らないといった事情もあったのである。

それでは，ここで節を改め，不良債権問題の状況を，いま少し立ち入ってみていこう。

## 2　不良債権問題の規模と処理状況

### (1)　増え続ける不良債権

経済企画庁による最後の経済白書となった『平成12年版経済白書』は，少なくとも大手銀行16行に関する「不良債権問題はほぼ峠を越えた」と述べていた。経済企画庁のその認識の根拠は次の3点である。①すでに累積で45兆円に及ぶ不良債権の直接償却及び貸倒引当金の積み増しが完了したこと，②金融再編強化の動きの中で，不良債権処理に積極的に取り組んできたこと，③公的資金注入の結果，自己資本比率にも余裕があり，金融収縮を招く恐れは遠のいたこと，がそれである。わずかに問題が残るとすれば，一部の地域銀行や，信用金庫・信用組合などの，「相対的に自己資本比率の低い金融機関」だというのである[13]。しかし，こうした政府の見通しは極めて甘かったことが，その後次第に明らかになった。

2001年省庁再編で誕生した内閣府による初の『経済財政白書』は，その年の暮れに発表されたが，その第2章が不良債権問題にあてられた。驚くのは，第1節のタイトルが「増え続ける不良債権」となっている点である。不良債権問題はまだ未処理などころか，むしろ増え続けているとされ，この「問題はほぼ峠を越えた」という1年半前の『経済白書』の認識はあっさり覆されていたのである。それでは，その時点の日本の金融機関の不良債権は一体どれほどの規模であり，また不良債権処理の状況はどうだったのか，といった一連の事柄が問題とならざるをえない。しかし，それらの検討に向かう前に，まず不良債権の定義をみておこう。銀行法，金融再生法，そして銀行の自己査定によって，不良債権の中身も異なっており，当然それによって不良債権の金額も異なるからである。

## (2) 不良債権の諸定義[14]
### (i) 銀行法上の不良債権

1927（昭和2）年の銀行法を全面改正した1981（昭和56）年の銀行法第21条（同施行規則にて正確を期す）は，「銀行は，営業年度ごとに，業務及び財産の状況に関する事項を記載した説明書類を作成して，主要な営業所に備え置き，公衆の縦覧に供しなければならない」と規定し，銀行に対しその業務内容に関する情報開示を義務づけている。銀行法上の不良債権である「リスク管理債権」の情報開示義務も，その一環なのである。ただし，その記載すべき内容は内閣府令によるとした。

リスク管理債権の内容は，アメリカのSECとほぼ同じ基準に従い，①破綻先債権，②延滞先債権，③3ヶ月以上延滞債権，④貸出条件緩和債権に区分され，それぞれの額が開示対象とされた。いずれも，リスクのある貸出債権の分類である。①破綻先債権とは，元本や利子の回収見込みがない債権であり，破産や会社更生など法的整理を受けている債務者への債権である。②延滞先債権とは，元本や利子の延滞が長期間継続し，会計上の未収利息の計上（利子の前回支払い時から次回支払い時の中間に企業の決算期がある場合，まだ受け取っていない利子を仮に受け取ったものとする会計上の処理）が停止中の債権のうち，①の破綻先債権及び経営再建中の企業に対する利子を免除した債権を差し引いたものである。③3ヶ月以上延滞債権とは，元本・利子支払いが3ヶ月以上継続している債権から，①と②を差し引いたものをいう。④貸出条件緩和債権とは，経営再建先企業などに対して，利子の減免，元本・利子の支払い猶予，債権放棄を行った債権である。

### (ii) 金融再生法上の不良債権

金融危機渦中の1998年に成立した通称「金融再生法」第6条，7条と省令（同法により正確を期す）により，金融機関はその資産を自己査定によって，以下の4つ，すなわち①破産更生債権とこれに準ずる債権，②危険債権，③要管理債権，④正常債権，に区分し，開示を義務づけられた。①破産更生債権とこれに準ずる債権とは，破産や会社更生など法的整理を受けている債

務者への債権である。②危険債権とは，経営が破綻してはいないが，契約どおりの元本・利子支払いのできない可能性が高い債権である。③要管理債権とは，3ヶ月以上延滞債権と貸出条件緩和債権の合計である。④正常債権とは，「不良債権」である①②③のいずれにも該当しない債権である。

先の「銀行法上の不良債権（リスク管理債権）」は銀行の貸出金だけを対象とした分類なのに対し，「金融再生法上の不良債権」は，貸出金のほかに，有価証券，外国為替など広く与信額による分類である。貸出金のみを対象としたリスク管理債権では，金融機関の経営実態が十分把握できないとの意見を踏まえて，与信額による基準が定められたが，二本立ての基準になり，逆にわかりにくくなったという指摘がなされている。

### (iii) 金融機関の自己査定による不良債権

金融庁の検査に当たり，金融機関が自己査定によってその債権（金融再生法の場合と同じ資産ベース）をI〜Ⅳの4つに区分することになっている。それに先立ち，まず債務者を，①破綻先，②破綻懸念先，③要注意先，④正常先に区分する。そのうち①破綻先と②破綻懸念先は，それぞれ金融再生法上の区分である①破産更生債権とこれに準ずる債権，及び②危険債権に，対応する。これに対して，③要注意先債権は，金利減免・棚上げ，元本・利払いの遅延，業績不振の注意を要する債務者への債権である。含む範囲が非常に広いため，金融庁の検査マニュアル（当該文献で正確を期すこと）では，要注意先をさらに，「要管理先」と「その他の要注意先」に分けることが望ましいとする。そのうち「要管理先」は，金融再生法上の「要管理債権」に近いが，それより広い。

次に，以上の債務者区分をその引当金や担保の状況を勘案して，債権をⅠ〜Ⅳに区分する。Ⅳ分類は，破綻先に対する回収不能または無価値な債権，Ⅲ分類は，破綻懸念先に対する債権のうち，担保評価不足のために損失の発生が見込まれる部分，Ⅱ分類は，破綻先や破綻懸念先に対する債権のうち不動産などの担保でカバーされている部分や，要注意先に対する債権のうち預金担保など優良担保の付されていない部分，Ⅰ分類は，以上のいずれにも該

当しない非分類債権を指す。

それでは，以上の定義を前提に，当時の不良債権の状況を順次みていこう。

### (3) 不良債権残高の規模

金融庁は2001年8月2日に「平成13年3月期におけるリスク管理債権等の状況」を公表している（表2-1）。それによると，銀行法上の「リスク管理債権」は預金取扱い金融機関全体で，2000年3月末の41.4兆円から，2001年3月末の42.8兆円へと増加している（いずれも，旧日本債券信用銀行分を除いた数字）。その内訳は，全国銀行の合計で30.4兆円から31.8兆円への増加，他方，協同組織金融機関（信用金庫，信用組合，労働金庫及び農林漁業系統金融機関）の合計では，11.0兆円から10.9兆円への微減である。

また金融再生法上の開示債権のうち，正常債権を除いた残りの合計は預金取扱い金融機関全体で，2000年3月末の40.9兆円から，2001年3月末の42.3兆円へと増加している（いずれも，旧日本債券信用銀行分を除いた数字）。その内訳は，全国銀行全体で31.8兆円から33.0兆円への増加，また協

**表2-1 平成13(2001)年3月期におけるリスク管理債権等の状況**

(単位：兆円)

|  | リスク管理債権 |  | 金融再生法開示債権 |  | 個別貸倒引当金 |  |
|---|---|---|---|---|---|---|
|  | 12年3月末 | 13年3月末 | 12年3月末 | 13年3月末 | 12年3月末 | 13年3月末 |
| 都銀・長信銀・信託 | 19.3<br>(19.8) | 19.3<br>(18.6) | 20.0<br>(20.4) | 20.0<br>(19.3) | 3.9<br>(5.0) | 3.9<br>(3.8) |
| 地銀・第二地銀 | 10.6 | 13.2 | 11.4 | 13.6 | 3.4 | 3.3 |
| 小計（全国銀行） | 32.5<br>(30.4) | 32.5<br>(31.8) | 33.6<br>(31.8) | 33.6<br>(33.0) | 7.2<br>(8.4) | 7.2<br>(7.1) |
| 協同組織金融機関 | 11.0 | 10.9 | 9.1 | 9.4 | 3.1 | 2.8 |
| 合計（預金取扱金融機関） | 43.4<br>(41.4) | 43.4<br>(42.8) | 43.0<br>(40.9) | 43.0<br>(42.3) | 10.0<br>(11.5) | 10.0<br>(9.9) |

注：1) （ ）内は，12年3月末に集計対象外であった日本債券信用銀行（現あおぞら銀行）を除く計数。
2) 破綻公表済の金融機関を除く。
3) 金融再生法開示債権は，破産更生債権及びこれに準ずる債権，危険債権，要管理債権の合計。

出所）2001年8月2日金融庁発表（金融庁ホームページ）。

同組織金融機関全体では9.1兆円から9.4兆円への増加となっている。2001年3月末時点の預金取扱い金融機関全体の不良債権残高は，銀行法上の「リスク管理債権」でも金融再生法上の開示債権でみても，42兆円台だというのが公式の数字である。

2001年3月末時点での銀行法上の預金取扱い金融機関全体の「リスク管理債権」の状況をさらに詳細にみていこう。預金取扱い金融機関全体の貸出金626兆4,570億円のうち，リスク管理債権は43兆4,480億円（旧日本債券信用銀行分を含む数字）に上り，不良債権比率は6.9%である。その内訳は，全国銀行全体の貸出金494兆1,890億円のうちリスク管理債権は32兆5,150億円で，不良債権比率は6.6%とこれだけで既に十分高い水準なのだが，後にみる協同組織金融機関と比較すればなお低水準である。また全国銀行の業態別不良債権比率は，都市銀行（9行）5.4%，長期信用銀行（3行）9.97%，信託銀行（6行）7.5%，地方銀行（64行）7%，第二地方銀行（55行）8.2%である。長期信用銀行は，既に破綻し再建途上の新生銀行（旧日本長期信用銀行）とあおぞら銀行（旧日本債券信用銀行）を含むため際立って高いが，それを別にすれば第二地方銀行の8.2%が際立っている。小規模な，特に地域金融機関の不良債権問題が深刻であるようにみえる。そうした状態が一層際立っていたのは，協同組織金融機関である。

すなわち，協同組織金融機関全体では，貸出金132兆2,680億円中，リスク管理債権は10兆9,340億円で，不良債権比率は8.3%とはるかに高い。就中，信用金庫の不良債権比率は9.4%，信用組合の不良債権比率は16%に達するなど，中小零細規模の金融機関は，もはやいつ破綻が生じてもおかしくない危機的ラインである。

こうした2001年3月期での不良債権比率6.6%（全国銀行）について『経済財政白書』は，アメリカの商業銀行の最近の不良債権比率1%と比べて際立った対照をなしていると述べている[15]。もっとも，これとは逆に アメリカのS＆Lと商業銀行の87年における不良債権比率は4.1%，スウェーデンの90～93年の銀行貸付けの貸倒れは18%，韓国のアジア通貨危機時の不良債権比率は19%，などの数字を根拠に，「不良債権額などの規模からみれ

第2章　金融機関の不良債権問題と日本経済

**表2-2　日米主要銀行の不良債権残高と比率**

① アメリカ10大行の不良債権残高と比率　（単位：百万ドル）

| 銀行名 | 残高 | 比率(%) |
|---|---|---|
| シティコープ | 13,551 | 6.34 |
| バンカメリカ | 4,225 | 4.06 |
| ケミカル・バンキング | 6,699 | 4.92 |
| ネーションズ・バンク | 2,804 | 2.54 |
| J.P.モルガン | 1,125 | 1.26 |
| チェース・マンハッタン | 4,589 | 4.55 |
| バンカース・トラスト | 2,958 | 4.62 |
| バンク・ワン | 771 | 1.45 |
| ウェルズ・ファーゴ | 2,692 | 5.12 |
| PNCフィナンシャル | 1,305 | 2.87 |

(出所) 1) アメリカの銀行不良債権問題が深刻化した1989〜92年における各行のピークの数字。
2) 銀行名は1992年当時。順位は資産の規模順に並べてある。

② 日本の大手行の不良債権残高と比率　（単位：億円）

| 銀行名 |  | 残高 | 比率(%) |
|---|---|---|---|
| 三菱東京 |  | 45,320 |  |
|  | 東京三菱 | 34,590 | 9.85 |
|  | 三菱信託 | 9,301 | 10.58 |
|  | 日本信託 | 1,429 | 32.66 |
| みずほ |  | 41,955 |  |
|  | 第一勧業 | 16,598 | 7.22 |
|  | 日本興業 | 13,086 | 6.24 |
|  | 富士 | 12,271 | 5.67 |
| UFJ |  | 26,703 |  |
|  | 三和 | 12,962 | 6.13 |
|  | 東海 | 9,077 | 5.88 |
|  | 東洋信託 | 4,664 | 10.35 |
| 三井住友 |  | 28,225 |  |
|  | 住友 | 15,616 | 6.21 |
|  | さくら | 12,609 | 6.23 |
| あさひ |  | 12,693 | 7.96 |
| 大和 |  | 8,137 | 9.37 |
| 住友信託 |  | 5,328 | 8.03 |
| 中央三井信託 |  | 8,440 | 12.32 |
| 安田信託 |  | 3,501 | 10.19 |

(出所) 不良債権残高は2001年3月期決算時に再生法基準に基づき算出されたもの。

資料：『週刊エコノミスト』2001年8月14・21日合併号　毎日新聞社　29頁。

ば，決して日本の問題が突出して深刻なわけではない[16]」という評価もないわけではない。たしかに，日本以上に不良債権比率の高いところがあったのも事実だから，不良債権比率だけで不良債権の規模を語るのは問題かもしれない。しかし，アメリカ10大行と日本の大手行についての不良債権残高と不良債権比率の比較（表2-2）でも，やはり日本の不良債権問題が突出しているのは間違いない。

なお，以上では貸出金による銀行法上の「リスク管理債権」をみたが，次に，総与信額のうちの金融再生法上の不良債権（2001年3月期）についてもみておこう。それによれば，預金取扱い金融機関全体の正常債権と不良債権の合計は633兆5,630億円で，正常債権は590兆5,780億円，不良債権は全体で42兆9,850億円（旧日本債券信用銀行分を含む数字）である。不良

51

債権比率は6.8％である。不良債権額とその内訳の数字は省略するが，業態別に不良債権比率を一応示しておけば，全国銀行6.3％（うち都市銀行5％，長期信用銀行8.6％，信託銀行7.2％，地方銀行7％，第二地方銀行7.3％），協同組織金融機関9.7％（うち信用金庫9.6％，信用組合15.5％）である。銀行法上のリスク管理債権についてみた場合とほぼ同様の傾向が読みとれる。

これに対し銀行の自己査定の状況（2001年3月期）はどうだろうか。預金取扱い金融機関全体の総与信額（貸出金，貸付有価証券，外国為替，支払承諾見返，未収利息及び仮払金）は670兆5,900億円，そのうち破綻先に対する回収不能または無価値な債権とされるIV分類債権はゼロ，破綻懸念先に対する債権のうち，担保価値不足のために損失の発生が見込まれる部分であるIII分類債権は3兆1,260億円，また破綻先や破綻懸念先に対する債権のうち，不動産などの担保でカバーされている部分や，要注意先に対する債権のうち預金担保など優良担保の付されていない部分であるII分類は，79兆6,210億円である。なおI分類債権は以上のいずれでもない。以上より，II～IV分類の合計額は82兆7,470億円となる。

しかし，同じく銀行の自己査定を金融庁が集計したという民主党公表の数字では，債務者の状況で分けた分類（破綻先・実質破綻先，破綻懸念先，要注意先，正常先）でみれば，要注意先以下のいわゆる「問題先」への貸出しは全国銀行で111兆円あり，預金取扱い金融機関全体では150兆円だとされている。またこれに20～30兆円の過去にオフバランス化した債権も加えて170～180兆円とみるべきだという評価もある[17]。これは，銀行法上の「リスク管理債権」や金融再生法上の不良債権の約42兆円を数倍上回る膨大な数字である。これに対して『経済財政白書』は，「要注意先債権は，当初の約定通りの元本・利息の支払いが行われている債権が多く，要注意先債権の全体を不良債権と見なすのは適切ではない」とか「要注意先企業には，現在の業況が低調でも，今後，経営改善が十分に見込まれる企業が多く含まれている」として，要注意先全体を「問題債権」や不良債権とみなすことに強く反対している[18]。こうした反論は一見もっともなようだが，しかし反面で，処理しても処理しても新たな不良債権が発生してくる状況では，むしろ「要

注意先債権」は限りなく灰色（グレーゾーン）債権[19]であり，「不良債権」予備軍[20]であるという指摘には説得力がある。

　以上でみたように，2001年3月時点における不良債権の規模は依然として明確でない点が残ることは否めない。預金取扱い金融機関全体で，銀行法上のリスク管理債権や金融再生法上の不良債権で約42兆円から，銀行の自己査定によるいわば「問題債権」での約150兆円までの，かなりの幅を持って考えておく必要がありそうである。

　それでは，こうした不良債権の処理は実際にどれほど進展していたのであろうか，またなぜ不良債権は減らないどころか増え続けているのだろうか。

### (4) 不良債権の処理状況と新規不良債権の増加

　不良債権の処理状況に関する金融庁の年度別データは，全国銀行のものしか利用できない。それによれば，1992年度以降，不良債権の処理は年々かなりの規模で進められてきたことがわかる。特に95年度，97年度，98年度には，いずれも13兆円もの処理が行われていたのである。もっとも7～8兆円は貸倒引当金として繰り入れられ，銀行のバランスシートから不良債権を切り離す直接償却等はそれらに比べはるかに少ない。それはともかく，1992年度以降，2000年度までの不良債権の処理に伴う処分損は累計71兆8,177億円もの巨額に達する。そのうち，直接償却等の累計は31兆2,563億円で44％を占める。また，貸倒引当金残高は11兆5,550億円である。したがって，この全国銀行の不良債権の処分損とリスク管理債権残高の合計だけで，不良債権は100兆円を超えている。また預金取扱い金融機関全体では，不良債権の処分損とリスク管理債権残高の合計は110兆円にも達する。

　ところで，このように年々巨額の不良債権が処理されながら，リスク管理債権残高は減らないどころか，年々増加していたのはなぜなのか。

　『経済財政白書』はその理由として，まず第1に，不良債権の定義が98年3月期まで徐々に拡大し続けてきたことを挙げる。つまり93年3月期以降95年3月期までは不良債権として公表されたのは，「破綻先債権」と「延滞債権」のみだった。しかし，96年3月期～97年3月期には新たに「金利減

免等債権」が加えられ，さらに98年3月期以降は従来の「破綻先債権」，「延滞債権」以外に，「3ヵ月以上延滞債権」と「貸出条件緩和債権」にまで広げられた。

　これにより，アメリカのSECと同様の開示内容になったというのである。これは裏返せば，これまでの日本の不良債権の定義は狭すぎたり，不良債権に関する情報を小出しにするなど開示が極めて不十分なため[21]，その実体がつかめないという国内外からの不信感や批判を増幅する結果となったために政府ももはやそれを無視するわけにはいかなくなった結果である。しかし，以上の理由だけでは，98年3月期以降の不良債権残高の増加を説明することはできない。

　第2の理由として『経済財政白書』は，一方では，不良債権の「最終処理」が遅々としか進まないのに，他方では，新規の不良債権の発生ペースが速かったという事情を挙げている。新規の不良債権が速いペースで発生し続けてきたことは，それ自体が重大な問題だが，『経済財政白書』は，「バブル崩壊による資産価格の下落と景気の低迷により，貸出債権の不良化が進んだ」ことを認めている。日本経済の悪化が止まらないため，不良債権はいくら処理しても処理するそばから新たな不良債権が発生していたのである。

### (5) 業種別不良債権の動向

　では，この不良債権問題は業種別ではいかなる特徴がみられたのだろうか。それは，『経済財政白書』も指摘するとおり，不良債権が特定業種に集中していた点である。それによれば，2001年3月末の大手銀行15行と地方銀行54行の計64行の銀行貸出総額の3分の1（約33％）は，不動産，卸売り，建設の3業種向けだが，リスク管理債権残高ではじつに約54％をこれら3業種が占めたのである。では，なぜこれらの業種向けの貸出しがとりわけ不良債権化する度合いが高かったのだろうか。

　それは第1に，全産業が保有する土地資産額中の約54％が，上記3業種（不動産27％，建設7％，卸売り20％）で占められ，それだけ土地資産デフレの影響を強く受ける結果となったからである。たしかに全リスク管理債権

残高に占める3業種の比率（約54％）と，全産業が保有する土地資産残高に占めるこれらの3業種の比率（約54％）とは，驚くほどに一致していたのである。

　第2に，全産業中とりわけ上記3業種の収益が，バブル崩壊後低迷していることである。3業種の売上高当期利益率を，製造業や非製造業（3業種を除く）と比較しても，また大企業・製造業，大企業・非製造業（3業種を除く），中小・製造業，中小・非製造業（3業種を除く）と比較しても，3業種の収益の低迷ぶりは際立っていた。特に卸小売業では，いわゆる「流通革命」の影響を受けたという事情も見逃せない。アメリカの強い要求による大店法の緩和やその後の廃止で，地方都市に大型ショッピングセンターの進出が相次いだことや，激しい円高の進行で安価な輸入品が急増したことは，他方では従来の商店街の空洞化を進行させた。またそれらが不況の深刻化による需要の落ち込みとも相俟って，価格破壊現象をもたらしたことなどが，卸小売業に大きな打撃を及ぼしたであろうことは，想像に難くない。

　第3に，以上の結果これら3業種では，とりわけ過剰債務問題が深刻となっていたことである。しかもそれらは不良債権化しやすいなど，銀行の不良債権問題とも密接な関係を持っていた。過剰債務度を「金融債務（ネット）／付加価値額」指標を用いて製造業，非製造業（3業種を除く），及び3業種について比較すると（図2-1），3業種はその比率が最も高い。90年代にこの業種の比率だけが2倍を超え，しかも高止まりしていたのである[22]。さらに「金融債務（ネット）／付加価値額」比率を，各業種の大企業・中小企業別に分けて，2001年1～3期と80～85年平均（倍）で比較すると，2001年1～3月期には，不動産業・中小企業の8.67倍と不動産業・大企業の8.47倍が際立って高い。しかも，それらの比率の，80～85年平均（倍）に対する倍率の変化（乖離幅）をみると，それぞれ5.23倍，4.11倍上昇するなど過剰債務度は極度に悪化していた。また卸売業・大企業でのその比率は2.57倍で3番目に高いが，80～85年平均（倍）との乖離幅はマイナス0.10倍とわずかながらも改善していた。これに対し，比率はそれぞれ1.17倍，及び1.20倍と相対的に低いものの，乖離幅はむしろ0.51倍，0.37倍と悪化

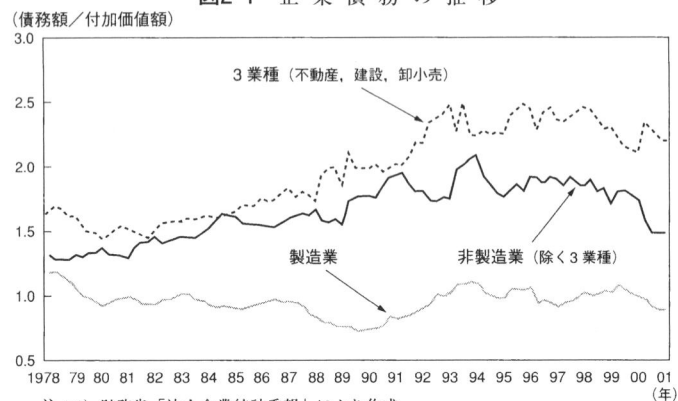

第1部　1980年代日本の大型好況から90年代の長期低迷へ

図2-1　企業債務の推移

注：1）財務省「法人企業統計季報」により作成。
　　2）債務額＝長短借入金＋社債＋受取手形割引残高－現金・預金
　　3）付加価値額＝人件費＋支払利息＋営業利益＋減価償却費
　　4）債務額，付加価値額はそれぞれ季節調整値。付加価値額は年率換算。
出所）『週刊エコノミスト2001年版経済財政白書』毎日新聞社　151頁。

した建設業・大企業や小売業・中小企業のケースもある[23]。

　さらに2001年1～3月期の各業種の大企業・中小企業別の付加価値額に，80～85年平均（倍）に対するそれぞれの乖離幅を乗じて得られた過剰債務額は，非製造業・中小企業51.2兆円，不動産業・中小企業40.5兆円，非製造業・大企業22.9兆円，不動産業・大企業14.9兆円，の順に高いのに対し，製造業・大企業△7.9兆円，卸売業・大企業△1.0兆円のように，過剰債務度が減少したものもあった[24]。

　しかし，それなら不良債権問題は，これら3業種とそこに積極的に融資した金融機関との，いわば特定の構造不況業種だけの問題であり，これ以外の業種は不良債権問題とは無縁だったのだろうか。決してそうではない。

　リスク管理債権全体の9％を占めるに過ぎない製造業向け債権も，前年比では3割増となっているなど，「最近では不良債権の業種的な広がりもみられ始めている」。3業種以外の製造業やその他業種でも，97～98年以降，長引く不況の中で「経営破綻先債権」の原因となる企業倒産が増加していたからである。また，バブル崩壊の影響が大きい業種であるか否かにかかわらず，業種ごとにいわゆる「勝ち組」と「負け組」に企業が二極化し，この「負け組」への貸付けが不良債権化するケースもみられたのである[25]。

以上，その間接償却と直接償却を含めてこれまでに処理された不良債権の額は約70兆円に上ったにもかかわらず，依然として未処理の不良債権は建設，不動産，卸小売3業種を中心に巨額であるばかりか，その後も金額は増え続け，業種も広がっていた，といった状況をみてきた。それでは，そうした巨額の不良債権の存在は日本経済全体にとっていかなる意味で問題だったのか。既に第1節では，不良債権問題と金融危機の関係を中心としてその事実経過を整理したが，ここではその問題を不良債権問題と実体経済の側面から改めて検討しよう。

## 3　不良債権問題と実体経済

### (1)　貸し渋りと企業の投資需要抑制・資金繰り悪化

バブル期における日本の金融機関の貸出行動は，借り手の支払能力やリスクの度合いを十分審査したうえでの貸出だったとは決していえなかった。第1章でも述べたように，金融自由化の進展による利ざや減少への危機感が背後にあったとはいえ，土地神話を前提に，土地・不動産の担保があれば貸出先の支払能力に対する審査をほとんど度外視し，また担保に対する貸出金比率も，土地の値上がりを先取りし高掛け目で野放図な貸出しを膨張させていった事実は否めない。しかもその貸出がさらに株価や地価を押し上げ国民の間の富の格差を拡大したり，都心部での再開発のため金融機関までが地上げの片棒を担ぐなど，反社会的役割を果たした場合もあった。そのあげくのバブル崩壊と巨額の不良債権の発生というのであれば，同情の余地はない。例え金融機関が不良債権を抱えて深刻な経営危機に陥ろうと，それは資金の仲介機能という自らの社会的役割を忘れた結果だからである。そうした金融機関に公的資金を注入し救済する合理的根拠はなく，文字通り自己責任で処理するのは当然であろう。しかし，金融機関の不良債権問題は，ただ単にバブル期に投機的で過剰な貸出行動に走った金融機関と，過剰な借入で投機活動を行った建設・不動産など特定業種の不始末だからと突き放してはおけない理由があった。

まず第1に，金融機関の不良債権問題が企業への貸し渋りの原因となり，

設備投資のための資金調達や日々の資金繰りを困難にし，日本経済に深刻なデフレ圧力を加えてきたという事情があるからである。しかし，不良債権がいかなる経路を通じて貸し渋りの原因になっていたのかという点になると，必ずしも見方は一致していないようである。本章では後に説明するように，金融機関における不良債権の処理がその自己資本比率を低下させ，BIS 規制や早期是正措置のもとで「貸し渋り」を引き起こしたというのが 90 年代日本における最も中心的な経路であった。しかし『経済財政白書』のように不良債権処理のための経費の増大が金融機関の収益を圧迫し，そのリスクテイク能力を低下させて貸し渋りが生じたという経路を強調する見解もある。その見解をまずみておこう。

それによると，金融機関にとって不良債権の存在のために，特に 90 年代半ば以降は不良債権の処理費用が嵩み業務純益を上回っていたうえに，地価の担保価値の下落で追加損失が発生したことや，不良債権の保有が長期化したことで，不良債権を回収し有利な貸付先に回していれば得られたであろう収益を失うという新たな費用（「機会費用」）さえも発生したという。

「このような収益の圧迫，コストの増大に加え，景況悪化などにより多額の不良債権の新規発生が続くなど，自己資本の低下圧力が続いている。銀行の経営上のバッファーである自己資本の低下は，銀行が新たにリスクを取り新規顧客を獲得したり，成長分野への融資に慎重になるなど，銀行のリスクテイク能力を低下させると考えられる」。そうした「銀行のリスクテイク能力低下が極端な形で現れるのがいわゆる〈貸し渋り〉であ」り，「企業の設備投資を抑制する」というのである[26]。

銀行を始めとする金融機関の貸し渋りが企業（特に中小企業）の資金調達とそれによる設備投資を困難にし，長期的には経済成長率を押し下げる作用を果たすというのは，間違いないであろう。しかし，銀行の自己資本の低下がリスクテイク能力の低下を通じて貸し渋りを引き起こすという説明は，金融メカニズムとして十分な根拠ないし妥当性を持つのであろうか。

そもそも，銀行の自己資本の低下がいかなるリスク選択行動の変化を引き起こすのかについては，以上の説明とは正反対に，むしろ銀行のリスクテイ

キングな行動を誘発するという堀内昭義氏のような見解も存在する。しかもそれはかなり有力な見解の1つだと考えられるので，やや長いが以下，引用しておく。

「銀行が十分な自己資本を保有していることは，銀行に対して健全な経営を求める圧力を高める可能性がある。銀行がリスクの大きい融資や資産を選択し，債務超過の状態に陥れば，結果としては銀行の株主が自分たちに帰属するこの価値を失ってしまうはずである。したがって，自己資本が大きいほど，銀行の株主たちは危険な経営に手を出すことによって失う可能性がある資産が大きいことを意味している。一般に失うものが大きいほど，人々は慎重に行動するはずである。このように考えると，銀行が十分な自己資本を保有している限り，銀行は健全な経営に努める誘因を持つであろう。」

「逆に銀行の資産価値が減少して自己資本も相対的に小さくなった場合，この銀行は要注意である。自己資本が極端に小さくなった銀行は，これ以上はほとんど失うものを持っていない。このような銀行は，〈一発逆転〉を狙って，極端にリスクの大きい用途に資金を運用しようとする。うまくいけば大きな利益を得て，危機的状況から脱出できる。うまくいかない場合には，さらに損失が膨れ上がるが，それは銀行の株主ではなく，預金者やその他の債権者たちの負担が増加するに過ぎない[27]」と。

それでは，銀行のリスク選択行動についての『経済財政白書』の先の見解と堀内氏の見解のいずれに一般的妥当性があるのかとなると，いずれとも言えないというほかはない。

そもそも銀行がリスクテイクするかどうかという問題は，以上のような自己資本の大きさや比率の高さだけから一義的に決定するわけにはいかない。また，管見のかぎり，いずれか一方の妥当性が実証されたとも思われない。むしろ問題は，貸出先の資金計画を精査したうえでそのリスクの大きさに応じた金利格差を設けると同時に，その貸出先のリスクと収益の大きさに応じたリスク・ヘッジがなされるように銀行が業種や企業を分散させることだったのではないだろうか。そうしたリスク管理が全くなされず，もっぱら不動産がらみの融資にのめり込んでしまったことが，バブル期における個別銀行

の経営上の最大の問題だったのであろう。

　それでは，銀行の自己資本比率の低下がそのリスクテイクを困難にし貸し渋りを生じたという以上の主張に理論的妥当性や十分な実証的根拠がないとしたら，一体なぜ貸し渋りは生じたのか。それは，『経済財政白書』も堀内氏もなぜか触れていない論点だが，銀行の自己資本比率の低下がBISの自己資本規制や政府の早期是正措置によって，自己資本比率を高めるために貸出資産を圧縮しようとする銀行行動が引き起こされたからである[28]。特に，貸出資産の中でもリスク・ウエイトが100％であり，その分だけ分母の資産部分を大きくしていた企業向け貸出しを圧縮することは，最も効果的に自己資本比率を上昇させる手段であった。就中，企業の中でも銀行に対する借り手の力関係が弱く，かつ銀行借入れ以外に資金調達手段をほとんど持たない中小企業に対する貸し渋りないし「貸し剥がし」が深刻になりやすいことはみやすい道理である。大企業や中堅企業に比べて中小企業のリスクがより高いから，特に中小企業が銀行からの貸し渋りの対象になりやすいわけではあるまい。"Too big to fail"（あまりに大き過ぎて潰せない）という言葉が示すように，例え経営内容が極めて悪くても，あまりに大きな企業や金融機関を潰せば，与信側も大きなダメージを受けるため，資金の引き揚げには慎重にならざるをえない。それに反し，中小企業ならば与信側が受けるダメージは少ないという事情が貸し渋り問題にも色濃く反映しているのであろう。なお，自己資本比率規制と貸し渋りの間の密接な関係については，既に実証的研究もなされている[29]。

### (2) 金融システム不安と投資需要・個人消費需要の抑制

　巨額の不良債権の存在はまた，金融システムに対する企業や個人の不安ないし懸念を高め，企業の投資行動や個人の消費行動を消極的にしている可能性がある[30]。企業であれば，金融システムに対する不安があれば，投資計画を下方修正し，むしろ手元のキャッシュフローを厚めに維持する傾向に向かいやすい。また，個人ないし家計も，消費をできるだけ抑制し貯蓄に努めるだろう。さらに，将来の賃金所得や雇用への不安から，住宅取得にも慎重に

ならざるをえない。それらが投資需要や個人消費需要を抑制し，デフレの国内的要因の1つになっていると考えられる[31]。但し，以上述べた事態は，どこまでが不良債権問題の影響で，どこまでが社会保障財政の危機的状況や深刻な不況など，不良債権問題の直接の影響以外の要因によるものかは明確に区別できないので，その作用については限定を加えておく必要があろう。

### (3) 企業の過剰債務と企業の投資需要抑制

さらに，以上のような不良債権問題[32]の陰に隠れてややもすると看過されがちだが，企業の過剰債務が実体経済に及ぼす影響も無視できない[33]。

企業部門の過剰債務の実態については，既に「業種別不良債権の動向」で，「金融債務（ネット）／付加価値額」の指標でみたが，ここではさらに，「売上高債務残高比率」や「長期債務—キャッシュフロー比率」の推移（図2-2）についても見てみよう[34]。

まず「売上高債務残高比率」の推移をみると，全産業において，ヒト，モノ，カネの無駄を減らす減量経営が進められた第2次オイルショックの頃までは低下傾向にあったが，1980年度を底にして，それ以降緩やかに反転し始め，バブル期以降，大幅に増加し，90年代以降も上昇傾向は続いている。その傾向は，特に非製造業において顕著である。他方，製造業では94年度以降，概して下落ないし横ばいで推移している。

また，「長期債務—キャッシュフロー比率」の推移でも，全ての産業でバブルの後半以降上昇率を高めたが，特に全産業と非製造業では94年度をピークに以後高止まり状態が続いている。製造業では反対に，93年度をピークに以後その比率は低下している。また同じ比率を企業規模別でみると，大企業では93年度をピークにそれ以後顕著に低下し続け，99年度には80年度の水準まで戻っている。長期債務の圧縮とキャッシュフローの増加，あるいは両者がその比率の低下に寄与したからである。これに対して中小企業では，90年代以降その比率は大幅に上昇した。特に非製造業では長期債務の増加要因が大きく働いていた。

以上の検討より，とりわけ中小企業・非製造業で過剰債務傾向が強いこと

第1部　1980年代日本の大型好況から90年代の長期低迷へ

**図2-2　企業の債務比率の推移**

① 売上高債務残高比率

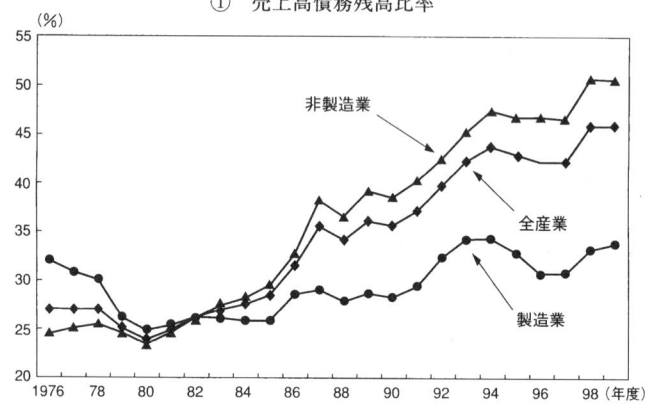

② 長期債務―キャッシュフロー比率

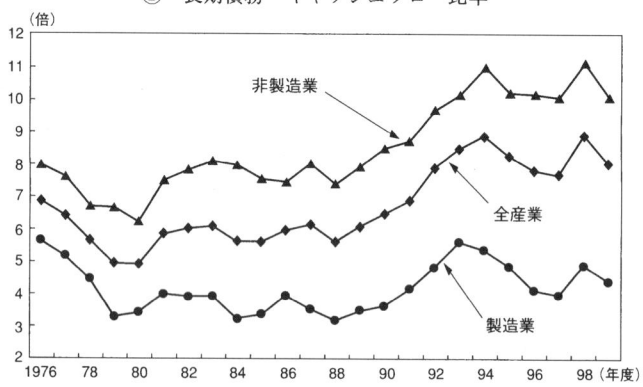

注：1) 大蔵省「法人企業統計年報」,「法人企業統計季報」により作成。
　　2) 売上高債務残高比率＝(長・短借入金＋社債)／売上高
　　　 売上高短期借入金比率＝短期借入金／売上高
　　　 長期債務―キャッシュフロー比率＝(長期借入金＋社債)／(内部留保＋原価償却費)
　　　 内部留保＝経営利益－(税金＋役員賞与＋配当金)
　　3) 99年度は法人企業統計季報により推計。
出所）経済企画庁『平成12年版 経済白書』37頁。

がわかる。また業種別では，建設・不動産部門で，設備の過剰感が高まり債務償還年数も長期化するなど，債務過剰化傾向が強い。

　ところで，こうした過剰債務の存在は，企業収益が全体として悪化しているもとでは，企業の経営にとって大きな負担になり，しばしばその資金繰り

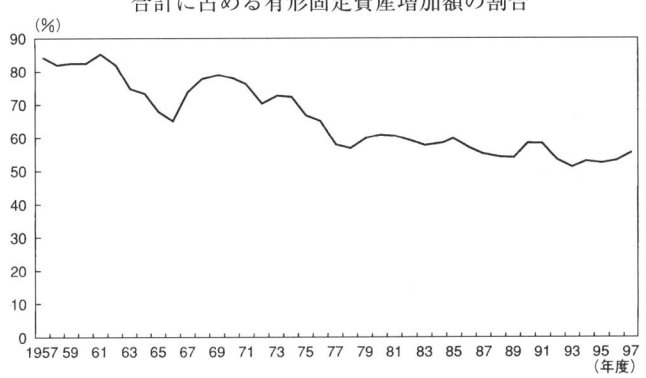

図2-3 長期債務返済額と有形固定資産増加額の
合計に占める有形固定資産増加額の割合

注：1）日本経済研究所「企業財務データ」により作成。
　　2）有形固定資産増加額÷（長期債務返済額＋有形固定資産増加額）×100
　　　の推移を示す。
出所）経済企画庁調査局編『平成12年版 日本経済の現況』93頁。

を圧迫する要因になる。企業の資金繰りが行き詰まれば、その債務の返済計画が遅延し、銀行による金利減免や債務免除の対象となったり、最悪の場合には、企業破綻の原因ともなる。しかし、そればかりではない。例え企業が債務返済を毎回確実に履行し、資金繰りが行き詰まるほど財務内容は悪化していないにせよ、企業は資金を投資の拡大に向けるよりも、むしろ過剰債務圧縮のために返済を優先するなど、後ろ向きの企業行動をとる原因となりやすい。事実、過剰債務の存在がこのように企業の設備投資を減退させていることを示すと考えられるデータも存在する（図2-3）。

　それによれば、設備投資額（有形固定資産増加額）と長期債務返済額の合計に占める設備投資額の比率は、高度成長期以後その水準を低下させており、特にバブル崩壊後は、80年代の60％を割り込み、過去最低水準で推移している。これは言い換えると、企業が設備投資額（有形固定資産増加額）と長期債務返済額の合計に占める長期債務返済額の比率を過去最高の水準にまで上昇させているということにほかならず、それが設備投資を減退させる原因の1つともなっていたのである[35]。

　さらに個人ないし家計部門の過剰債務問題は、特に住宅ローンの返済困難

による個人破産の増加として顕在化している。

　しかし過剰債務問題は，もちろん，企業部門だけの問題には留まらない。むしろ中央政府と地方政府を併せて692兆円の累積債務残高を抱えた政府部門のほうがはるかに深刻であった（2003年度末時点）。日本の巨額の財政赤字問題の処理は，今日の最大の課題の1つと言えよう。

### むすび

　既にみたように，銀行による不良債権の処理が一向に進まないといわれつつも，バブル崩壊後の10年間で，直接償却と間接償却を併せ約70兆円もの巨額の不良債権が処理されてきた。しかし，なお処理されるべき不良債権はその後も増え続けた。その処理が政府の国際公約になっていたこともあり，銀行等に対し不良債権の処理を促す圧力は極めて大きなものとなった。その中で特に大きな問題となったのは，膨張する不良債権の処理を今まで以上のスピードで進めるための原資をどう捻出するかということであった。その点，『平成13年度版経済財政白書』は，不良債権の処理費が銀行の本業の利益を示す業務純益を上回るなど，その収益（当期利益）が極度に圧迫されている事情を指摘している。

　すなわち，銀行は業務純益だけでは不良債権処理の費用を賄えない状態が95年3月期以降7期連続で生じていたため，「保有株式の益出し」や「その他損益」を加減し辛うじて埋め合わせてきた。しかし，それでも96年3月期，98年3月期，99年3月期の3年間は当期利益が赤字に転落した[36]。他方，そうした本業の利益を補う「保有株式の益出し」も，この間の株価の下落により限界に達していた。事実，『日銀調査月報』によれば，株式の含み益は2000年3月末の102兆円から，2001年3月末の0.8兆円へと大きく減少した[37]。さらに今後，取得原価に比べ50％を超える含み損が有価証券に生じれば，2001年度から全面適用される時価会計のもとでは，減損処理（償却）が求められる。したがって，不良債権を処理する原資が銀行側に乏しく，しかも先にみたように新規の不良債権が増え続ける状況下で，このまま不良債権の大規模な処理を続けていけば，遅かれ早かれ銀行の自己資本比

率の低下が表面化し，金融不安が再燃しないともかぎらない。あるいはまた，そうした事態を防ごうとすれば，98年3月，99年3月，99年9月に引き続いて，大手都市銀行を含めて銀行への公的資金のさらなる注入という事態が避けられないかも知れない。そうした可能性はどれほど大きいのだろうか。

日銀によれば，2001年3月時点では，「国際統一基準行の自己資本比率は，金融システムの安定が懸念された平成10（1998）年央当時に比べて，その後の公的資本の注入等により大きく改善している」。たしかに，98年9月末の自己資本比率9.55％は，2001年3月末には11.03％へと大きく改善された[38]。しかし，2001年9月のアメリカ同時多発テロ事件以降，日経平均株価は大きく下げ，「株式の含み損」の拡大で自己資本比率が一層低下した可能性が否定できない。しかもそれが，今後の加速する不良債権処理や株価のさらなる下落で悪化しない保証もない。

さらに大手銀行は，配当原資である「剰余金」が枯渇する危機にさらされているともいう。公的資金の注入を受けた優先株に配当ができなければ，国に議決権が生じ「準国有化」される。それを避けるため，2001年10月の商法改正で可能になった法定準備金の取り崩しを示唆している大手銀行も5行に上るという[39]。

他方，2002年4月からのペイオフ実施を控え，地方銀行120行中の約7割に当たる80行から，大口定期や公金預金を中心にして総預金の流出が生じているとの報道もある[40]。ペイオフの実施で，銀行間の短期資金市場であるコール市場で資金調達難に陥る金融機関が出ないのかどうかも懸念されている。また，2001年は信用組合や信用金庫，あるいは第二地方銀行など地域金融を担う中小零細金融機関に多くの破綻が生じている[41]。

大手銀行，中小零細金融機関の如何を問わず，金融機関を取り巻くそうした今日の困難な状況を考慮すると，いつ新たな金融危機が発生しても不思議はない。2～3年で不良債権問題を処理するとの政府の国際公約の実現は，巨額の公的資金の追加注入か，予想以上の景気の急回復かといった条件でもないかぎりは困難であろう。しかも，不良債権さえ処理すれば景気が回復するという保証もない。むしろ，不良債権の処理が雇用問題を深刻化させ，そ

第1部　1980年代日本の大型好況から90年代の長期低迷へ

表2-3　金融再生法開示債権等の推移 2002-2014

(単位　億円、%)

| | | 2002年3月期 | 2003年3月期 | 2004年3月期 | 2005年3月期 | 2006年3月期 | 2007年3月期 | 2014年3月期 |
|---|---|---|---|---|---|---|---|---|
| 都市銀行 | 金融再生法開示債権 | 218,120 | 176,690 | 118,490 | 64,630 | 40,650 | 35,090 | 34,660 |
| | 不良債権比率 | 8.7 | 7.3 | 5.3 | 3.0 | 1.8 | 1.5 | 1.4 |
| 主要行 | 金融再生法開示債権 | 267,820 | 202,440 | 136,160 | 74,100 | 46,300 | 40,830 | 37,710 |
| | 不良債権比率 | 8.4 | 7.2 | 5.2 | 2.9 | 1.8 | 1.5 | 1.3 |
| 地域銀行 | 金融再生法開示債権 | 148,220 | 146,600 | 127,920 | 103,670 | 86,780 | 78,300 | 62,050 |
| | 不良債権比率 | 8.0 | 7.8 | 6.9 | 5.5 | 4.5 | 4.0 | 2.7 |
| 全国銀行 | 金融再生法開示債権 | 432,070 | 353,390 | 265,940 | 179,270 | 133,720 | 119,740 | 102,210 |
| | 不良債権比率 | 8.4 | 7.4 | 5.8 | 4.0 | 2.9 | 2.5 | 1.9 |

出所）1) 金融庁 Homepage＞金融機関情報＞金融再生法開示債権の開示状況等についてより。
　　 2)「地域銀行」は地方銀行と第2地方銀行の合計を指す。

れによる消費落ち込みがまた不況を悪化させ，さらに後者が金融機関の新たな不良債権を生み出すという悪循環に陥っていたのである。結局，不良債権問題が峠を越えたというためには2006年頃まで待たなければならなかった。同年3月期には全国銀行の金融再生法開示債権は13兆円にまで減り，不良債権比率も2.9％と初めて3％を割ったのである（表2-3）。

●注
1) 奥村（2000），28頁，週刊エコノミスト（2001），25頁。
2) 経済企画庁（1998），118〜21頁。
3) この点の実証については，例えば星野（2000），参照。
4) 以下の金融危機についての整理は，日本銀行銀行論研究会編（2001），39頁，及野（1998），152頁に依拠している。なお，論者によって金融危機の時期区分は異なっており，必ずしも通説はないようにみえる。芳賀健一氏は「主要な金融危機は，1992年夏の第1次金融危機，1995年夏の第2次金融危機，そして1997年11月の第3次金融危機と2〜3年おきに発生した」と述べている（芳賀（2000），200頁）。

5) 及野 (2000), 163〜164頁。
6) 長谷部 (1996), 8頁。
7) 日本銀行銀行論研究会編 (2001), 48〜49頁。
8) 1965年の証券不況時に山一証券に対して日銀特融が発動されたケースは, 日本の金融システムの動揺を引き起こす金融危機であったのかどうかについては問題が残るが, むしろそうした事態に突入することを防止するための予防的措置だったとも考えられる。
9)「瑕疵担保特約」の概念及びそれが日債銀との間で締結された経緯については, 金融再生委員会 (2000), を参照。
10) 日本銀行銀行論研究会編 (2001), 55頁。
11) 経済企画庁調査局編 (2000), 197頁, 鹿野 (2001), 151頁。
12) 経済企画庁調査局編 (2000), 197〜199頁。しかし, この特別保証制度については, 次のような厳しい見方もある。「98年10月に緊急避難的に設けられた中小企業金融安定化特別保証制度は今年［2001年］3月に申し込みが終了し, 新たな資金調達はさらに困難となったうえに, 同制度を利用した企業には今後の返済が重くのしかかってくる。同制度の利用はこの3年間で約170万件, 保証額は29兆円に達した。しかし, 同制度を利用したにもかかわらず, 倒産に至る企業は後を絶たない」(週刊エコノミスト (2001), 42頁)。
13) 経済企画庁 (2000), 122頁。
14) 高月 (2001), 30〜31頁, が明快な整理をしているので, ここではほぼその説明をあげておく。
15) 内閣府 (2001), 144頁。
16) 堀内 (1998), 30〜31頁。
17) 週刊エコノミスト (2001), 19頁。
18) 内閣府 (2001), 148頁。
19) 週刊エコノミスト (2001), 19頁, 22頁。
20) 週刊ダイヤモンド (2001), 29頁。
21) 堀内昭義氏は, 不良債権の正確な把握が困難な事情として, 次の諸点を挙げている。①融資の中からどれが不良な貸付けかを判断することは, 技術的に困難な面があり, 主として直接の当事者である銀行の判断によらざるを得ないが, 外部の人間にはその評価の適否を客観的に判断できないこと, ②不良債権の発生は銀行経営者の責任問題に発展しやすいため, それを過小に評価しようとする誘因が彼らに存在すること, ③銀行を監督する金融当局者に

とっても，自らの監督責任が問われることを嫌いそれを過小に評価したり，公表を遅らせる誘因が存在することなど，である（堀内（1998）8～9頁）。

こうした説明はそれなりに正しいが，後に堀内氏も指摘しているように，金融当局者の立場として，単に自己の監督責任問題を考慮するだけでなく，巨額の不良債権の存在を公表することが銀行や金融システムに対する不安を高めることを恐れ，公表を控えたり遅らせようとする判断が働く事情（堀内（1998），14頁）も見逃せないであろう。

22）内閣府（2001），151頁。
23）24）内閣府（2001），240頁，図表省略。
25）内閣府（2001），151～152頁。
26）内閣府（2001），152～153頁。
27）堀内（1998），38～39頁。
28）アメリカの経験に基づいて日本で銀行の自己資本比率の低下が貸し渋りの原因となりうることをバブル崩壊直後から指摘していたのは，周知のように宮崎義一氏（宮崎（1992））であった。ただし，宮崎氏の指摘していた1991～2年の時点で実際に貸し渋り現象が起きていたのかどうかについては，定かではない。
29）佐々木（2000），を参照。
30）内閣府（2001），158～159頁。
31）日本の金融システム不安は海外ではいわゆるジャパンプレミアムを生む原因ともなっている。つまり，日本の金融機関がユーロ市場などでドルなど外貨で資金を調達しようとすれば，リスクプレミアム分として金利の上乗せを求められるわけである。明らかに日本の金融機関にとっては，大きなマイナスになっているし，また日本の金融機関経由で外貨を調達しようとする日本企業や個人等にとってもデメリットとなる。しかし，それが日本経済に対していかなるデフレ要因を及ぼしているのかについては，必ずしも定かではない。
32）内閣府（2001），はまた，不良債権問題のために「低収益性・低生産性の分野に従業員・経営資源・資本・土地などの経済資源がいつまでも停滞し，高収益性・高生産性の分野にそうした経済資源が配分されていない」（156～157頁）ことを挙げている。こうした議論はしばしば労働分野の規制緩和を根拠づける議論としても主張される。たしかに，企業の側に資金や労働力や土地などが不足し，経済全体に供給制約が生じている場合ならば，そうした議論

に妥当性はあるだろうが，それらがいずれも大幅な過剰状態にある90年代以降の日本の経済停滞を説明する議論としては，どれほどの意味があるのか，疑問とせざるをえない。

33) 内閣府 (2001)，は過剰債務問題が実体経済に及ぼす悪影響についても言及しており評価できる（159～160頁）。

34) 経済企画庁 (2000)，34～40頁。

35) 経済企画庁調査局編 (2000)，93～94頁。

36) そうした業務純益自体，銀行の努力だけで達成されたというには，ほど遠いようである。その点について伊東光晴氏は，日銀の金融緩和政策が行われると銀行の貸出金利は，その資金調達コストの低下に遅れるため，銀行には92年に3兆5,000億円，93年に4兆円といった，巨額の利益が保証されたこと，そして，そうした銀行救済にこそ金融緩和政策の第1の狙いがあったと指摘している（伊東 (1998)，51～52頁）。

37) 38) 日本銀行 (2001)，70頁。

39) 週刊エコノミスト (2002)，33頁。

40) 週刊朝日 (2002)，22～27頁。

41) 週刊朝日 (2002)，の集計では，2001年1年間で信用金庫9，信用組合37が破綻している（22頁）。

● 引用・参考文献

『週刊朝日』2002年2月1日号。

伊東光晴「時流に追随する人たちへ」（『This is 読売』1998年5月号所収）。

岩田規久男『金融法定』日本経済新聞社　2000年。

宇沢弘文・花崎正晴編『金融システムの経済学』東京大学出版会　2000年。

小川一夫・竹中平蔵編『2001 政策危機と日本経済』日本評論社　2001年。

奥村洋彦『現代日本経済論』東洋経済新報社　2001年。

鹿野嘉昭『日本の金融制度』東洋経済新報社　2001年。

及能正男『金融不安』講談社新書　1998年。

金融再生委員会「日本債券信用銀行の譲渡及び瑕疵担保特約の考え方等について」（2000年8月，金融再生委員会ホームページ）。

久門文世『金融再生法36条』小学館文庫　1999年。

経済企画庁『平成10年版経済白書』1998年。

経済企画庁『平成12年版経済白書』2000年。

経済企画庁調査局編『平成12年版日本経済の現況』2000年。
佐々木百合「自己資本比率規制と不良債権の銀行貸し出しへの影響」（宇沢弘文・花崎正晴編『金融システムの経済学』東京大学出版会　2000年所収）。
渋谷博史・丸山真人・伊藤修編『市場化とアメリカのインパクト』東京大学出版会　2001年。
『週刊ダイヤモンド　特集不良債権最終処理で危ない会社』2001年5月12日号。
高月昭年「不良債権Q＆A」（『月刊金融ジャーナル』2001年9月号所収）。
『週刊東洋経済　特集不良債権最終処理』2001年5月19日号。
内閣府『2001年版経済財政白書』（『エコノミスト臨時増刊総特集2001経済財政白書』2001年所収）。
日本銀行『日本銀行調査月報』2000年8月号。
日本銀行『日本銀行調査月報』2001年8月号。
日本銀行銀行論研究会編『金融システムの再生に向けて』有斐閣　2001年。
日本経済新聞社編『検証バブル犯意なき過ち』日本経済新聞社　2000年。
芳賀健一「金融不安定性と金融制度――旧制度の解体から新制度の模索へ――」（『季刊経済と社会』1995年第2号　創風社所収）。
芳賀健一「戦後日本の金融制度の変容」（天野・芳賀『新しいパラダイムを求めて：現代資本主義の現実分析』昭和堂　2000年所収）。
長谷部孝司「住専問題に見る金融システムの現状」（『月刊　状況と主体』1996年2月号所収）。
星野富一「日本のバブル崩壊と構造的資本過剰」（『アソシエⅣ　21世紀資本主義』御茶の水書房　2000年所収）。
堀内昭義『金融システムの未来』岩波新書　1998年。
『週刊エコノミスト』2001年8/14・21合併号。
『週刊エコノミスト』2002年1月22日号。
宮崎義一『複合不況』中公新書　1992年。
山家悠紀夫『「構造改革」という幻想』岩波書店　2001年。

# 第3章　バブル崩壊後における日本経済の長期低迷と企業金融の変容

### はじめに

　1980年代の金融の規制緩和ないし自由化を契機として日本を含めて世界的に発生したバブル経済が，80年代末から90年代初めにかけて一斉に崩壊過程に入ったことは，よく知られている。しかし，日本を除く多くの国々はその後，比較的速やかに回復過程に向かった。また，1990年代に入ってからも，タイのバーツ暴落に端を発し各国に飛び火した1997年のアジア通貨金融危機は，インドネシアのように政変を伴うケースもあるほど危機は深刻だったが，その後それらアジア諸国の経済は概して順調な回復過程を辿ったようにみえる。さらに，1993年前後に始まり戦後最長の景気拡大を誇ったアメリカのいわゆるニューエコノミーも，2000年半ば過ぎにはITバブルの崩壊を契機として景気後退過程に入った。しかし，その後の事態の展開は，大方の予想に反して，極めて短期間に回復過程へと転じ，堅調な拡大過程を辿り始めた。明らかにそれらは日本の以下のような事態とは大きく異なっていたのである。

　すなわち，バブル経済崩壊後の日本経済は数次にわたる金融危機を伴って長期に低迷し続けた。1990年のバブル崩壊以降，2002年1月を底に回復過程に入るまでの期間に3つの景気後退を経験した日本経済の実質GDP成長率は，年平均でわずか1％にとどまったのである。しかも，それは，企業物価に始まり消費者物価にも及ぶ持続的な物価下落や，地価や株価を中心とする資産デフレの長期化という現象をも伴ったのである。こうした事態は，戦後日本経済の展開の中では勿論のこと，80年代以降の他の先進資本主義諸国や東アジア諸国との対比でみても，極めて異常かつ例外的現象であった。日本経済のこうしたバブル崩壊後の特異な長期低迷については，その原因の解明が強く望まれるのである。

　こうした長期不況の原因については，宮崎義一氏の「複合不況」論を嚆矢

として，バブルの崩壊によって膨大な不良債権を抱えた金融機関の貸し渋り・貸し剥がしが原因だったという見解が通説となっている。加えて，93年から実施に移された国際決済銀行（BIS）による自己資本比率規制が，その事態をさらに悪化させたという見方も有力である。こうした見解によれば，バブル崩壊後の日本経済が長期間に亘り低迷した主要な原因は，戦後日本における主たる資金調達手段であった間接金融が金融機関の不良債権問題の存在により機能不全に陥った結果，中小企業を中心として非金融法人企業による外部資金調達の道が閉ざされてしまったからだということになろう。さらに『平成13年度版経済財政白書』の場合には，バブル期に融資された資金が一部業種に不良債権として滞留してしまった結果，経済成長部門へ必要な資金が供給されなくなったことが日本経済停滞の原因であったとして，不良債権問題の早期処理の重要性を強調したのである。

確かに，例えば日本銀行の全国短観における金融機関貸し出し態度DIをみれば（図3-1），90年代以降における金融機関の貸し出し態度が厳しくなったことははっきりと伺える。その原因には，まず何よりも89年5月からの日銀の金融引き締め政策への転換を受けて，金融機関はバブル期における野放図なまでの貸出態度の変更を余儀なくされたことがある。また，バブル崩壊後，金融機関は巨額の不良債権問題の処理に苦しむと共に，1997年秋から翌年にかけての金融危機では金融機関の貸し渋り問題が一挙に顕在化し，景気の落ち込みが深化してきたからである。

しかし，バブル崩壊後における日本経済長期低迷の主因が，こうした金融機関の不良債権問題やBIS規制による外部資金調達面からの制約にあったという見解に対して，筆者は根本的な疑問を抱いている。金融機関の貸し渋りに主要な問題があったというよりはむしろ，バブル経済期における過剰投資や過大な財テクを進めた企業部門が，バブルの崩壊によるバランスシートの悪化に加え，その収益構造や財務構造の悪化を露呈させ，過剰債務や過剰設備，過剰雇用の「3つの過剰問題」を抱え込んだ結果，多くの企業がそうしたバランスシートの改善[1]や高コスト体質の是正に追われ，日本経済が長期に低迷せざるを得なかった第1に重要な原因だと考えるからである。こうし

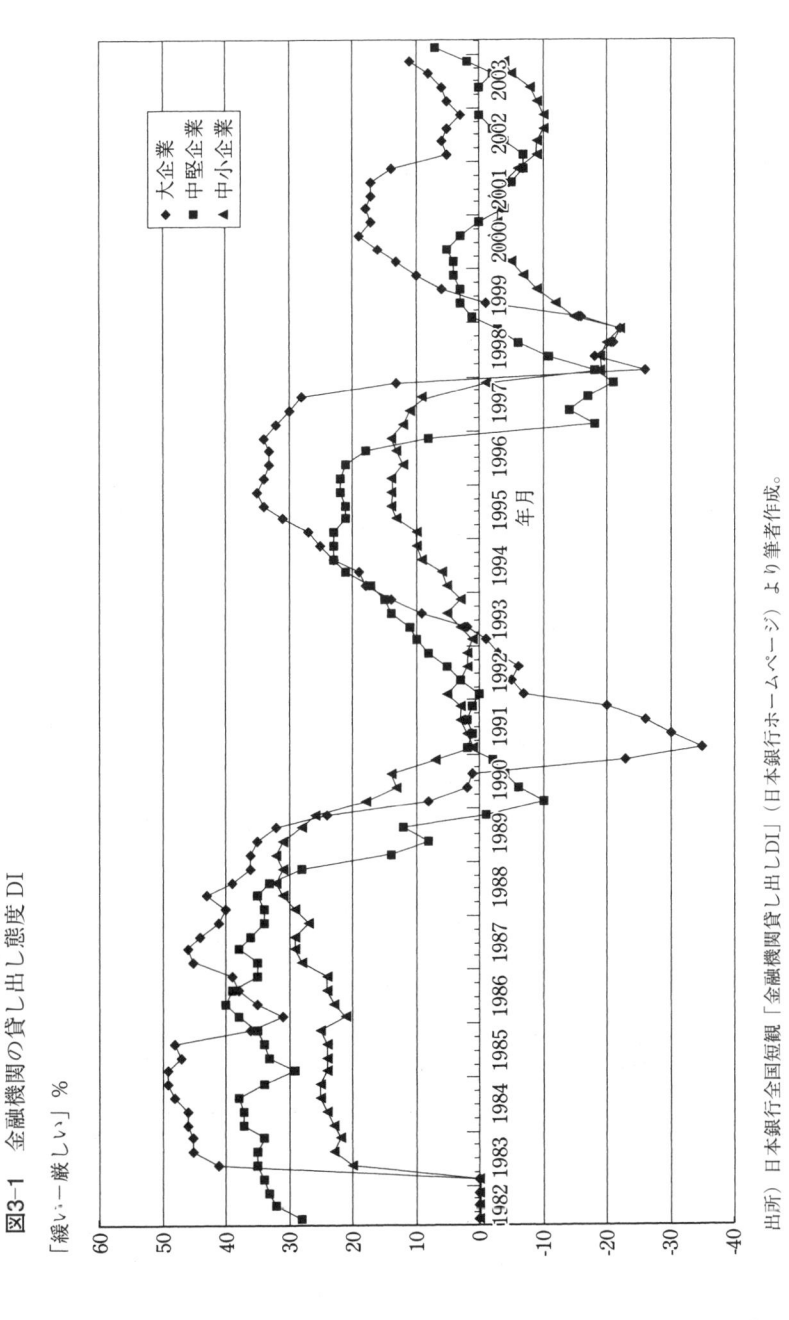

第3章　バブル崩壊後における日本経済の長期低迷と企業金融の変容

**図3-1　金融機関の貸し出し態度 DI**
「緩い－厳しい」%

出所）日本銀行全国短観「金融機関貸し出しDI」（日本銀行ホームページ）より筆者作成。

た中，日本企業はそれまでのマーケット・シェア拡大型の投資行動を止め，かつてみられなかった規模で収益重視や財務体質の改善を進めた結果，日本経済は全体としては縮小均衡の道を辿ることとなってしまった。この面からはむしろ日本企業は資金の過剰主体ないしは余剰主体へと向かうこととなったのである[2]。

そこで本章では以下，第1節において，日本銀行の「資金循環勘定」を用いて民間非金融法人企業部門が資金余剰主体へと転化した事実をまず確認する。次いでこうした民間非金融法人企業部門の資金余剰主体への転化の実態を，まず第2節では90年代以降の民間非金融法人企業による資金運用面での減少から，また第3節ではそれの資金調達面での減少から，それぞれ財務省「法人企業統計」を用いて示すことにする。さらに第4節では民間非金融法人企業による資金運用・調達構造ないし企業金融の変容を生み出した背景に焦点を当てつつ，日本経済長期低迷の主因を探ることにしよう。

## 1 民間非金融法人企業部門における「資金余剰」化現象

まず，日銀の「資金循環勘定」における部門別資金過不足の推移をみよう（図3-2）。

それによれば，バブル崩壊後の民間非金融法人企業部門の資金過不足の動向には，バブル崩壊以前にはみられなかった劇的変化が生じていることがわかる。すなわち，そもそも民間非金融法人企業部門は，戦後ほぼ一貫して資金不足主体であったが，バブル崩壊後は次第にその資金不足を減らし始め，94年度には遂にプラス5.5兆円強（対名目GDP比1.1%）と，戦後初めて資金余剰主体へと転換した。そして，98年度には対名目GDP比でプラス2.5%へと転じた後，次第にプラス幅を拡大する傾向にあり，02年度には金額では40兆円，対名目GDP比プラス8.2%，03年度でも32兆円，対名目GDP比プラス6.5%という高い比率で推移している。非金融法人企業部門は今や完全に資金余剰主体として定着した。このような非金融法人企業部門の資金不足主体から資金余剰主体への変化は，欧米諸国でもみられない日本の大きな特徴の1つである[3]。

第3章　バブル崩壊後における日本経済の長期低迷と企業金融の変容

**図3-2　部門別資金過不足の推移（対GDP比）**

凡例：民間非金融法人企業／一般政府／家計／海外

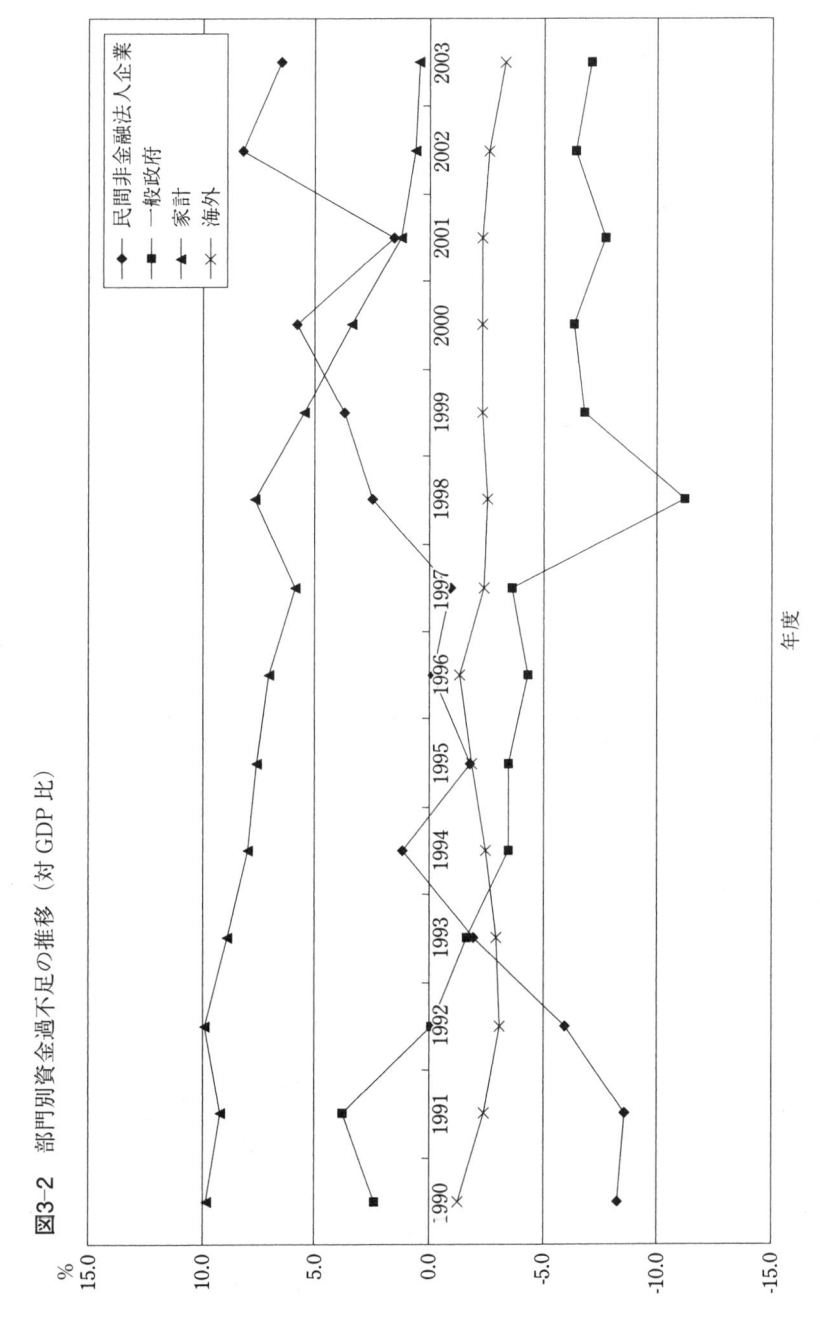

出所）日本銀行「資金循環勘定」（日本銀行ホームページ）より筆者作成。

なお，ついでに述べておけば，90年代に民間非金融法人企業部門がこのように資金余剰主体に転じたのに対し，それへの主要な資金供給主体であった金融機関もまた民間非金融法人企業部門に次ぐ資金余剰主体となったのである。他方，家計部門の資金過不足傾向にも大きな変化が生じつつある。90年度には対名目GDP比約プラス10％に達するなど最大の資金余剰主体であった家計部門はその後，年度を追うごとに資金余剰の比率を低下させつつあり，03年度にはわずか0.5％にまで減少しているからである。この傾向が今後も続けば，家計が資金不足主体に転じることもないとはいえないのである。
　さらに，一般政府部門は最大の資金不足主体となった。しかも92年度以降，対名目GDP比でみた比率を上昇させつつあり，03年度には7.1％に達している。バブル崩壊による財政赤字の増大を反映したものである。
　以上のように国内の各経済部門は資金過不足という面でみれば90年代以降，いずれも極めて大きな変化を生じることとなったのに反して，海外部門は△2～△3％の資金不足主体で推移している。海外部門は少なくとも資金過不足という面では，ニュートラルな存在であるとみて良いのである。
　それでは，以上でみたように民間非金融法人企業が資金不足主体から資金余剰主体へ転換したという事態は，そもそも何を意味しているのであろうか。金融機関による貸し渋りないし貸し剥がしが引き起こした現象なのであろうか，それとも企業側の資金需給構造それ自体がそもそも変化してしまった結果なのであろうか。節を代えて，財務省「法人企業統計」により法人企業による資金運用と資金調達の動向を立ち入ってみておこう。

## 2　民間非金融法人企業による資金運用動向

　民間非金融法人企業による資金運用や資金調達の動向を把握する上で不可欠のデータに，財務省「法人企業統計」がある。以下では同省のホームページで公開されている年次別時系列データを用いて，まず全産業・全規模及び業種別・資本規模別の法人企業の資金運用動向を確認しておこう。なお本章では以下，中小企業とは資本金が1千万円以上1億円未満の企業を，また大企業（いわゆる中堅企業を合む）とは1億円以上のものを指している。また

1千万円以下の企業については，ここでは都合により言及できなかったことを，付記しておく。

### (1) 資金運用の動向

まず，全産業・全規模での法人企業の資金運用動向（図3-3，表3-1）を概観すると，資金運用額（資金運用額は資金調達額に等しい）が過去のピークとなったのは1989年度であり，その金額は約140兆円である（以下，特に断らない限り数字はストックではなく，いずれもフロー量としての増減を示している）。しかし，それはバブル崩壊後は減少傾向を辿り，2002年度には約18兆円と最低水準に達した。この資金運用額18兆円という数字は，75年度資金運用額29兆円をさらに11兆円も下回っている。また，ピーク時と比較すれば実に122兆円もの減少であり，法人企業による資金運用額が劇的に減少したことを確認できるのである。そこで以下では，89年度に対して02年度には資金運用の各項目がそれぞれどれだけ変化したのかを中心としてみよう。

### (2) 実物資産投資の動向

まず全産業・全規模での法人企業による資金運用全体（約140兆円）のうちで実物資産投資の動向をみれば，89年度は約96兆円であった。その内訳は，ソフトウェアを除く設備投資（以下，本章で設備投資とはこの意味でいう）50兆円，土地投資約12兆円，在庫投資13兆円などとなっている（このほかにその内訳は明確でないが「その他投資」約14兆円がある）。設備投資が実物資産投資の半分強を占めたわけである（但し設備投資自体のピークは91年度の64兆円，土地投資のピークも同年度の15兆円）。

これに対して資金運用額がバブル崩壊後の最低水準となった約18兆円へと122兆円も落ち込んだ02年度には，実物資産投資はわずか26兆円であり，対89年度比70兆円もの減少である。バブル期の実物資産投資がいかに過大であったにせよ，02年度の実物資産投資26兆円は，バブル期から10年も遡る1970年代後半の水準であるから，確かに異常な低水準への下落である。

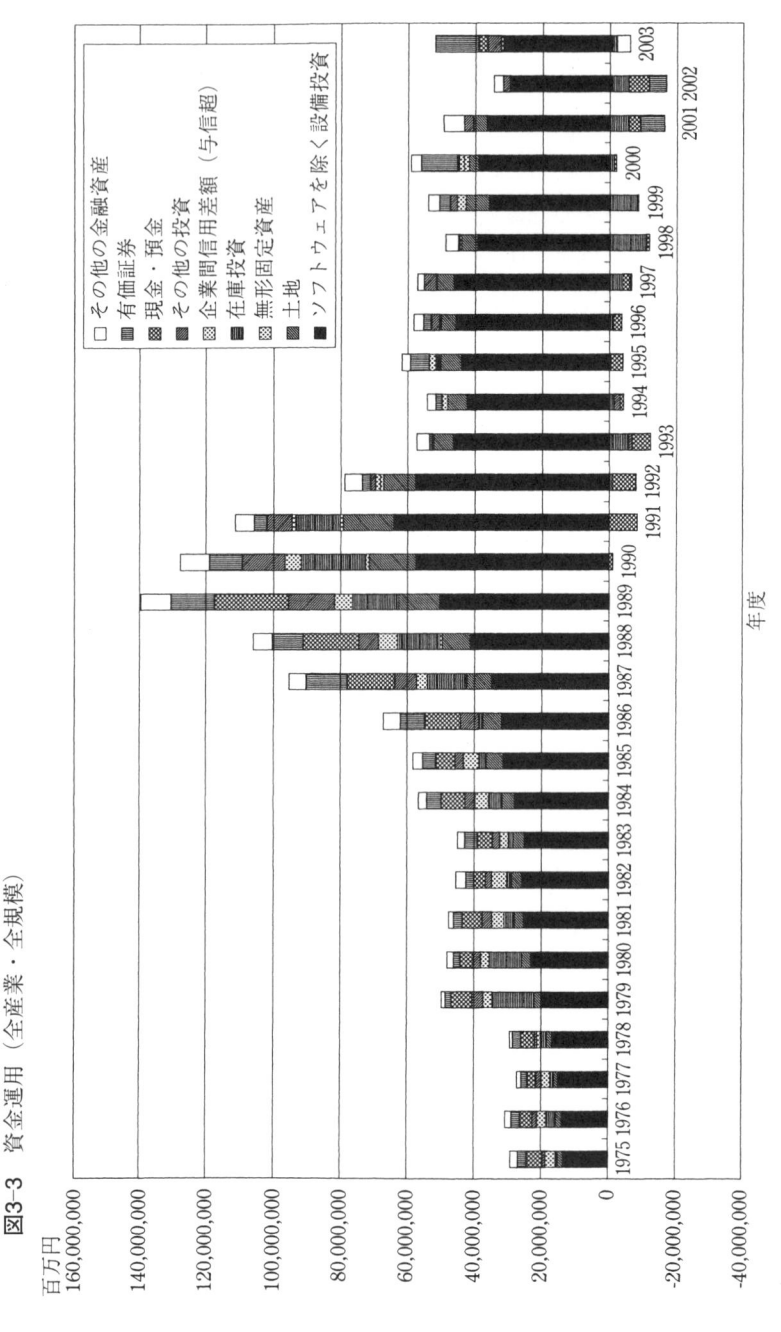

第 1 部　1980 年代日本の大型好況から 90 年代の長期低迷へ

図3-3　資金運用（全産業・全規模）

出所）財務省「法人企業統計」（財務省ホームページ）より筆者作成。

第3章　バブル崩壊後における日本経済の長期低迷と企業金融の変容

**表3-1　資金運用動向**　　　　　　　　　　（単位：兆円。小数点第2位以下を四捨五入）

<資金運用額過去のピーク時>

| | ピーク年 | ピーク時総額 | 実物資産投資 小計 | 設備投資(ソフトウェアを除く) | 土地投資 | 在庫投資 | 金融資産投資 小計 | 現金・預金 | 有価証券投資 |
|---|---|---|---|---|---|---|---|---|---|
| 全産業・全規模 | 89年度 | 139.5 | 95.7 | 50.4 | 12.3 | 13.2 | 43.9 | 21.6 | 13.5 |
| 製造業・大企業 | 89年度 | 29.5 | 20.0 | 12.6 | 1.3 | 2.4 | 9.5 | 3.9 | 4.6 |
| 非製造業・大企業 | 89年度 | 50.9 | 33.8 | 17.4 | 3.0 | 4.3 | 17.1 | 8.7 | 5.2 |
| 製造業・中小企業 | 89年度 | 8.9 | 7.1 | 4.1 | 0.7 | 0.9 | 1.8 | 0.8 | 0.5 |
| 非製造業・中小企業 | 89年度 | 32.2 | 22.6 | 9.7 | 5.4 | 4.1 | 9.6 | 4.9 | 2.0 |

<バブル崩壊後の資金運用額最低時>

| | 最低年 | 最低時総額 | 実物資産投資 小計 | 設備投資(ソフトウェアを除く) | 土地投資 | 在庫投資 | 金融資産投資 小計 | 現金・預金 | 有価証券投資 |
|---|---|---|---|---|---|---|---|---|---|
| 全産業・全規模 | 02年度 | 17.7 | 26.1 | 29.7 | △0.3 | △5.3 | △8.4 | △6 | △5 |
| 製造業・大企業 | 02年度 | 5.9 | 7.6 | 6.8 | △0.1 | △1.6 | △1.7 | △0.3 | △1.5 |
| 非製造業・大企業 | 02年度 | 7.9 | 12.8 | 14.8 | △0.7 | △2.5 | △4.9 | △1.8 | △3.6 |
| 製造業・中小企業 | 02年度 | 1.8 | 1.9 | 1.9 | 0.2 | 0.1 | △0.2 | △0.6 | 0.2 |
| 非製造業・中小企業 | 02年度 | 1.4 | 2.5 | 4.7 | 0.2 | △1 | △1.1 | △2.6 | △0.2 |

<直近の資金運用総額>

| | 直近の年次 | 総額 | 実物資産投資 小計 | 設備投資(ソフトウェアを除く) | 土地投資 | 在庫投資 | 金融資産投資 小計 | 現金・預金 | 有価証券投資 |
|---|---|---|---|---|---|---|---|---|---|
| 全産業・全規模 | 03年度 | 46.0 | 34.2 | 31.6 | △0.6 | △1.6 | 11.8 | 2.7 | 12.9 |
| 製造業・大企業 | 03年度 | 15.6 | 8.0 | 7.1 | △0.2 | △0.5 | 7.6 | 0.9 | 7.8 |
| 非製造業・大企業 | 03年度 | 16.8 | 13.3 | 13.1 | △0.7 | △1.4 | 3.4 | 0.6 | 4.5 |
| 製造業・中小企業 | 03年度 | 2.7 | 2.6 | 2.2 | 0.1 | 0.1 | 0.0 | 0.0 | 0.2 |
| 非製造業・中小企業 | 03年度 | 9.1 | 8.4 | 7.1 | 0.1 | 0.1 | 0.7 | 0.9 | 0.5 |

出所）財務省「法人企業統計」（財務省ホームページ）より筆者作成。

　さらに業種別・規模別にみると，同じ期間，非製造業・大企業では資金運用額が50.9兆円から7.9兆円へ（43兆円減少），また実物資産投資も33.8兆円から12.8兆円へ（21兆円減少）といずれも大幅な減少を示した。また非製造業・中小企業でも資金運用額は32.2兆円から1.4兆円へ（30.8兆円減少），実物資産投資は22.6兆円から2.5兆円へ（20.1兆円減少）と，それに

次ぐ大幅な減少となった。非製造業を中心とする全ての業種・規模で、資金運用額も実物資産投資額も過去に例をみない大幅な減少となったのである。

**①設備投資の動向**　全産業・全規模での法人企業の02年度設備投資は約30兆円であり、対89年度比20.7兆円減少である。設備投資はバブル直前の84〜85年度の水準にまで下落したことになる。またそれは、設備投資額がピークだった対91年度比では34兆円もの減少（半額以下への下落）である。これを業種別・規模別内訳（対89年度比）でみると、製造業・大企業の減少幅5.8兆円減少が最大であり、以下、非製造業・中小企業の5兆円減少がこれに続いている。

**②土地投資の動向**　次に土地投資の動向をみると、02年度の全産業・全規模における土地投資は過去に例をみない△0.3兆円（初の売り越し）である。対89年度比で12.6兆円減少、また対91年度比では15兆円減少である。また03年度も△0.6兆円と2年連続のマイナスとなった。業種別・規模別では、非製造業・中小企業が89年度5.4兆円→02年度0.2兆円と、最大の落ち込みとなったのを始めとして非製造業での土地投資の落ち込みが甚だしい。また製造業・大企業（△0.1兆円→△0.2兆円）と非製造業・大企業（△0.7兆円→△0.7兆円）で02〜03年度連続のマイナスとなっている。

**③在庫投資の動向**　全産業・全業種における02年度の在庫投資は△5.3兆円（ピーク時に比較して約20兆円減少）であり、在庫投資の大幅な取り崩しが生じたが、全産業・全規模での在庫投資のマイナスは、少なくとも75〜91年度においては例がない。しかもそれは92〜03年度には（95年度を例外に）毎年度巨額のマイナスで推移している。またそれらはどの業種・規模でも92、93年度以降はマイナス傾向だが、特に大企業でその傾向が強い。

(3) 金融資産投資の動向

以上、非金融法人企業による実物資産投資の動向を概観したが、それでは、引き続き金融資産投資の動向をみよう（前掲、図3-3、表3-1）。

全産業・全業種の金融資産投資がピークに達したのは89年度の約44兆円であるが、これに対し90年初めの株式市場急落に始まるバブル崩壊以後、

金融資産投資は極度に低迷した。02年度には金融資産投資は△8.4兆円にまで減少した。01年度には△4.3兆円であったから，2年連続のマイナスであり，しかもその幅も拡大している。金融資産投資がマイナスとなる事態は，93年度に△1.1兆円と過去に一度みられただけである。業種別・規模別では，02年度に全ての業種・規模で金融資産投資がマイナスとなっており，特に非製造業・大企業は△4.9兆円と最大の減少である。

　①**現金・預金の動向**　全産業・全規模における法人企業の金融資産投資のうち，現金・預金での運用は，89年度21.6兆円に対し，02年度には△6兆円となっている。こうした現金・預金での運用がマイナスという事態は90〜02年度の13年連続であり，累計では△42兆円強（純減）にも達する。この間，平均すると毎年度3兆円強の預金・現金の取り崩しが続いたことになる。現金・預金の取り崩しは，減量経営といわれた第1次オイルショック後の時期を含めてバブル崩壊以前にはみられなかった現象である。

　業種別・規模別では，製造業・大企業がやはり90〜02年度の13年連続マイナスであり，その累計額は△14兆円に達する。また非製造業・大企業でも，この現金・預金の取り崩しは90年度以降ほぼ毎年生じており（98〜99年度を除く），90〜02年度でのその累計額△24兆円強は業種別・規模別では最大の減少である。さらに非製造業・中小企業では02年度の現金・預金が△2.6兆円であり，業種別・規模別では単年度当たり最大のマイナス幅である。また，91年度以降現金・預金が3年連続で△1兆円超となったが，これらを含め91〜02年度の累計額は△7.7兆円に達する。

　但し，03年度には，景気の回復傾向を反映してか，全産業・全規模における現金・預金の運用は一転してプラス2.7兆円となった。また業種別・規模別でも，全ての業種・規模で現金・預金の運用がプラスとなり，就中，全産業・全規模と製造業・大企業では14年ぶりのプラスとなった。

　②**有価証券投資の動向**　全産業・全規模における法人企業による有価証券投資は，89年度の約14兆円に対し02年度は△5兆円である。特に一時保有の有価証券投資は，91年度に△0.2兆円と初めてマイナスとなり，また96〜03年度は8年連続マイナスであり，その間の累計額は△21.8兆円に達

した。また長期保有目的の有価証券投資も，01～02年度連続でマイナスであり計△7.3兆円である。もっとも，これは取引先企業との間での株式持ち合い関係を解消する動きなのかどうかはやや判断が難しい。というのは，その場合には，直前の00年度には長期保有目的の有価証券投資が22兆円増加した上に，03年度でも13兆円増加するなど，全く逆の動きもみられるからである[4]。

また02年度には製造業・中小企業を除く全ての業種・規模で有価証券投資がマイナスとなり，特に非製造業・大企業では△3.6兆円と最大のマイナス幅を記録した。その内でも一時保有目的による有価証券投資は，91～03年度には95年度を除く毎年度マイナスとなっており，また00年度には△4.6兆円に達した（但し，長期保有分の有価証券投資もプラス10兆円近い）。さらに非製造業・大企業における91年度以降の一時保有目的による有価証券投資は，累計で約△12兆円にもなっている。さらに非製造業・中小企業の02年度の有価証券投資は△0.2兆円である。こうした有価証券投資のマイナスはバブル崩壊後に特有であり，93年度以降マイナスとなった年度は6回，その累計額は△3兆円である。現金・預金だけでなく有価証券もこのように大幅に取り崩され，しかも既述のように実物資産投資さえ全体的に大幅に減少したことは，取り崩された巨額の金融資産が，債務返済など過剰債務処理の原資になっているものと推測されるのである。

もっとも，03年度には全産業・全規模での有価証券投資は12.9兆円へと急回復し，特に製造業・大企業では7.8兆円と過去最大のプラスとなり，また非製造業・大企業でも4.5兆円となるなど，大企業を中心に大幅なプラスに転じた。景気回復の進展による株式市場の好転を反映したものと思われる。

以上，非金融法人企業による資金運用の動向を概観したが，実物資産投資も金融資産投資も，ほぼ例外なく全ての項目で大幅な減少が生じた。設備投資は，業種，規模の違いを問わずピーク時のほぼ半分にまで減少し，土地投資や在庫投資は，大企業を中心にマイナスとなった。また，現金・預金の運用では例外なく全ての業種，規模で，また有価証券投資では多くの業種，規模でマイナスとなったのである。

それでは，以上のような資金運用面での大幅な減少に対し資金調達面にはいかなる変化が生じていたのだろうか，節を改めてみることにしよう。

## 3　民間非金融法人企業による資金調達動向

### (1) 資金調達の動向

内部調達と外部調達を合わせた全産業・全規模の非金融法人企業における資金調達額のピークは，当然だが資金運用額のピークと等しく89年度の約140兆円であり，また資金調達額の最低も資金運用額の場合と同じ02年度の18兆円であった（図3-4）。

この資金調達額の業種別・規模別内訳を，89年度に対する02年度についてみると（表3-2），全産業・全規模の場合とほぼ同様の傾向が伺える。製造業・大企業では約30兆円から約6兆円へ24兆円減少（ピーク時のわずか20％），非製造業・大企業では51兆円から約8兆円へ43兆円減少（ピーク時の約16％），製造業・中小企業では約9兆円から1.8兆円へ7.2兆円減少（ピーク時の20％），そして非製造業・中小企業では約32兆円から1.4兆円へ約31兆円減少（ピーク時の4％）であり，いずれの業種，規模でも資金調達額は大幅な減少を示した。特に，非製造業・中小企業はピーク時のわずか4％にまで減少したのである。

それでは，89年度から02年度までの期間，内部調達と外部調達はそれぞれ，どのように推移してきたのかをみることにしよう。

### (2) 内部調達の動向

全産業・全規模の法人企業による内部留保と減価償却費を合わせた内部調達額は（図3-4），89年度の70兆円がピークであり，それ以後は，減価償却費が増加ないしは横ばいで推移する一方，内部留保が急激かつ大幅に減少したため，93年度には内部調達は34兆円にまでほぼ半減し，バブル崩壊後の最低となったが，02年度には41兆円へと幾分回復した。但し03年度には72兆円と，バブル期のピークを越える水準へ急増した。

また業種別・規模別に内部調達の動向をみると（表3-2），製造業・大企

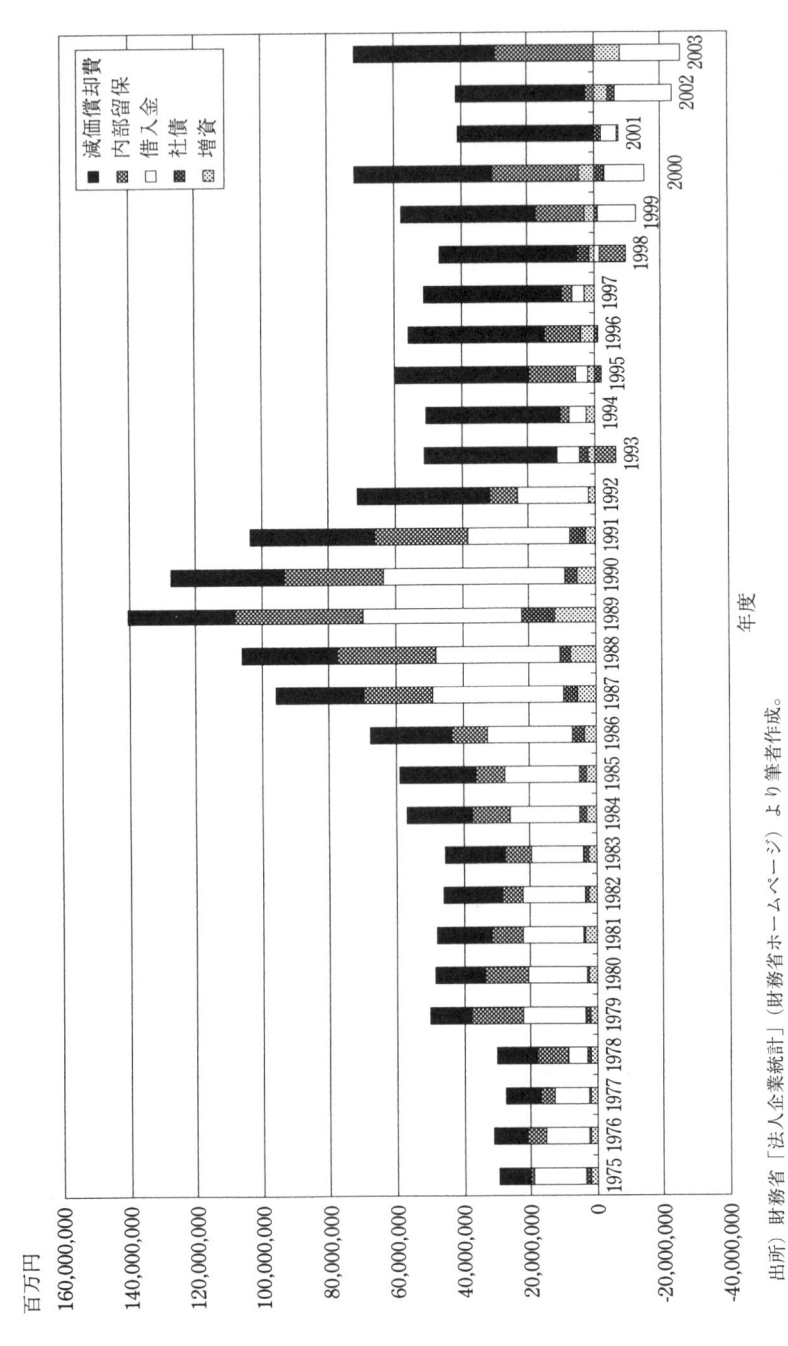

第1部　1980年代日本の大型好況から90年代の長期低迷へ

図3-4　資金調達（全産業・全規模）

出所：財務省「法人企業統計」（財務省ホームページ）より筆者作成。

**表3-2 資金調達動向**　　　　　　　　　　　　　　（単位：兆円。小数点第2位以下を四捨五入）

| | | 資金調達額過去のピーク時 ||||||||
|---|---|---|---|---|---|---|---|---|---|
| | ピーク年 | ピーク時総額 | 内部調達 ||| 外部調達 ||||
| | | | 小計 | 内部留保 | 減価償却費 | 小計 | 増資 | 社債 | 借入金 |
| 全産業・全規模 | 89年度 | 139.5 | 70.4 | 38.5 | 32.0 | 69.1 | 11.8 | 9.6 | 47.7 |
| 製造業・大企業 | 89年度 | 29.5 | 17.1 | 8.7 | 8.4 | 12.4 | 7.2 | 6.8 | △1.5 |
| 非製造業・大企業 | 89年度 | 51.0 | 25.0 | 13.5 | 11.4 | 26.0 | 4.5 | 2.8 | 18.7 |
| 製造業・中小企業 | 89年度 | 8.9 | 5.2 | 2.7 | 2.6 | 3.6 | △0.3 | 0.2 | 3.6 |
| 非製造業・中小企業 | 89年度 | 32.2 | 14.8 | 9.5 | 5.3 | 17.4 | 0.9 | 0.0 | 17.3 |

| | | バブル崩壊後の資金調達最低時 ||||||||
|---|---|---|---|---|---|---|---|---|---|
| | 最低年 | 最低時総額 | 内部調達 ||| 外部調達 ||||
| | | | 小計 | 内部留保 | 減価償却費 | 小計 | 増資 | 社債 | 借入金 |
| 全産業・全規模 | 02年度 | 17.7 | 41.3 | 2.2 | 39.0 | △23.5 | △4.3 | △1.8 | △17.4 |
| 製造業・大企業 | 02年度 | 5.9 | 8.4 | △1.2 | 9.6 | △2.5 | 0.2 | △1.7 | △1.0 |
| 非製造業・大企業 | 02年度 | 7.9 | 17.6 | △0.5 | 18.1 | △9.7 | △2.3 | △0.3 | △7.2 |
| 製造業・中小企業 | 02年度 | 1.8 | 3.9 | 1.4 | 2.5 | △2.1 | △0.8 | 0.1 | △1.4 |
| 非製造業・中小企業 | 02年度 | 1.4 | 9.0 | 2.3 | 6.6 | △7.6 | △1.0 | 0.0 | △6.6 |

| | | 直近の資金調達額 ||||||||
|---|---|---|---|---|---|---|---|---|---|
| | 直近の年次 | 総額 | 内部調達 ||| 外部調達 ||||
| | | | 小計 | 内部留保 | 減価償却費 | 小計 | 増資 | 社債 | 借入金 |
| 全産業・全規模 | 03年度 | 46.0 | 72.0 | 29.2 | 42.8 | △26.0 | △8.0 | 0.0 | △18.0 |
| 製造業・大企業 | 03年度 | 15.6 | 18.6 | 9.3 | 9.3 | △3.0 | 0.6 | △1.1 | △2.5 |
| 非製造業・大企業 | 03年度 | 16.0 | 28.3 | 8.2 | 20.1 | △12.3 | △0.1 | 0.0 | △12.6 |
| 製造業・中小企業 | 03年度 | 2.7 | 4.4 | 1.4 | 2.9 | △1.7 | △0.9 | 0.2 | △1.0 |
| 非製造業・中小企業 | 03年度 | 9.1 | 18.2 | 10.6 | 7.6 | △9.1 | △7.5 | 0.6 | △2.1 |

出所）財務省「法人企業統計」（財務省ホームページ）より筆者作成。

業では，89年度約17兆円だった内部調達額は，02年度には8.4兆円へと半減した。それは内部留保額がこの間に8.7兆円から△1.2兆円へと大幅に減少したからである。このほかの業種，規模でもバブル崩壊後は減価償却費が横這いないし増加したのに反し，企業収益の悪化で内部留保が大幅に減少した結果，内部調達が減少したのである。

　もっとも，こうした内部調達の減少にもかかわらず，それは既にみたバブル崩壊後の設備投資を賄うには十分すぎる水準だった。全産業・全規模での

民間非金融法人企業による設備投資に対する内部調達の倍率はすでに70年代後半より1倍を超え，バブル期のピークである88，89年度には1.4倍，03年度には遂に2.3倍にも達した。それだけではない。今や設備投資に対する減価償却費の倍率でさえ，1倍を超えるに至った。その倍率は70年代後半から80年代後半には0.6〜0.8倍で推移したが，98年度は1.1倍，03年度には1.4倍となったのである。現在の設備投資は減価償却費で全て十分に賄える水準である。これは数字上，更新投資による設備の維持補修さえ十分行われていないことを意味するが，あるいはそれは過剰設備のスクラップ化が進行しつつあることを示すものであるかも知れない。

　それでは，次に外部資金調達の動向をみよう。

### (3) 外部調達の動向

　全産業・全規模の法人企業における外部調達は（図3-4，表3-2），89年度に69兆円のピークを付けたが，バブル崩壊以後は一貫して大幅な減少を示した。99年度には△9.8兆円と年次別統計で確認できる65年度以来初のマイナスとなり，かつ大幅なものとなった。また02年度には外部調達はさらに落ち込み△約24兆円（ピーク時に比べ約93兆円減）となり，03年度には遂に△26兆円に達した。外部調達の減少ぶりは突出しているのである。その要因は，実物資産投資と金融資産投資の両面で資金運用が大幅に減少したことに加え，大幅に減少したとはいえ相対的には緩やかな減少だった内部調達額の推移から，外部調達の必要性がそれだけ一層大幅に減少したからである。

　①借入金の動向　90年代以降におけるこうした外部調達の減少の中でも，最大の減少幅を示した項目は借入金である。バブル期には借入金は89年度で約48兆円，さらに翌90年度には54兆円にまで増加した。ところがこれをピークに以後，借入金は減少の一途を辿り，98年度には遂に△1.8兆円と恐らく戦後初のマイナスになった。さらに02年度には△17兆円（対89年度比65兆円減少，対90年度比71兆円減少），03年度には遂に△18兆円にも達した。また98〜03年度の累計では△64.7兆円にも上る。もっともこの

数字には，不良債権を抱えたメインバンクを中心にした金融機関による再建途上の企業への巨額の債務免除も含まれるとも考えられる。

こうした借入金の動向を業種別・規模別にみておけば，特に銀行離れが進んでいるといわれた製造業・大企業では，既に89年度段階で△1.5兆円であった（86～89年度累計では約△6兆円）。もっとも，バブルが崩壊し資本市場からの資金調達が困難となった直後には償還期限を迎えた転換社債などのための資金需要等で銀行からの借入金が急増し，90～93年度累計で11兆円に達した。しかし，こうした資金需要が一段落した94年度以降は再び借入金の返済が顕著となり，94～03年度の借入金累計額は△7.2兆円に達したのである。

また非製造業・大企業では93～03年度の借入金累計額が△35兆円と，業種別・規模別では最大の減少である。また単年度でみても，02年度△7.2兆円，03年度△12.6兆円と，いずれも大幅な減少である。また非製造業・中小企業でも，98～03年度の借入金累計額は約△29兆円であった。

このように借入金の返済傾向はどの業種・規模でも顕著であった。製造業・大企業のようにバブル期以前から始まる銀行離れ・資金調達手段多様化の進展に加え，金融機関による不良債権処理のための債務免除，あるいは借入金を銀行主導で私募債に振り替える動き[5]，さらに後述するような，有利子負債の圧縮による財務内容の改善を進める企業行動の広がりといった要因も作用したと思われる。

②**増資の動向**　全産業・全規模の法人企業による増資は，89年度には11.8兆円であったが，91年度以降は株式市場の低迷を反映し，毎年度ほぼ1兆円前後で推移した。そして，01年度には初めてマイナスに転落し，03年度には遂に△8兆円にもなった。戦後禁止されていた自社株買いが近年解禁され，株主への利益還元の一環として株式償却が行われたケースもあるかもしれない。だが，それ以上に重要なのは，累積損失を抱える企業が再建のために，巨額の減資を行うケースが昨今相次いだことであろう。これらのケースが母数集団のサンプルの中に何社も含まれ，しかも母数集団全体を推計するためそれらサンプルに一定の係数が掛けられると，実態以上に大きな数字

が生じる可能性がある[6]。なおその場合，安定株主対策に加え，債務返済や設備投資のための資金調達を目的に第三者割り当て増資が併せて実施されることが少なくない点にも注意が必要であろう。

　次に，この増資の動きを業種別・規模別でみると，第1に，89年度から02年度にかけて製造業・大企業では7.2兆円→0.2兆円，また非製造業・大企業では4.5兆円→△2.3兆円，製造業・中小企業では△0.3兆円→△0.8兆円，非製造業・中小企業では0.9兆円→△1.0兆円，などとなっており，特に大企業での減少が顕著である。第2に，03年度をみると，全産業・全規模の増資△8.0兆円の内，非製造業・中小企業で△7.5兆円と大幅な減資になっていることである。本来，資金調達全体に占める増資の比率が小さいはずの非製造業・中小企業で，なぜそれほど大きな減資が行われたのだろうか。それはあるいは，従来は非製造業・大企業に分類される法人企業を中心に，企業再建策の一環としての大幅減資が相次いだといった事情が影響したのではないかとも推測される。例えば資本金が10億円というような大企業でも99％前後の減資が行われた後には，わずか1千万円の中小企業に統計上は分類されるからである。

　③社債の動向　全産業・全規模の法人企業による社債発行は，89年度に9.6兆円のピークを付けたが，92年度以降はマイナスに転じ，00年度△3.4兆円，02年度でも△1.8兆円となるなど，社債の償還が優勢である。それを同じ期間について業種別・規模別にみると，特に製造業・大企業（6.8兆円→△1.7兆円）で大幅な減少であった。

　以上では民間非金融法人企業による資金調達が，バブル崩壊以降は減価償却費を除く内部調達や金融機関からの借入金だけでなく，株式や社債による資本市場からの資金調達もまた著しく減少していたことを，財務省「法人企業統計」による年次別時系列データから確認できた。

　それでは一体，そうした民間非金融法人企業による資金運用と資金調達が大幅に減少している背景には，企業行動のいかなる変容があるのだろうか。次の節では，その問題を検討しよう。

## 4 バブル崩壊後の民間非金融法人企業による財務体質改善行動

### (1) 経済成長率，業界需要および設備投資に対する企業の見通し

　以上より，バブル崩壊後の民間非金融法人企業における大幅な資金余剰化傾向と，それを反映した民間非金融法人企業による資金運用・調達の大幅な減少傾向とが明らかになったが，そのような現象が生じた背景を知る上で重要な手がかりを提供するものとして，内閣府経済社会総合研究所編『平成14年　企業行動に関するアンケート調査報告書：財務体質の改善と競争力向上に取り組む企業行動』がある。この企業行動に関する『アンケート調査報告書』からは，そのタイトル（副題）が示す通り，財務体質の改善や競争力向上を進める企業側の意向をかなり明確に捉えることができる。以下では，その要点をみよう。

　それによれば，バブル崩壊後の長い不況の中で，日本企業は今後の経済成長率や業界需要の伸びに関する見通しを次第に下方修正してきたことがわかる。また，以上のような経済成長率や業界需要に対する厳しい見通しの下，今回（平成14年度）の調査時点における今後3年間の設備投資年平均伸び率に対する見通し（全産業平均）は1.2％へと，前回13年度調査時点での3.6％に比べて大きく低下したのである。

　さらに，設備投資の内訳では，過去3年間に比べ今後3年間には「能力増強」，「福利厚生施設」のウェイトが低下し，「合理化・省力化」，「維持・更新補修」，「研究開発」のウェイトが高まっている。

　またこのような状況の中，例外的に高い水準を保ってきたIT投資の年平均伸び率は，過去3年間（全産業平均）8.8％だったのに対し，今後3年間には7.1％へと鈍化する見込みとなっていた。特に製造業（過去3年間8.9％，今後3年間6.5％）は△2.4％と，非製造業（過去3年間8.7％，今後3年間7.8％）よりも鈍化幅が大きかった。

　それでは，以上のような企業を取り巻く厳しい経営環境の下で，日本企業がこれまで最も重視してきた経営目標とは何だったのだろうか。それは必ずしも1つとは限らないが，財務体質の改善はその中の重要な目標であった。

以下，その点を検討しよう。

### (2) 企業の財務体質への自己評価と改善への取り組み状況
#### (i) 企業の財務体質への自己評価

そもそも企業はこの間，自社の損益計算面やバランスシート（貸借対照表）面に示された財務体質をどのように評価していたのだろうか。

それによれば，バランスシート面でみた企業側の財務体質評価は，一部を除く圧倒的多数の業種が，自社の財務体質を良いと認識していた。この面でみるかぎり，バブル崩壊による資産価格暴落によって生じた企業の財務体質悪化問題（いわゆる「バランスシート調整問題」）は，ほぼ解消されていたようにもみえる。しかし，同じく企業による財務体質評価でも，損益計算面からみた場合には，評価は一変した。全産業と製造業が「悪い」超となっていただけでなく，非製造業での「良い」超幅もわずか数％にとどまる。また個別業種別でみた財務体質評価は，「良い」超であるのは不動産，医薬品，サービス，通信，その他製造業，などわずか10業種程度に過ぎず，鉄鋼，非鉄金属，海運，精密機械，輸送用機械，ガラス・土石製品，建設など過半数を上回る業種が「悪い」超となっていた。しかも，その「悪い」超幅は最大40数％から10数％という大幅なものである。問題は資産価格暴落による影響面にとどまらず，その費用・収益構造に関わる損益計算面からみた場合には，法人企業の財務体質は，依然として改善途上にあると自己認識されていたことである。

もっとも，バランスシート面と損益計算面からする財務体質への自己評価からは，必ずしも不動産や建設，卸小売りなどバブル後遺症が大きいといわれた業種で格別に財務体質が悪いといった結果は伺えない。損益計算面からはむしろ，不動産が50数％幅で「良い」超の筆頭であるなど，やや意外ともいえる結果になっていたからである。

それでは，損益計算面を中心になお問題が残っていた財務体質を改善するために，企業がどのような取り組みをしたのかを，さらにみておこう。

### (ii) 財務体質改善への企業の取り組み状況

　上記『アンケート調査報告書』における「過去5年間で財務体質改善のためにどのような取り組みを行ったか」との質問に対する企業側の回答（複数回答可）では，「過剰在庫の圧縮」（56.2％），「有利子負債の圧縮」（52.3％），「不採算・低収益事業の縮小・整理」（49.3％），「退職給付引当金や企業年金資産の積み増し」（47.7％），「株式等，保有有価証券の売却」（47.1％），「保有不動産の売却」（46.2％），「新規設備投資の抑制」（39.5％）などが挙げられている。財務体質の改善を最優先する企業行動が，企業側の回答から伺われるのである。

　また，「今後5年間にどのような企業目標を検討しているのか」との質問に対する回答では，「不採算・低収益事業の縮小・整理」（56.9％），「グループ経営の導入・強化」（56.6％），「有利子負債の圧縮」（55.0％），「過剰在庫の圧縮」（53.9％）などが上位を占めている。また業種別では，製造業（52.3％）よりも非製造業（59.1％）が「有利子負債の圧縮」をより重視し，製造業でも素材型業種は60.3％と高い。さらに個別業種別では電気・ガス（88.2％），陸運（73.9％），非鉄金属（70.0％），ゴム製品（70.0％），パルプ・紙（69.2％），鉄鋼（67.7％），小売業（66.7％）などで高く，資本金規模別では，100億円以上（64.9％）が最も高く，逆に10億円未満（45.9％）で最も低くなっている。

　また有利子負債の過剰感を尋ねるアンケート調査では，「適正水準」（51.4％）であるという回答が過半数を占めた反面，41％の企業が有利子負債について過剰感を持っている。個別業種別では，「適正な水準」とみる企業が，医薬品（82.8％），化学（63.5％），サービス（61.3％），卸売業（60.2％），食料品（60.0％），通信（58.8％）で高いのに対し，電気・ガス（20.0％），陸運（25.0％），石油・石炭（25.0％），鉄鋼（27.6％），パルプ・紙（30.8％），不動産（31.3％）で，有利子負債の過剰感が依然として根強い。また資本規模別では，「適正な水準」だとみる企業が，「10億円以上50億円未満」（53.9％），「50億円以上100億円未満」（57.2％）で高い反面，「10億円未満」（46.0％）と「100億円以上」（57.2％）では低くなっていたのであ

る。

## むすび

　本章では，まず第1節で，非金融法人企業部門が90年代半ば以降，戦後かつてなかった資金余剰主体へと変化したことを示した。そして第2節と第3節では，非金融法人企業部門が資金余剰主体へと変化したその実態を，90年代以降における設備投資など実物資産投資や現金・預金など金融資産投資における資金運用額の大幅な減少と，それと対応する内部資金調達や外部資金調達における大幅な減少の側面からみてきた。さらに第4節では，そうした実物資産投資や金融資産投資が大幅に減少した背景には，バブル崩壊後の経済成長率や業界需要伸び率に対する予想が下方修正される中，企業は次第に有利子負債など過剰負債を圧縮し財務体質を改善することを重要な企業目標とするようになった事情があることを示した。

　勿論，こうした実物資産投資や金融資産投資の削減を通じて財務体質の改善・強化を進めるという企業行動が強まったのは，バブル期やその崩壊後における法人企業の財務内容悪化に加え，短期的な業績や効率を重視するアメリカ型の企業経営や格付け機関の評価も大きく影響したものと推測される。しかも，そうした企業行動は，日本経済に対するデフレや資産デフレを招く重要な原因として90年代以降，作用してきたのである。日本経済は，02年の初めを底に漸く長いトンネルを抜け景気回復過程を辿り始めたとはいえ，そうしたデフレ過程からの脱却に最終的に成功するのかどうかは，以上のような日本企業による資金運用・調達面での行動とも密接に関わっていたのであり，容易な問題ではなかったのである。

### ●注

1）この点で本章は，日本経済の長期不況の原因をバランスシート不況という側面から考察したリチャード・クー（2003）に負う所が大きい。また三重野（1993）もバブル崩壊後の早い段階で，ストック調整の厳しさに加えバランスシート調整問題を景気停滞長期化の背景として指摘している（2～3頁）。た

だ本章では，バブル期における過剰投資と過剰雇用などによる収益構造の悪化問題も合わせて考慮したい。
2）もっとも日本経済の長期低迷の原因には，それに加えて，90年代に入ってまもなく経済のグローバリゼーションや円高が急激に進行したという事情も無視できないであろう。そのために，製品輸入の急増でそれらと競合する企業部門が大きな打撃を受けると共に，また企業間競争の激化やコスト削減への対応として，海外への生産の一部移転を迫られたことが，90年代以降の日本経済長期低迷の重要な一因となったことが考えられる。本章では，この点に立ち入る余裕はないので，別の機会に委ねたい。
3）日本政策投資銀行（2002）は，日本の民間非金融法人企業部門におけるこのような変化は「他国との比較においても，特徴的なものである。90年代の欧州各国での資金過不足の対GDP比はプラスマイナスとも2％程度の振れ幅で収まっている」(10頁) としている。
4）この点について東京三菱銀行（2002）は，「前回回復局面（99年以降か——引用者）でIT分野を中心に事業再編に絡む出資や持ち株会社化が活発化したこと」のほか，01年3月期からの売買目的の有価証券への時価会計適用に対し，その適用外の「投資有価証券」に振り替える動きがあったことを指摘している（17頁）。
5）昨今，法人企業による資本市場（社債市場）からの資金調達の手段として，銀行受託による私募債の発行が行われるケースがみられる。例えば三井住友銀行は法人企業に対し，銀行借入と異なり金融環境の変化に応じた機動的な資金調達が可能であること，一定の財務水準をクリアしたという企業イメージの向上となること，公募債と異なり有価証券届出書等の作成が不要であること，などの面から私募債のメリットを強調し，自行を代表受託銀行とする資金調達を行うようPRしている（同行ホームページによる）。
6）昨今，減資を発表した企業の主な事例を挙げておく（かっこ内の数字は，減資率を示す）。01年では市田（79.89％），金商（50％），02年ではダイエー99.55％），岩田屋（50％），雪印乳業（98.2％），アプラス（50％），住友石炭鉱業（減資率不明。減資額155億円），住友建設（90％），長谷工コーポレーション（99.07％），新井組（89.87％），日立造船（50％），藤和不動産（90％），03年では飛島建設（89.7％），熊谷組（90％），04年では鈴丹（90％），三井鉱山（99％），カネボー（99％），不動建設（99％），ナカノコーポレーション（50％），関西汽船（99％），藤和不動産（99％），大京（99.2％），ミサワホー

ム（普通株99％，優先株80％），ダイエー（普通株99％）など。経営再建のために減資を行うこれら企業は，卸売業や小売業，建設業に多いことが注目される。

なお，財務省財務総合政策研究所調査統計部の谷山仁彦氏には，法人企業における減資の動きに加え，こうした減資の意味や私募債発行の動き，後述の統計上の取扱等についても多大なるご教示を頂いた。この場を借りて，厚く御礼申し上げる。但し，あり得るかも知れない誤りは，当然ながら全て筆者の責任である。

●参照文献

財務省「法人企業統計」（同省ホームページによる）。
財務省財務総合政策研究所編『フィナンシャル・レビュー』第62号，2002年。
商工中金「中小企業の設備投資と資金需要動向」（商工中金ホームページ）。
東京三菱銀行（高瀬英明稿）「解説　最近のわが国企業部門における資金余剰について」（『調査月報』N0.48）2000年。
東京三菱銀行（堀部智稿）「解説　わが国企業部門の外部資金調達の低迷について」（『調査月報』N0.62)』2001年東京三菱銀行（堀部智稿）「解説　拡大が予想されるわが国企業の資金余剰」（『調査月報』N0.80）2002年。
内閣府経済社会総合研究所編『平成14年　企業行動に関するアンケート調査報告書：財務体質の改善と競争力向上に取り組む企業行動』財務省印刷局　2002年。
中村達哉・岩間剛一「急ピッチで減少する大企業の過剰債務」（『エコノミスト』2003年12月2日号）2003年。
日本政策投資銀行「近年の企業金融の動向について──資金過不足と返済負担──」（『調査』2002年3月号）2002年。
三重野康「講演　最近の金融経済情勢」（日本銀行『日本銀行月報』1993年12月号）リチャード・クー著，楡井浩一訳『デフレとバランスシート不況の経済学』徳間書店　2003年。

# 第2部
# 2000年代日本の戦後最長の景気拡大から二重の経済危機へ

# 第4章　2000年代日本の戦後最長の景気拡大とその実態

## はじめに

　本章及び次の第5章では，現代日本の景気循環や経済危機を，2000年代を中心として考察する。2000年代日本の景気循環は，一見すると極めて対照的な2つの局面から構成されている。まず，この時期の前半の局面は，2002年初めから始まる戦後最長の景気拡大期であり，10年間の長期停滞の後に漸く訪れた輸出主導の好況であった。しかも，この時期には大企業を中心に企業部門が過去最高の業績を上げた反面，それが中小企業・零細企業と企業業績面であまりにも大きな格差を伴っただけでなく，労働者の労働条件についても，全体としての賃金低下とサービス残業の増加による労働時間の長期化等の労働条件の劣悪化を伴っていった。しかも労働者の中では正規雇用者数の減少と非正規雇用者数の増大，賃金格差の拡大やいつ解雇され賃金と住居を失うかさえもわからない雇用のますますの不安定化（製造業の日雇い派遣がその代表的事例）などの事態が進行した。さらに雇用されても生活保護を受けなければ生活が成り立たず，ましてや結婚さえもできないワーキングプア層の増大と，彼らを含む被保護人員の増大も生じた。その結果，90年代末に始まる内需縮小によるデフレの進行にも歯止めがかからなくなった。また地域経済についてみれば，公共事業の削減や産業の空洞化とも相俟って雇用が減るなど疲弊化が進んだ。また財政面では，長期拡大にもかかわらず税収は増えず拡大を続ける巨額の財政赤字と社会保障財政の悪化が生じた。2000年代の日本経済は以上のような多くの構造的問題を抱え込んでいったのである。これらは正しく，80年代のサッチャーとレーガンをもって始まる新自由主義に中曽根政権以降追随し始め，2000年代の小泉政権を頂点とする日本の新自由主義的政策が招いた重大な帰結であった。
　他方，これに反して2000年代後半の局面は，リーマン・ショックをピークとする世界経済金融危機とそこからの回復が十分進まないうちに襲来した

東日本大震災による経済危機という「二重の危機」に見舞われた時期であった。すなわち，08年9月には「百年に一度」の大津波（＝世界経済金融危機）に見舞われ世界同時不況へと転落した。大企業部門や規制緩和の流れに乗った一部の階層にだけ巨額の富をもたらした（ウォール街の占拠を提起した人々の表現によれば「99％の人々を犠牲にして1％の人々が富を独占した」）30年に及ぶ英米主導の新自由主義政策と日本の戦後最長の景気拡大が，遂にここで破綻を迎えたのであった。さらに，その後2年余りを経た2011年3月には，「千年に一度」といわれる東日本大震災・大津波に加えて東京電力福島第1原子力発電所での世界最悪の過酷事故（シビア・アクシデント）が，世界同時不況からの回復途上にあった日本を直撃したのである。

それら2つの景気局面は確かに，例えば企業収益の好調とその後の悪化，そして設備投資の増大とその後の減少，失業率の低下とその後の上昇，あるいは求人倍率の上昇とその後の低下というそれぞれ通常の景気循環の局面に対応する現象を一応は示していた。しかし反面では，通常の景気循環だけでは説明し尽くせないデフレの持続，非正規雇用などワーキングプア層の拡大や生活保護世帯数・保護人員の急増，国家財政の巨額の赤字累積問題といった前述の構造的な現象が数多くみられるのである。

こうして2000年代日本の景気循環は，景気循環の拡大とその後の経済危機や景気後退という循環的分析だけにはとどまらず，それを貫く構造分析をも同時に行わなければならないという困難な課題を我々に突き付けるのである。しかも，その経済危機は過去最大級の且つ性格も異なる二重の危機であるということによって，それらを分析する課題は，困難を極めるのである。

以下，本章では，1980年代以降約30年間の日本経済の推移を踏まえつつも，ここではまず2000年代日本の景気動向とその下での企業業績や設備投資，雇用・賃金問題に焦点を据えて分析したいと思う。

すなわち，まず第1節では，90年代の経済危機や金融危機を伴い長期に亘った景気低迷の後に漸く訪れた2000年代日本の戦後最長の景気拡大をその要因と併せて考察しよう。また第2節では，長期の景気拡大期でありながら前述した格差の拡大やデフレ，地域経済の疲弊化や社会保障財政を含む財

政赤字の累積など構造的な問題が山積したことを確認したうえで，なぜそのような賃金の切り下げや所得格差，不安定雇用の拡大といった問題が発生せざるを得なかったのか，その原因を考察しよう。次いで第5章第1節では，08年9月のリーマン・ショックをピークとする欧米発の世界経済金融危機によって日本の戦後最長の景気拡大は終焉を迎えるが，その危機の実体やその危機を契機として迷走し始めた日本経済を外観しよう。また第2節では，漸く第1の危機からの回復が進みかけた矢先に，それに追い打ちをかけるように3.11東日本大震災に始まる第2の危機が襲来し，その後の明確な着地点もなく漂流し始めた日本経済を考察する。但し，第2の危機は，「戦後」に代わる大きな時代の転換期ともなる大事件であり，このような小論で論じ尽くすには限界があり，その立ち入った分析と総括は別の機会に考察するのが適切である。本書（第5章第2節）ではあくまで00年代日本の景気循環とそこに貫く構造問題の分析という視覚から，この東日本大震災が日本の景気や企業の経営環境，雇用・労働条件などに及ぼす影響に限定して考察することにする。そして最後に第5章のむすびでは，日本経済が進むべき今後の方向を簡単に展望することにしよう。

## 1 戦後最長の景気拡大とその要因

### (1) 戦後最長の景気拡大

平成バブル崩壊後の不況からの景気回復は漸く94年から始まったが，97年には2月の特別減税の打ち切りや4月の5％への消費税率引き上げ，9月の公的医療保険被保険者の自己負担2割への引き上げ等のいわゆる国民負担9兆円増加による政策不況や，7月のアジア通貨危機の発生，さらに同年11月には中堅の三洋証券がコール市場で起こしたデフォルトを直接の契機として，都市銀行の1つ北海道拓殖銀行と四大証券の1つ山一証券とが破綻し，翌98年には3つの長期信用銀行のうちで日本長期信用銀行と日本債券信用銀行の2行までが破綻するなど，不良債権問題を抱えた大型金融機関の相次ぐ破綻によって，景気は早くも挫折したのである。ただ，99年にはアメリカのITバブルに牽引された米国向け輸出の拡大により束の間の回復が訪れ

第2部　2000年代日本の戦後最長の景気拡大から二重の経済危機へ

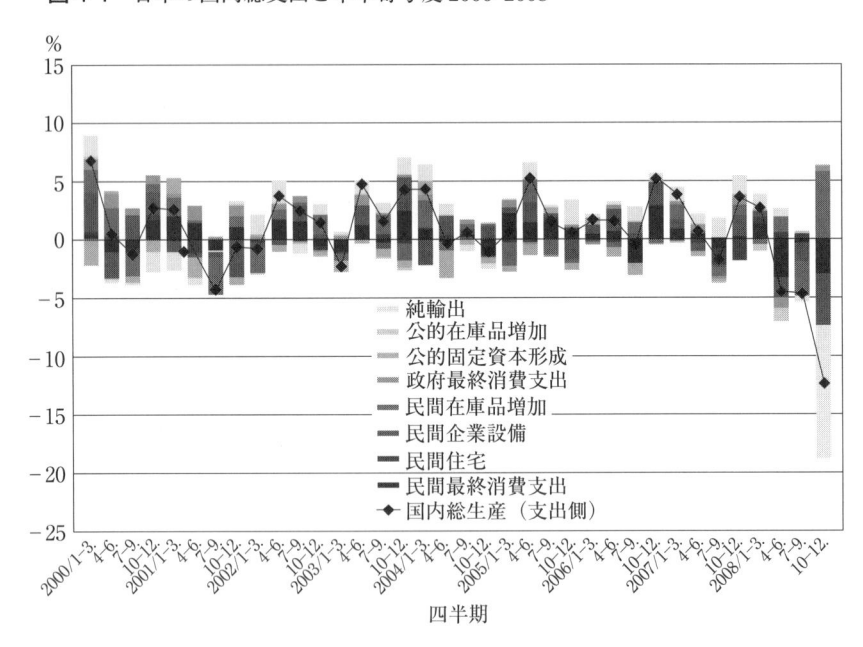

図4-1　日本の国内総支出と年率寄与度2000-2008

凡例：
純輸出
公的在庫品増加
公的固定資本形成
政府最終消費支出
民間在庫品増加
民間企業設備
民間住宅
民間最終消費支出
◆ 国内総生産（支出側）

四半期

出所）内閣府ホームページ＞国民経済計算（GDP統計）＞統計データより筆者作成。

るものの，2000年にはITバブルの崩壊により景気は再び落ち込んだ。このように，90年代の日本経済は「失われた10年」といわれる停滞基調下で短期のアップダウンを繰り返したのである。

しかし景気は，2002年初めに始まり07年まで続くいわゆる本格的回復局面へと移行した。この景気局面は政府によって，バブル期の大型好況（51ヶ月）やいざなぎ景気（57ヶ月）を上回る戦後最長の景気拡大（69ヶ月）だと喧伝された。とはいえ，それは後にみる通り，戦後日本経済が経験したことのない極めて問題の多い景気局面であった。

まず，この時の景気局面全体の実質GDP成長率（対前年度比）は平均して約2％で推移した。いざなぎ景気の実質年率10％はいうに及ばず，バブル期の5％と比較しても大幅に低下していた。しかも人々の実感により近い名目経済成長率はさらに低い1.5％程度であり，実態はより一層停滞的であっ

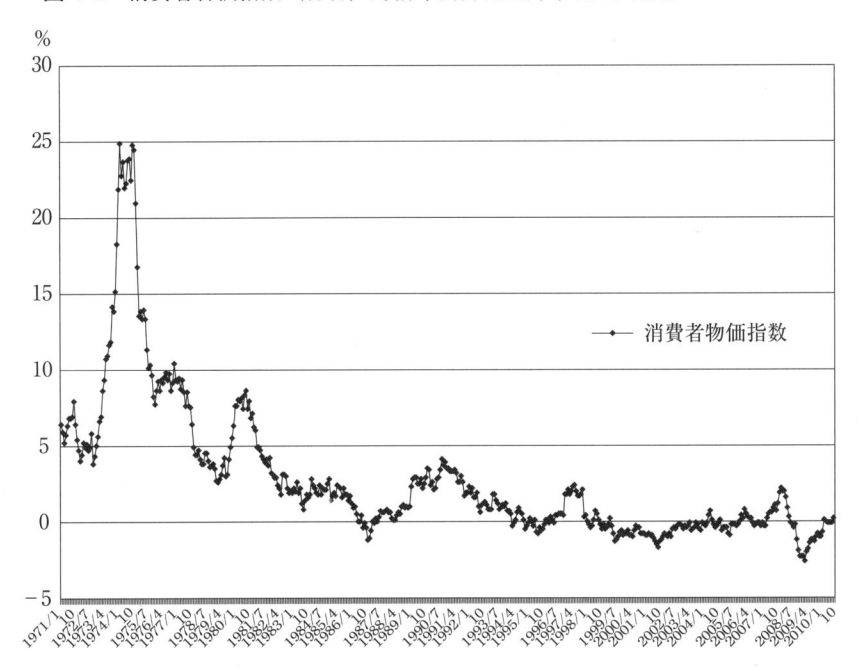

図 4-2 消費者物価指数（総合）対前年同月比上昇率 1971-2010

出所）e-Stat（政府統計の総合窓口）「長期時系列データ＞品目別価格指数：全国（対前年同月比%）」のデータより筆者作成。

た。日本の名目経済成長率が実質成長率に比較してこのように低下したのは，1990年代半ば以降，GDPデフレーターや消費者物価上昇率が1990年代半ば以降，ともにマイナスで推移している（図4-2）ことからもわかるように，世界的にも異例なデフレが進行していたからである。

　この景気局面では，後述するように，通常の景気拡大期にはあり得ないような賃金支払総額の減少を始めとした多くの問題が噴出していた。内需縮小によるデフレからの根本的な脱却も達成できたとはいえない。このため，ほとんどの国民はこの間，好況感を持てなかったどころか，ほとんど不況期であるかのような印象を抱いていたといっても良いであろう。

　しかし，もしそうであれば，2000年代初めからのこの時期を長期の好況局面と規定するのは誤りであり，むしろ経済の長期低迷期とでもみなすのが

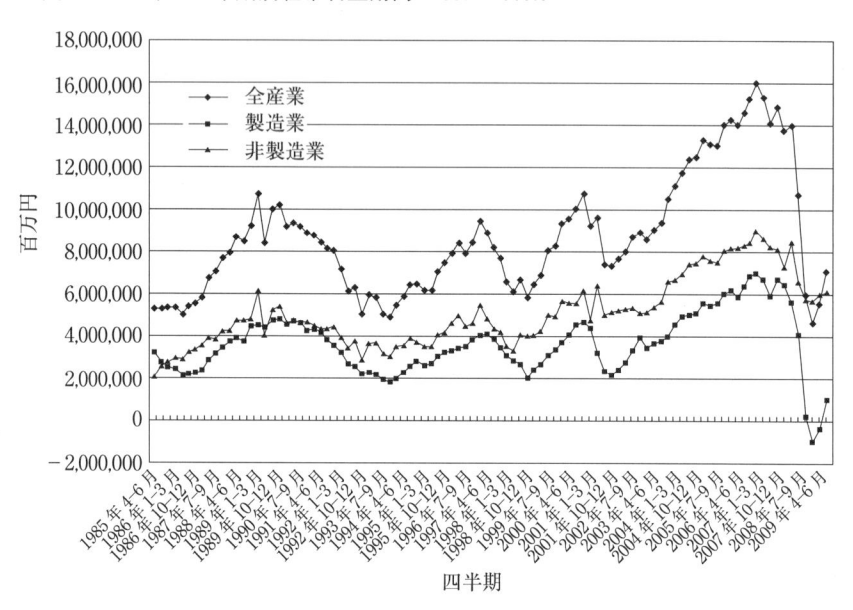

図 4-3　日本の四半期別経常利益動向 1985.4–2009.6

出所）財務省 Homepage「法人企業統計」データより筆者作成。

適切なのであろうか。いや，そうではない。やはり，この時期を長期の景気拡大期とすべき決定的な経済指標があるからである。それは何かといえば，財務省による法人企業統計調査によっても明らかなように，2000 年代のこの時期こそは，企業業績はバブル期のピークを大幅に上回る過去最高益を更新するなど企業部門は活況を呈していたことである（図 4-3）。

すなわち，日本の法人企業（全産業・全規模）の四半期別経常利益の動向についてみれば，1980 年代のバブル期における最高益がピーク時の 89 年第 1 四半期に 10 兆円強（製造業 4.5 兆円，非製造業 6.2 兆円）であったのに対して，2000 年代には 07 年第 1 四半期の約 16 兆円（製造業約 7 兆円，非製造業 9 兆円）となり，バブル期のピーク時を大幅に超えていたのである。この時期にたとえ多くの国民が好況感を欠いていようとも，大企業にとってみればそれが空前の好況期であったことの紛れもない証拠であろう。

それでは，この時期に長期景気拡大が続いたのは，そもそもいかなる要因

によるのであろうか。そこには幾つかの要因が作用していたのである。以下では項を改めてそれらの要因を考察しよう。

(2) 2000年代景気拡大の要因
(i) 企業部門の3つの過剰問題と金融機関の不良債権問題の処理の進捗

まず，2000年代長期景気拡大の第1の要因として挙げられるのは，90年代におけるバブル崩壊後の日本経済を長期間に亘って低迷させてきた過剰資本問題[1]，すなわち企業部門での過剰設備，過剰雇用，そして過剰負債のいわゆる3つの過剰問題及びそれを根本原因とする企業業績の長期的悪化と，金融部門でのその正に反映ともいうべき不良債権問題とが，処理されたことである。すなわち，97年以降に始まる民間企業による大規模な雇用リストラに加えて，小泉政権による株式会社産業再生機構（2003-07年）の設立を通じたダイエーグループなど計41の企業グループに対する企業再生と過剰負債・過剰設備の処理[2]，金融機関への公的資金の注入を通じた企業の過剰負債の廃棄と金融機関の不良債権問題の処理等，政府による過剰資本のいわば上からの強制的処理が推し進められたことである。

そもそも過剰資本問題の淵源も元を辿れば，1980年代のグローバル資本主義の台頭と新自由主義思想を背景とする日本のバブル期とその崩壊期に遡るといって良いだろう。すなわち，戦後の日本経済は80年代後半のバブル経済をピークとして，これ以後，転落の一途を辿り始めた。バブル経済からの崩壊以降，日本は企業部門の「3つの過剰問題」と金融部門での「不良債権問題」の処理に苦しみ，90年代アメリカのITバブルに牽引された世界的景気拡大の下で，日本経済だけが金融危機やデフレを伴う，いわゆる「失われた10年」という戦後最悪の長期停滞を経験した。その結果，企業部門では97年の金融危機を境にして大規模な雇用リストラが始まり，1人当たりの賃金切り下げと正規雇用者数の削減，そして賃金その他の労働条件が正規雇用者より大幅に低い非正規雇用者数の増加が進んだ。もっとも，バブル崩壊後も暫くの間は，その過剰雇用化した正規雇用者などの基幹的人員は企業内に「保蔵」されていたとみられる。しかし，日本経団連が発表した1995

年5月のいわゆる「新時代の日本的経営」等を転機として，それまでの日本における労使関係は大きな転換期を迎えることになる。労働者全体を3つのグループ，すなわち長期蓄積能力活用型グループ，高度専門能力活用型グループ及び雇用柔軟型グループへと振り分けて，第1の労働者グループのみを正規雇用者化し，他の2つを自由に取り替え可能な非基幹的な労働者グループへ再編しようという日本経団連の構想は，元を辿ればポジティブリストとして始まる1985年の労働者派遣法の創設にまで遡るが，こうした労働市場の流動化策はその後の派遣法の相次ぐ改正による政府のバックアップも得て，加速化され始めたのである。

また，90年代には厳しい経済金融危機と不況の連鎖の中で，財政金融政策も劇的な変容を遂げた。すなわち，金融政策面では，金融機関の巨額の不良債権問題の処理を促進する狙いも込めて，これまで例のないゼロ金利政策や量的緩和政策へと連なる超金融緩和政策が推進された。伊東光晴氏の指摘では，こうした金融緩和政策はただ単に設備投資の拡大による景気対策という意味だけにとどまるものではなく，預金利子の急激な引き下げと貸出利子の緩やかな引き下げとの両面を通じる貸出利ざやの鋏状の拡大が金融機関の収益を拡大させ，それを不良債権処理の原資に充当させることにもう1つの狙いがあったというのである。さらに財政政策面でも，90年代の歴代内閣の下で公共事業費の増加を中心とする過去最大規模の総合経済対策が相次いで打ち出されると共に，個人所得税・住民税の特別減税の恒久化と並んで，法人税の実効税率の大幅な引き下げ等が実施され，企業経営へのてこ入れが行われたのである。

なお，企業による雇用リストラの進捗について若干付け加えておけば，企業価値最大化を企業経営の第1目的とし，時にはリストラによって企業価値を高値で転売するアメリカ的経営の考え方が日本の企業経営にも大きく影響したと思われる。また，90年代に経営が悪化した日産自動車が経営立て直しのためにルノーと資本提携を進めると共に，ルノー本社から「コスト・カッター」の異名をとるゴーン氏が派遣されたことの影響も大きい。2000年から2年間の企業・雇用リストラによって日産自動車の業績が急回復するや

否や，ゴーン流の経営手法は絶賛され，製造業であるか非製造業であるかを問わず，日本企業における雇用リストラ旋風を巻き起こすこととなったからである。しかも，この雇用リストラは長期拡大期に入っても，「雇用なき景気拡大」が示すように，止むことなく進行したのである。

　森岡孝二氏は『就業構造基本調査』のデータの分析に基づいて，97年から07年までの間に，ブルーカラーが1,654万人から1,389万人へ265万人減少し，また同じ期間にホワイトカラーは2,172万人から1,961万人へ211万人減少し，この10年間での正規雇用の減少は476万人にも上ると指摘している。また，ホワイトカラーについてはこの間，専門職の女性が増えた以外は，事務職，販売職，管理職のいずれもが減少したという[3]。

### (ii) 輸出の増大

　長期景気拡大の第2の要因として挙げられるのは，2000年代に入って輸出が急増したことが挙げられる。財務省の「貿易統計」によれば，2000年代の輸出額は01年の48兆円を底として02年には52兆円，03年54.5兆円へと年々増加し続け，長期拡大期で輸出がピークとなった07年には約84兆円に達したのである。

　この間，純輸出は毎年ほぼ10兆円前後で推移した（図4-4参照）。また，この間の輸出額を品目別にみれば，輸出が最も大きく伸びた第1グループ，それに次ぐ高い伸び率となった第2グループ，そしてほとんど輸出は伸びなかった第3グループの3つに分けられる（図4-5参照）。そして第1グループの中でも輸出が最も大きく伸びた品目は，自動車を中心とする輸送用機器であり，2000年の10.8兆円から07年の20.8兆円へとほぼ倍増した。また一般機械の輸出額も01年の10.2兆円から07年の16.6兆円へと1.6倍へ増加したほか，電気機器も半導体等電子部品を中心として，01年の11.5兆円から07年の16.9兆円へと輸出額は1.5倍に増加したのである。また第2グループでは，原料別製品が01年の5兆円から08年の10.8兆円へ，また化学製品も01年の3.7兆円から07年の7.7兆円へと，いずれも2倍強に輸出額が伸びている。これに対して第3グループの鉱物性燃料，原料，食料品は，

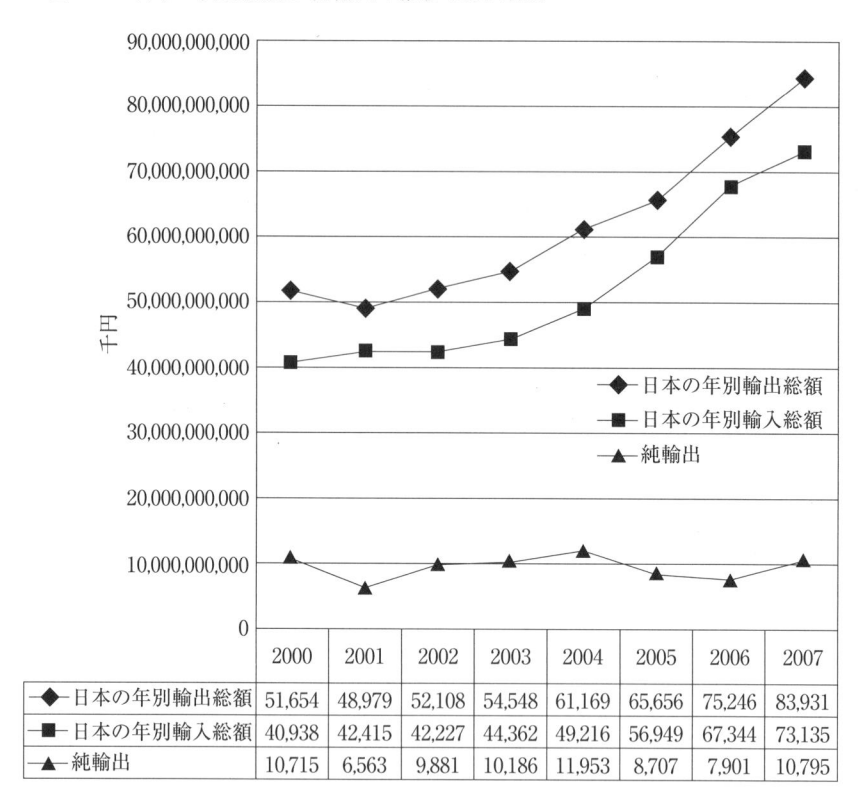

**図 4-4　日本の貿易額及び純輸出の推移 2000-2007**

| | 2000 | 2001 | 2002 | 2003 | 2004 | 2005 | 2006 | 2007 |
|---|---|---|---|---|---|---|---|---|
| ◆ 日本の年別輸出総額 | 51,654 | 48,979 | 52,108 | 54,548 | 61,169 | 65,656 | 75,246 | 83,931 |
| ■ 日本の年別輸入総額 | 40,938 | 42,415 | 42,227 | 44,362 | 49,216 | 56,949 | 67,344 | 73,135 |
| ▲ 純輸出 | 10,715 | 6,563 | 9,881 | 10,186 | 11,953 | 8,707 | 7,901 | 10,795 |

出所）財務省 HomePage,「貿易統計」のデータより筆者作成。

輸出額もその伸び率も極めて小さかった。

　また 2000 年代の日本の主要な輸出相手国の推移をみると（財務省 Homepage「貿易統計―貿易相手国上位 10 カ国の推移（年ベース）」，参照），08 年までアメリカ向けが第 1 位を占めている。しかし，2000 年代初めにはアメリカ向けが輸出全体の約 30％を占めていたとはいえ，その後次第に比率は低下し，08 年にはついに 17.5％にまで低下した。他方，中国向け輸出は 01 年には比率が 7.7％でこの年に初めて第 2 位となり，その後年々比率を高め，08 年にはついに 16％にまで上昇したのである。第 3 位以下は，韓国，台湾，タイが占めた。アジア向け輸出の比率は確実に増え続け，08 年には

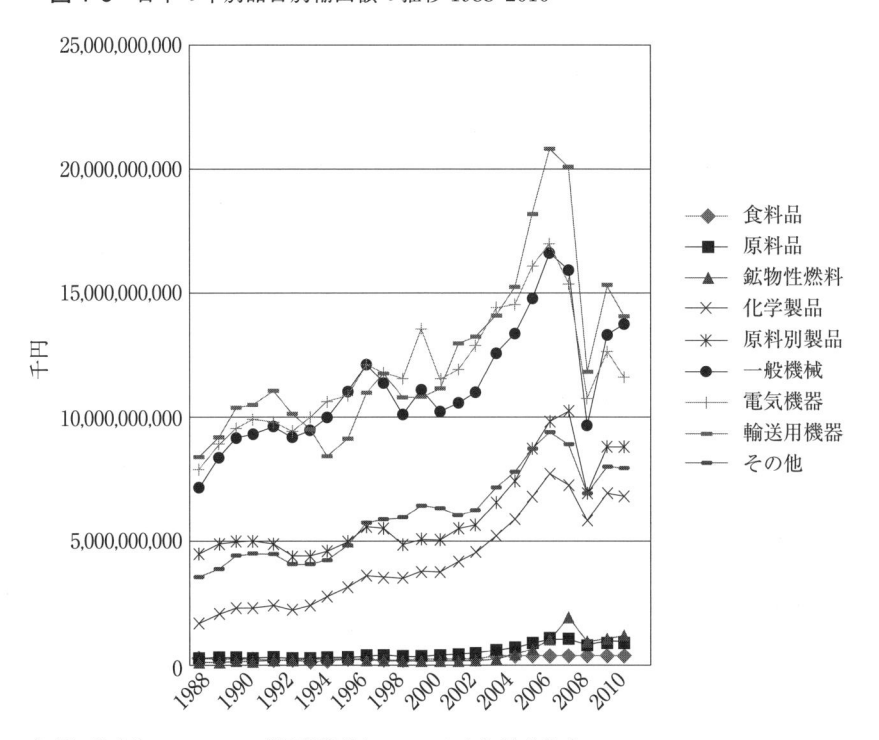

図 4-5　日本の年別品目別輸出額の推移 1988-2010

出所）財務省 HomePage,「貿易統計」のデータより筆者作成。

ついに 49.3％と全体のほぼ半分を占めるまでになった。なお，2000 年代にはドイツを筆頭にして EU 向け輸出も全体の 15％前後の比率で推移した。

それでは，2000 年代に入ってから輸出がこのように大きく伸びた要因はどこにあったのだろうか。その要因のまず第 1 は，円・ドルの為替相場が 95 年 4 月に 1 ドル＝ 79 円という当時の戦後最高値を付けて以後，いわゆる逆プラザ合意を契機にして円安傾向へと反転したことが挙げられよう。

しかも，これに加えて 90 年代金融機関の不良債権問題処理策やデフレ対策として日銀が採用したゼロ金利政策やその後さらに踏み込んだ量的緩和政策の結果，日本で低利の円資金を調達し，それを海外で運用する円キャリートレードが横行したため，より一層の円安が進行した。以上の結果，2000

figure 4-6 外国為替相場状況 1992-2008

円の対ドル相場

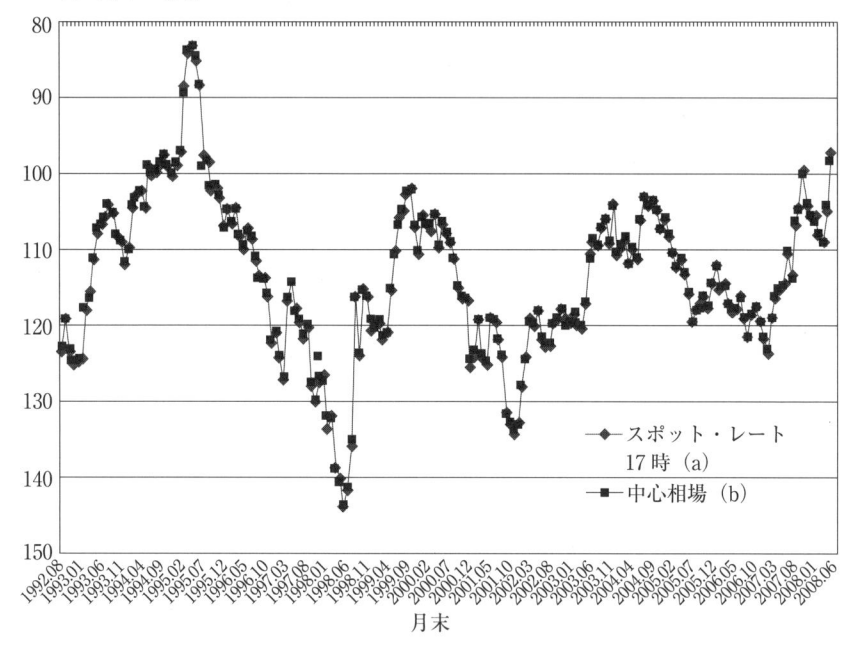

出所) 日本銀行 HomePage「全時系列統計データ」により筆者作成。

年代には円の対米ドル相場はほぼ100円から130円の間で推移したのである（図4-6）。

また2000年代に入り日本にとって輸出拡大の追い風となった第2の要因は，2000年代初頭に始まるアメリカの景気拡大に先導された世界的景気拡大であった[4]。アメリカのITバブル崩壊後の超低金利政策と金融の規制緩和が大規模な住宅バブルを誘発すると共に，サブプライム層向け住宅ローンとそれらによる新規住宅建設着工・住宅購入の増加が，高度に発達した各種住宅抵当消費者ローンの利用とも相俟って，大型の家具や自動車，その他の耐久消費財の購入を中心としてアメリカの過剰消費傾向を加速し，東アジアを始め世界中からアメリカ向け輸出が増大し2000年代の世界的景気拡大を牽引したのであった。中国や日本もその恩恵を被りアメリカ向け輸出を伸ばし

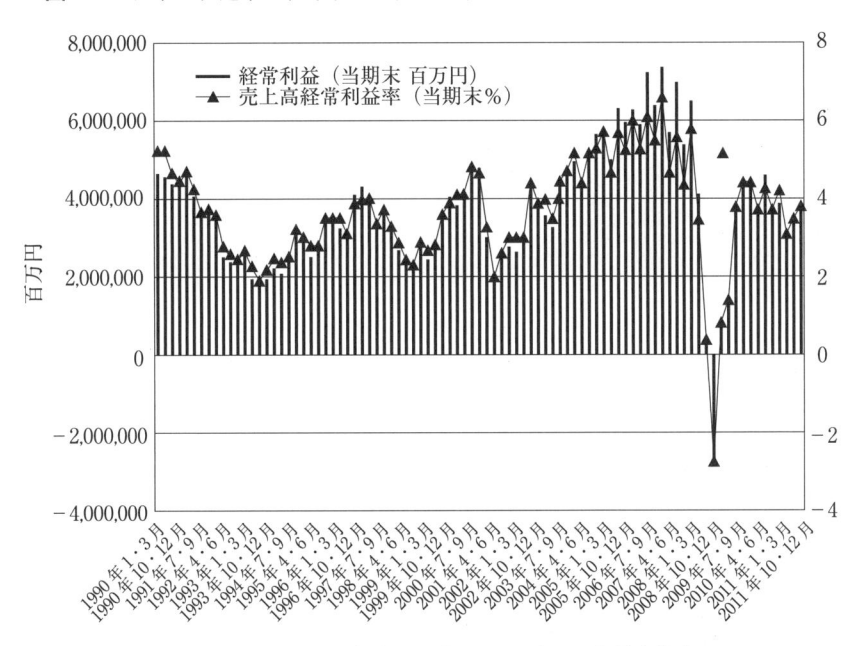

第4章　2000年代日本の戦後最長の景気拡大とその実態

**図 4-7** 日本の製造業の経常利益と売上高経常利益率 1990–2012

出所）財務省 HomePage「法人企業統計―時系列データ」により筆者作成。

たことはいうまでもない。

**(iii) 法人企業の経常利益**

しかも，そうした輸出の大幅な増大によって，日本では法人企業の経常利益がバブル期を大幅に上回り，ピーク時には四半期別で製造業が約7兆円，非製造業が9兆円となり，いずれも過去最高益を更新したことは前述した通りである（図4-7参照）。ここではさらにそれを業種別にみておこう。

製造業のうち自動車・同付属品製造業では，経常利益がピーク時の07年第4四半期には約1兆2千億円に達し，バブル期の5,500億円を大幅に上回っている。また化学工業でも06年第4四半期に1兆1,450億円となりバブル期の7千億円を大きく上回っている。さらに鉄鋼業では，05年第2四半期には6千億円強に達し，バブル期の3千億円の約2倍となっている。非鉄

109

金属製造業では，07年第2四半期に3千億円に達し，バブル期の1千億円を遙かに超えている。ただし，電気機械器具製造業だけは，04年第1四半期に7,600億円強と2000年代でのピークを付けたものの，それはITバブル期の2000年の1兆円には遠く及ばない。

他方，非製造業では，建設業の経常利益が07年第1四半期に約1兆9千億円に達しているが，これはバブル崩壊後の90年代前半に達成した2兆2千億円強には及ばない。電気業では，04年第3四半期に7,300億円となりバブル期の2千億円強を大幅に上回っている。またインターネットの普及で2000年代半ばから事業が飛躍的に拡大した情報通信業では，06年の第2四半期に1兆3,600億円の過去最高益を達成している。

運輸業・郵便業では，03年第4四半期に1兆4千億円強に達しバブル期の1兆2千億円を上回った。また卸売業・小売業の経常利益は，バブル・ピーク時の90年第4四半期の2兆2千億円，消費税が5％に引き上げられる直前の97年第1四半期の2兆7千億円強を共に上回り，05年第1四半期に3兆3千億円の過去最高益を挙げた。サービス業（集約）の経常利益は，91年第1四半期には7千億円強，消費税が5％に引き上げられた直後の97年第2四半期の約1兆4千億円，ITバブル期の00年第1四半期の1兆5千億円を大きく上回り，08年第2四半期には2兆6千億円に達した。こうして，2000年代には製造業か非製造業かを問わず，多くの業種で企業業績が拡大していたことがわかるのである。なお参考までに，長期拡大期（2002-2007年度）に最高益を更新した主要企業名を表4-1に列挙しておこう。

それでは，このような企業業績の拡大は，大企業であれ中小零細企業であれ，企業規模の如何を問わずほぼ一律に広く深く浸透していたものなのであろうか。以下，全産業を資本金1千万円以上1億円未満の中小零細企業，資本金1億円以上10億円未満の中堅企業，資本金10億円以上の大企業に分け，企業規模別の経常利益についてみることにしよう。

資本金1千万円以上1億円未満企業の四半期別の経常利益は，91年第1四半期の約1兆4千億円から07年第1四半期の約2兆5千億円へと，1兆円強も経常利益が増大している。また資本金1億円以上10億円未満企業の

第 4 章　2000 年代日本の戦後最長の景気拡大とその実態

**表 4-1**　長期拡大期（2002〜2007 年度）における最高益更新日本主要企業名

| 業種 | 企業名 | 決算期 | 最高純益<br>（単位：百万円） |
| --- | --- | --- | --- |
| 建設 | 熊谷組 | 04 年 3 月期 | 280,213 |
| 建設 | 三井住友建設 | 06 年 3 月期 | 180,148 |
| 建設 | ミサワホーム | 06 年 3 月期 | 124,024 |
| 建設 | フジタ | 06 年 3 月期 | 102,144 |
| 建設 | 積水ハウス | 07 年 1 月期 | 62,663 |
| 食料品 | JT | 08 年 3 月期 | 238,702 |
| 食料品 | キリン HD | 07 年 12 月期 | 66,713 |
| 食料品 | 味の素 | 05 年 3 月期 | 44,817 |
| 食料品 | アサヒビール | 07 年 12 月期 | 44,797 |
| 電気機器 | キヤノン | 07 年 12 月期 | 488,332 |
| 電気機器 | ソニー | 08 年 3 月期 | 369,435 |
| 電気機器 | パナソニック | 08 年 3 月期 | 281,877 |
| 電気機器 | 三菱電機 | 08 年 3 月期 | 157,977 |
| 電気機器 | 東芝 | 07 年 3 月期 | 137,429 |
| 電気機器 | ファナック | 08 年 3 月期 | 127,030 |
| 電気機器 | リコー | 07 年 3 月期 | 111,724 |
| 電気機器 | 東京エレクトロン | 08 年 3 月期 | 106,271 |
| 電気機器 | シャープ | 08 年 3 月期 | 101,922 |
| 電気機器 | 富士通 | 07 年 3 月期 | 102,415 |
| 輸送用機器 | トヨタ自動車 | 08 年 3 月期 | 1,717,879 |
| 輸送用機器 | ホンダ | 08 年 3 月期 | 600,039 |
| 輸送用機器 | 日産自動車 | 06 年 3 月期 | 518,050 |
| 輸送用機器 | マツダ | 08 年 3 月期 | 91,835 |
| 輸送用機器 | アイシン精機 | 08 年 3 月期 | 91,654 |
| 輸送用機器 | いすゞ自動車 | 07 年 3 月期 | 92,394 |
| その他製品 | 任天堂 | 08 年 3 月期 | 257,342 |
| 精密機器 | ニコン | 08 年 3 月期 | 75,483 |
| 精密機器 | オリンパス | 08 年 3 月期 | 57,969 |
| 卸売業 | 三菱商事 | 08 年 3 月期 | 462,788 |
| 卸売業 | 三井物産 | 08 年 3 月期 | 410,061 |
| 卸売業 | 住友商事 | 08 年 3 月期 | 238,928 |
| 卸売業 | 伊藤忠商事 | 08 年 3 月期 | 218,585 |
| 卸売業 | 丸紅 | 08 年 3 月期 | 147,249 |
| 卸売業 | 豊田通商 | 07 年 3 月期 | 77,211 |
| 小売業 | ダイエー | 06 年 2 月期 | 413,160 |
| 小売業 | セブン＆アイ HD | 07 年 2 月期 | 133,419 |
| 小売業 | イオン | 05 年 2 月期 | 62,066 |
| 小売業 | ファーストリテイリング | 09 年 8 月期 | 49,797 |
| 繊維製品 | 東レ | 07 年 3 月期 | 58,577 |
| 繊維製品 | 帝人 | 07 年 3 月期 | 34,124 |
| 繊維製品 | 三菱レイヨン | 07 年 3 月期 | 31,273 |
| 化学 | 信越化学 | 08 年 3 月期 | 183,580 |

111

第 2 部　2000 年代日本の戦後最長の景気拡大から二重の経済危機へ

| 業種 | 企業名 | 決算期 | 最高純益<br>(単位：百万円) |
|---|---|---|---|
| 化学 | 三菱ケミカル HD | 08 年 3 月期 | 164,064 |
| 化学 | 住友化学 | 07 年 3 月期 | 93,860 |
| 化学 | 花王 | 05 年 3 月期 | 72,180 |
| 化学 | 旭化成 | 08 年 3 月期 | 69,945 |
| 医薬品 | 武田薬品 | 08 年 3 月期 | 355,454 |
| 医薬品 | アステラス製薬 | 08 年 3 月期 | 177,437 |
| 医薬品 | 第一三共 | 08 年 3 月期 | 97,660 |
| 石油・石炭 | 新日本石油 | 06 年 3 月期 | 166,510 |
| 石油・石炭 | 新日鉱 HD | 07 年 3 月期 | 106,430 |
| 石油・石炭 | コスモ石油 | 06 年 3 月期 | 61,795 |
| ゴム製品 | ブリヂストン | 05 年 12 月期 | 180,796 |
| ガラス・土石 | 旭硝子 | 04 年 12 月期 | 78,287 |
| ガラス・土石 | 日本電気硝子 | 08 年 3 月期 | 50,668 |
| ガラス・土石 | 日本板硝子 | 08 年 3 月期 | 50,416 |
| 鉄鋼 | 新日本製鐵 | 08 年 3 月期 | 354,989 |
| 鉄鋼 | JFEHD | 06 年 3 月期 | 325,996 |
| 鉄鋼 | 住友金属工業 | 07 年 3 月期 | 226,725 |
| 鉄鋼 | 神戸製鋼所 | 07 年 3 月期 | 109,668 |
| 非鉄金属 | 住友金属鉱山 | 08 年 3 月期 | 137,808 |
| 非鉄金属 | 住友電気工業 | 08 年 3 月期 | 87,804 |
| 非鉄金属 | 三菱マテリアル | 08 年 3 月期 | 74,268 |
| 機械 | コマツ | 08 年 3 月期 | 208,793 |
| 機械 | クボタ | 05 年 3 月期 | 117,901 |
| 機械 | 豊田自動織機 | 08 年 3 月期 | 80,460 |
| 機械 | ダイキン工業 | 08 年 3 月期 | 75,223 |
| 機械 | セガサミーHD | 06 年 3 月期 | 66,221 |
| 機械 | SMC | 07 年 3 月期 | 63,073 |
| パルプ・紙 | 王子製紙 | 05 年 3 月期 | 43,349 |
| パルプ・紙 | 日本製紙グループ本社 | 05 年 3 月期 | 24,350 |
| 銀行 | 三菱 UFJFG | 07 年 3 月期 | 880,997 |
| 銀行 | 三井住友 FG | 06 年 3 月期 | 686,841 |
| 銀行 | みずほ FG | 06 年 3 月期 | 649,903 |
| その他金融 | オリックス | 07 年 3 月期 | 196,506 |
| 証券 | 野村 HD | 06 年 3 月期 | 304,328 |
| 保険 | 東京海上 HD | 04 年 3 月期 | 111,421 |
| 不動産 | 大京 | 03 年 3 月期 | 386,496 |
| 不動産 | 三菱地所 | 07 年 3 月期 | 97,662 |
| 不動産 | 三井不動産 | 08 年 3 月期 | 87,378 |
| 不動産 | 住友不動産 | 08 年 3 月期 | 63,132 |
| 陸運 | 東日本旅客鉄道 | 08 年 3 月期 | 189,672 |
| 陸運 | 東海旅客鉄道 | 08 年 3 月期 | 159,774 |
| 陸運 | 西日本旅客鉄道 | 05 年 3 月期 | 58,996 |
| 海運 | 商船三井 | 08 年 3 月期 | 190,321 |

| 業種 | 企業名 | 決算期 | 最高純益<br>（単位：百万円） |
|---|---|---|---|
| 海運 | 日本郵船 | 08年3月期 | 114,139 |
| 海運 | 川崎汽船 | 08年3月期 | 83,011 |
| 空運 | 全日本空輸 | 08年3月期 | 64,143 |
| 空運 | 日本航空 | 05年3月期 | 30,096 |
| 情報通信 | ソフトバンク | 08年3月期 | 108,624 |
| 情報通信 | NTTドコモ | 05年3月期 | 747,564 |
| 情報通信 | 日本電信電話 | 05年3月期 | 710,184 |
| 情報通信 | KDDI | 08年3月期 | 217,786 |
| 電気・ガス | 東京電力 | 06年3月期 | 310,388 |
| 電気・ガス | 関西電力 | 06年3月期 | 161,049 |
| 電気・ガス | 中部電力 | 06年3月期 | 119,458 |
| 電気・ガス | 東京ガス | 07年3月期 | 100,699 |
| 電気・ガス | 大阪ガス | 06年3月期 | 80,710 |

出所）東洋経済（2009),『会社四季報2009年1集』により筆者作成。

経常利益は，バブル期の約1兆3千億円から長期拡大期である07年第1四半期の約2兆5千億円にまで増大している。さらに10億円以上の企業の経常利益は，バブル期である90年第2四半期の約4兆9千億円から，07年第2四半期の約9.9兆円へと倍増している。少なくとも以上の限り，全産業を資本金規模別でみた企業間での業績格差が拡大しつつあるのではないかとの当初の予想は外れ，戦後最長の景気拡大には，大企業や中堅企業ばかりでなく中小零細企業にも広く恩恵が及んでいたようにみえなくもない。

しかし，長期時系列データの利用が可能な資本金1億円以上10億円未満企業と10億円以上の企業について各々の経常利益の推移をみると，両者間には歴然たる業績格差が存在するだけではない。戦後最長の景気拡大過程に入ってからは10億円未満企業の経常利益が低迷した反面，10億円以上の企業の経常利益は急拡大したことによって，従来にも増してその格差は拡大したのである（図4-8参照）[5]。やはり，企業規模間の業績格差は大きいというべきであろう。

しかも，2000年代の大企業が牽引した長期景気拡大は，その他の部門との間でも格差拡大を引き起こすこととなった。以下，節を改めてその点を検討することにしよう。

第 2 部　2000 年代日本の戦後最長の景気拡大から二重の経済危機へ

**図 4-8　日本企業の資本金規模別経常利益の推移（全産業，四半期別）1959-2011**

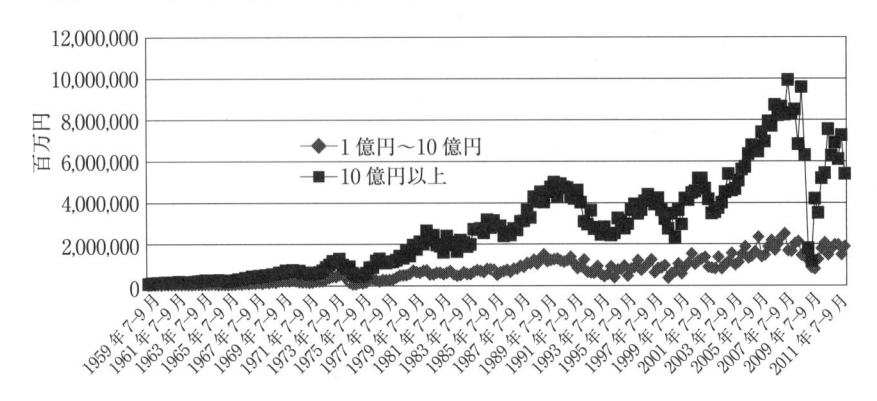

出所）財務省 HomePage, 法人企業統計「長期時系列データ」より筆者作成。

**図 4-9　全利益計上法人における役員賞与，支払配当，法人税額，その他の社外流出及び社内保留の推移**

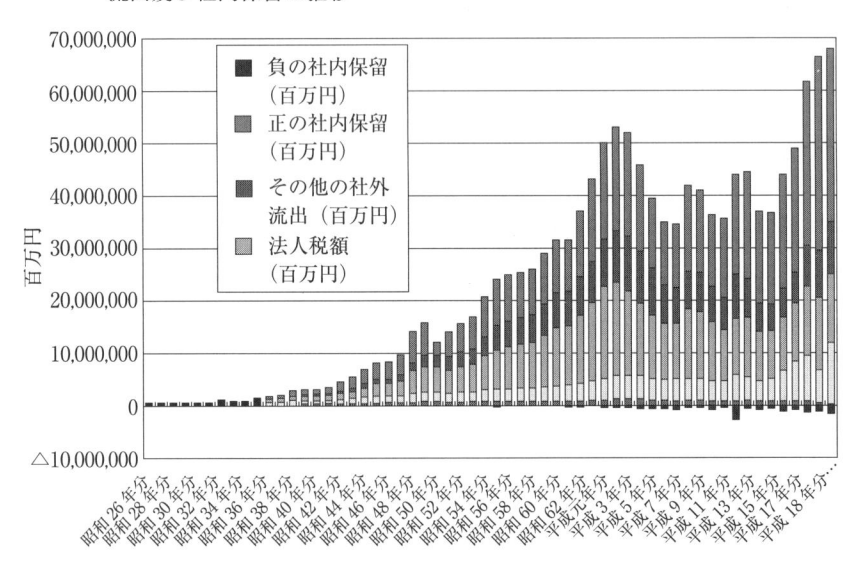

出所）国税庁 HomePage,「統計情報＞長期時系列データ＞会社標本調査結果：資本階級別表」のデータより筆者作成。

114

## 2　2000年代景気拡大の特質と問題点

### (1)　内部留保の増大と設備投資の低迷

まずこの2000年代景気拡大の特質や問題点として第1に挙げなければならないことは，既述のように，この時期の企業業績が製造業・非製造業ともにバブル期を遙かに上回る過去最高益を更新したとはいいながらも，それらの利益の多くは内部留保の増大に向けられ，企業の国内向け設備投資にはほとんど向かわなかったことである。以下，その点を具体的にみてみよう。

国税庁の「会社標本調査結果」をみれば，法人企業がその利益をどのように処分したかが容易にわかる（図4-9参照）。それによれば，バブル期ピーク時の平成2年（1990年）分の利益計上法人所得合計は52兆円であったが，その内から支払った法人税は17兆7千億円強であり，その残りは社内留保約22兆円，役員賞与約1兆円，支払い配当金4兆5千億円，その他の社外流出約10兆円などとなっている。これに対して，長期拡大期の07年の利益計上法人所得合計65兆円のうち，法人税は14兆円，社内留保41兆円，役員賞与（データなし），支払い配当金11.5兆円，その他の社外流出9.8兆円

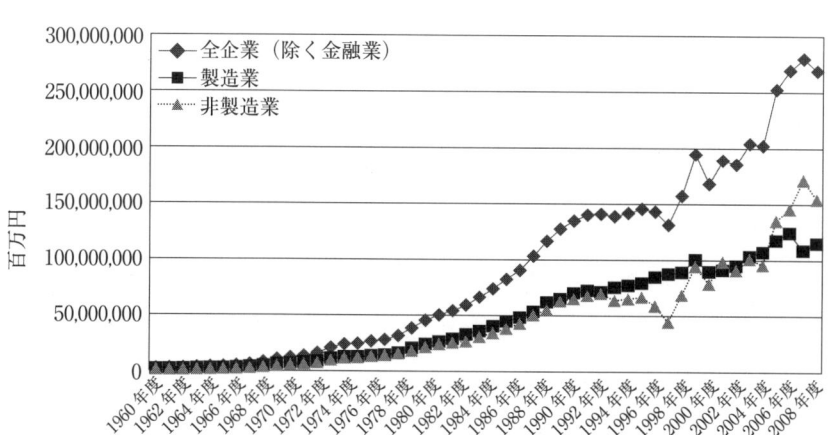

**図4-10**　日本企業の利益剰余金（内部留保）の推移

出所）財務省Website，法人企業統計調査「時系列データ検索メニュー：年次別調査（金融業・保険業以外の業種　原数値）」のデータより筆者作成。

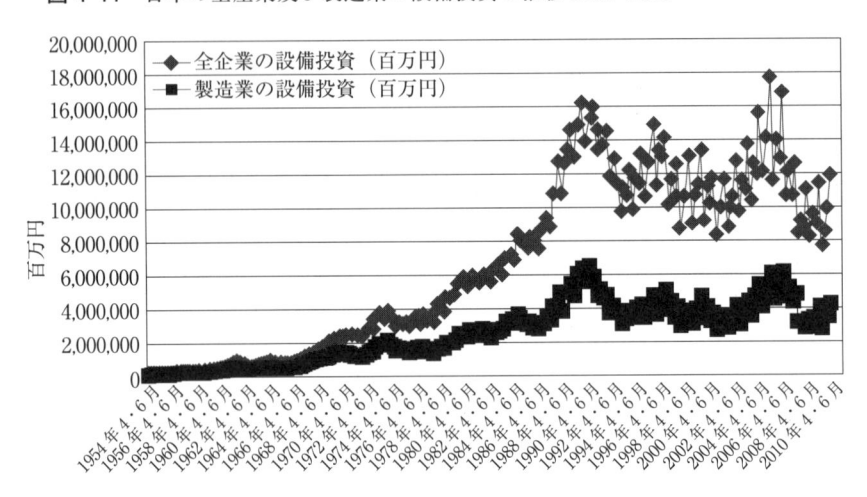

図4-11　日本の全産業及び製造業の設備投資の推移 1954-2010

出所）財務省 HomePage,「法人企業統計：長期時系列データ」より筆者作成。

などとなっている。法人所得合計が大幅に増えたにもかかわらず法人税が大きく減額され，逆に社内留保と支払配当金がいずれも倍増している。しかも，2000年代初めより年々，20兆円から30兆円強がこうした社内留保として計上されていたのである。これだけで300兆円近い金額が社内留保として累積されていた計算になる（図4-10参照）。

こうした試算に対しては，社内留保は決して企業の内部に現金や預金として留保されているわけではなく，大部分は設備投資等に回され，会計上は固定資産などとして貸借対照表上の貸し方に計上されているのだといった反論がなされる。果たしてそれは本当なのか。2000年代の設備投資の推移をみることにしよう。

図4-11は全産業と製造業における1954年以降の四半期別の法人企業の設備投資の推移を示したものである。この図から，企業の設備投資の伸び率は1990年代以降，極度に停滞しつつあることが明らかである。設備投資の絶対額でいえば，00年代のピーク時にはバブル期のピークに匹敵する規模に達したことは確かだとはいえ，長期の景気拡大局面でありながら設備投資の伸び率は低迷を続けたのである[6]。

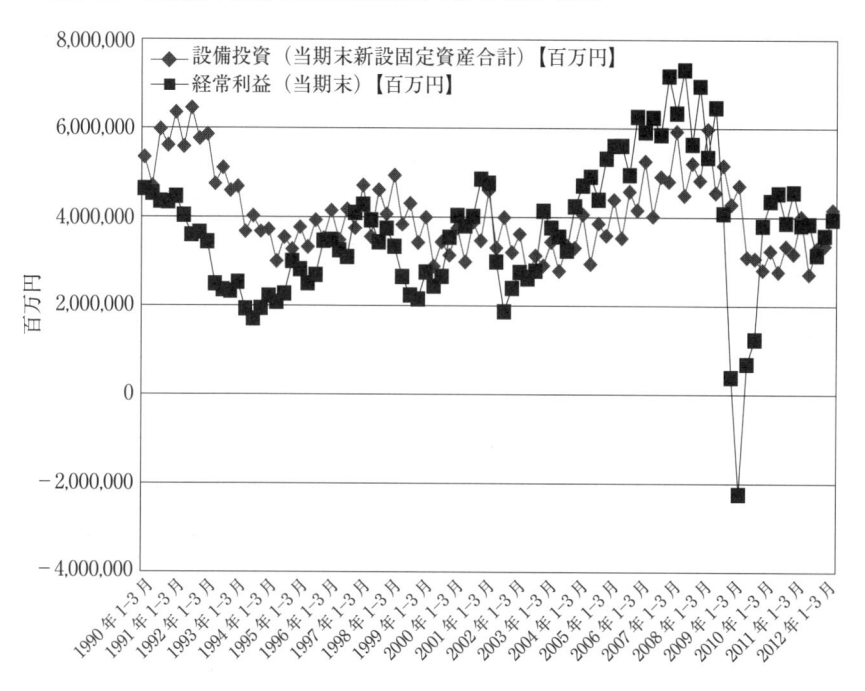

第4章　2000年代日本の戦後最長の景気拡大とその実態

図 4-12　製造業の経常利益と設備投資の推移 1954-2012

出所）財務省 HomePage,「法人企業統計：長期時系列データ」より筆者作成。

　さらに，経常利益と設備投資の推移についてみると，90年代までは設備投資が経常利益を上回っていたのに，2000年代に入ると両者の関係が逆転したことがわかる。特に製造業においてその関係は顕著である（図4-12参照）。以前であれば企業は設備投資を行う場合には，減価償却費に利益を加えた内部資金だけでは設備投資資金が不足するため，金融機関からも巨額の借入金を借り入れ設備投資資金を調達していた。しかし今や，利益などの内部資金だけで設備投資資金を十分に賄ったうえに，それでもなお有り余る利益を巨額の社内留保に回しているといった関係がますます顕著となってきたのである。企業は労働者の賃上げや非正規雇用者の待遇を正規雇用者に比べて遜色ない水準に引き上げるか，非正規雇用者を正規雇用者へと昇格させる十分な原資がありながらもそうはせず，さらにそのうえで法人税が現状でも

高いと一層の引き下げを要求したり，経営者の巨額の報酬支払いを実施しているのである。

### (2) 雇用・賃上げなき景気拡大

それでは，長期拡大期に雇用者数，完全失業者数，完全失業率はどのように推移したのかをまずみることにしよう。

まず02年1月には雇用者数は男女計で5,302万人であったが，05年の4月までは5,300万人台を上下するなどほとんど横ばいで推移していた。まさしく「雇用無き景気拡大」であったのである。それが漸く5,400万人台に達するのは翌06年5月からであり，以後07年5月の約5,600万人まで緩やかに増加した。そして，それをピークとして，これ以後08年一杯まではジグザグの行程を繰り返しながらも緩やかな下降過程に入っていた。

また完全失業者数は，バブル崩壊以後増加し続け95年1月の196万人から長期拡大期に入っても増加は止まらず03年4月の385万人にまで増え続けた。これ以後漸く減少過程に入り，07年12月の230万人にまで減少したのである。そして，再びこれ以後，08年一杯はジグザグの過程に入った。

さらに完全失業率（男女合計）は，90年代初めのバブル崩壊後の2%から上昇し始め，03年3月までの10数年間，右肩上がりの上昇を続け，5.8%のピークを付けた。そして，これ以後07年12月の3.5%まで低下し続けた。いかに戦後最長の景気拡大期だとはいえ，90年代初頭の2%にまでは戻る気配はなかったのである。

以上，雇用者数，完全失業者数，完全失業率をみてきたが，それでは求人倍率の動向はどうであろうか。年次別でみた新規求人倍率はバブル期の90年と91年に2倍を記録して以降，99年までひたすら下げ続けた。99年の0.87倍を底として，それ以後緩やかに上昇し始め，06-07年に漸く1.5倍のピークに達した。他方，パートの新規求人倍率をみると不況期であれ好況期であれ，常に1倍を超えていた（「政府統計の総合窓口」http://www.e-stat.go.jp/SG1/estat/List.do?lid=000001091092）。パートなら，いつでも求人はあるというわけである。

雇用がこのような状況であるから，賃金水準は推して知るべしであろう。戦後最長の景気拡大とはいいながらも，この間の民間企業での賃金支払総額は大幅に減少するという戦後初めての異常事態が生じていた。内閣府による国民経済計算統計の雇用者報酬（名目，四半期別。季節調整済み）は，97年第3四半期の280兆円をピークに，これ以後，04年第1四半期の254兆円まで下落し続けた。その後は250～260兆円の間で推移したのである。また厚生労働省による現金給与支給総額（賃金指数）をみてもその傾向は同様であった。産業合計でみた賃金指数は1998年から低下し始め，2000年代でもその傾向は続いた。それが漸く05年から上昇に転じたものの，07年には早くも下落した。しかもその下落は，グローバル化の波に洗われた製造業だけには留まらない。今回の長期拡大期に従業員数が500万人増加した非製造業でも人件費総額はほとんど増えなかったのである。

しかも，国税庁の給与所得と税額に関する調査結果（「民間給与実態統計調査結果」http://www.nta.go.jp/kohyo/tokei/kokuzeicho/jikeiretsu/01_02.htm）はこれよりもさらに衝撃的である。各年末の給与所得者数は，その数がピークをつけた1998年に約5,258万人，給与総額は222兆8千億円であったものが，これ以後給与所得者数，給与総額共に減少し始め，03年に給与所得者数は5,254万人にまで減少し，翌年から増加に転じたが，給与総額自体は06年の200兆円まで下げ続け，翌年に201兆円と漸く底入れしたようにみえる。さらに以上のデータを少なくとも1年以上勤続した給与所得者数と1年未満の勤続給所得者数に分けてみると，1年以上の勤続者数は98年の約4,545万人から06年の約4,485万人へ，また同じ期間に給与総額も211兆円強から195兆円へと，それぞれ減少し続け，07年に漸く底入れした。そして，これを1年以上の勤続者平均給与でみると，97年の467万円から06年の約435万円まで減り続けた。前述のデータとは若干のズレはあるが，国税庁のデータは徴税の際の必須のデータであるだけに，それだけより高いリアリティを持つのである。

## (3) 非正規雇用の拡大，被生活保護人員・ワーキングプア層の増加
### (i) 正規・非正規雇用者数の推移

　また安定雇用の指標の1つともいうべき正規雇用者数がこの間，減少し続けたことも大きな問題である。85年の3,343万人が10年後の95年に3,779万人のピークを付けた後は，減少ないしは横ばいで推移し，長期拡大期のピークとなる07年には3,441万人へと338万人も減少した。その反面で，非正規雇用者数は労働者派遣法が成立した1985年の655万人から増加の一途を辿り，07年には1,732万人にまで達した。20年間で1千万人強も増加した計算となる。また同じ期間中に全雇用者数に占める非正規雇用者数の比率も16.4％から33.5％へと拡大を続けたのである[7]。非正規雇用者は，基本的には正規雇用者とほぼ同じ業務に従事しながら，月々の所定内給与は正規雇用者の数分の1であり，ほとんどボーナスや有給休暇もなく，中には社会保険への加入さえできないケースも少なくない。加えて，いわゆる雇用の調整弁として真っ先に解雇や雇い止めの対象となるなど身分的に不安定である。こうした非正規雇用者数の増大は，社会的な不公平・不公正感を拡大させる要因の1つともなっている。

### (ii) 被保護実人員・被保護世帯数の増加とワーキングプア層の拡大

　賃金水準の止めどない低下と雇用の不安定化という労働・雇用環境の悪化が確実に進行するのに伴い，被保護実人員と被保護世帯数（いわゆる生活保護を受けている人員と世帯数）も増加の一途を辿っている。まず被保護実人員は，1952年度（昭和27年度）の204万人をピークとしてこれ以後減少し続けてきたが，95年度の88万人を底に以後増え続け，2000年代に入ってからもその増加傾向は止むことがなく，リーマン・ショック直前の07年度には遂に154万人にまで達した。95年度からのわずか10年ほどの間に2倍近くにまで増加したのである。また千人当たりの保護率も，95年度の7％から07年度の12.1％にまで年々確実に増加している。

　また，被保護世帯数は，95年度の60万世帯から08年度の110万世帯へと，こちらもやはりほぼ倍増している。さらに生活保護を受ける勤労者世帯

数も無視できない数に上っており，95年度には世帯主やそのほかの世帯員が働いている被保護世帯数は8万世帯であったのが，07年度には14万世帯へと増加したのである。働いても生活保護を受けなければ生活できないいわゆるワーキングプア層の拡大である。その比率は被保護世帯数全体のほぼ13％に達しているのである。

### (iii) 所得格差拡大問題（ジニ係数と相対的貧困率の推移）

　日本を含む資本主義諸国の所得格差の拡大問題は，昨今ではジニ係数や相対的貧困率などの側面から数値化して捉えられるようになっている。OECDが08年12月に公表した2000年代半ばについてのジニ係数によれば，OECD30カ国の平均は0.311であり，最も不平等度が低い北欧諸国や西欧諸国は0.2ポイント台である。逆に，最も不平等度が高い国としてしばしば引き合いに出されるメキシコの0.474を筆頭に，アメリカ0.381，イギリス0.335，日本0.321などとなっている。かつては1億総中流といわれ平等度の高い国だとみられてきた日本が，今や逆に不平等度の高いグループに属するようになったのである。また日本のジニ係数に示される不平等度が今日までどのように推移してきたのかをみると，80年代半ばには0.304，90年代半ばに0.323，2000年0.337へと不平等度は確実に高まっているのである。ただ，同じデータによれば2000年半ばには0.321へと不平等度が低下したことになっているが，非正規雇用者数や生活保護受給者数が2000年代でも一貫して増大してきたことを考慮すると，必ずしも整合的な数値とはいいがたいように思われる。事実，07年8月には日本の再分配前のジニ係数は0.526と遂に0.5の大台に乗ったと新聞が大きく報じているからである[8]。

　他方，OECDが公表している中位の等価可処分所得の半分以下の所得で生活している人々の割合を示す相対的貧困率は，1位のメキシコが21.0％，4位のアメリカが17.3％，6位の日本が15.7％など高水準である。また，1980年代半ばに比べて，2000年代後半には1.3％も相対的貧困率が上昇したとする。経済格差の拡大に加えて，貧困層の割合もまた増加しているのである。

第 2 部　2000 年代日本の戦後最長の景気拡大から二重の経済危機へ

### むすび

　本章ではまず第 1 節で，経済成長率の低さで際立っていた 2000 年代長期拡大はただ単にその期間の長さだけではなく大企業部門を中心に過去最高益を更新するなど活況を呈していた点で好況局面と規定できること，またそうした長期拡大をもたらした要因には，企業部門での「3 つの過剰問題」の処理やアメリカやアジア向け輸出の拡大等があったことを明らかにした。しかし，そうした長期拡大には多くの問題が含まれていたことも確かであり，第 2 節では，企業の内部留保の増大と設備投資の低迷，非正規雇用者数の増大と所得格差の拡大，長引く失業と失業率の高止まり，被保護人員の増加，内需縮小によるデフレ進行，財政収支の悪化と累積債務残高の増大，社会保障財政の悪化とセイフティ・ネットとしての社会保障制度の弱体化など多くの構造的問題が進行していたことを指摘した。今や日本経済は「失われた 20 年」の過程に入ったといっても過言ではなかったのである。
　しかしながら，大企業を中心とする 2000 年代日本のこうしたいびつな経済的繁栄も，リーマン・ショックによる世界同時不況と，東日本大震災＝大津波＝原発危機という二重の危機によって終止符を打たれたのである。

### ●注

1 ）村上和光（2010）『現代日本の景気変動』御茶の水書房は，1990 年代における過剰資本問題の処理について立ち入った考察を加えており，有益である。
2 ）産業再生機構 Website，「支援企業に関する発表資料」，（http://www.dic.go.jp/IRCJ/ja/daiei.html），参照。
3 ）森岡孝二（2009），『貧困化するホワイトカラー』ちくま新書，81-83 頁。なお，小林良暢（2005），によれば，「（電機・電子産業の）1992 年 3 月期の決算が十数年ぶりに減益とな」った「この年世間の注目を集めたのは，電機連合傘下のパイオニアが，35 人の管理職に対して早期退職勧告するという〈パイオニア・ショック〉がおこったことで，これがホワイトカラー管理職の受難の時代の始まりであった」という（p. 19）。さらに，同じく小林（2005）は，電機・電子企業に一応，限定しつつも，「コスト競争力劣化の元凶である，市場で価値を実現できない技術者要員は徹底的に削減し，本社機能のスリム

化と,売り上げが立たない営業要員の減員など,ホワイトカラー要員の大規模リストラの断行」が必要であるとしている。電機連合系研究所長である小林の口からこのような言葉が出ることには正直,驚かされる。
4) これについては多くの文献があるが,代表的な研究として馬場宏二,河村哲二,柴垣和夫氏の著作を挙げておこう。また世界経済金融危機についての筆者の考察は,星野（2010）を参照。
5) なお,長期景気拡大の第3の要因を付け加えておけば,新自由主義の小さな政府路線が,一方では個人所得税の累進性を大幅に緩和したのと並んで,各国間での法人所得税切り下げ競争を促進したことである。ヨアヒム・ヒルシュ「競争的国民国家」による,国民国家の競争的国民国家への転換がそれである。こうした減税の恩恵は法人企業にとって驚くほど大きい。法人税率の大幅な引き下げによって本業の利益を示す営業利益以上に税引き後利益が大幅に伸びたからである。
6) 対外投資の動向はどうであったのか。対外直接投資や対外証券投資とも,特に目立って大きな変化があったとはいえない。
7) 厚生労働省 Home Page,「パート・派遣・有期労働関連データ・予算等：非正規労働者関連データ」による。
8) 大石（2008），4頁による。

●参考文献
第5章の参考文献を参照のこと。

# 第5章　二重の経済危機下の日本経済
## ——世界同時不況から東日本大震災へ

### はじめに

　2000年代の戦後最長の景気拡大は，大企業部門を中心として，バブル経済期の最高益を大幅に更新するなど，「失われた10年」の後に訪れた久々の好況局面であった。しかし，その内容を立ち入ってみれば，そこには停滞する設備投資，雇用なき景気拡大と失業率の高止まり，賃金支払総額の減少，所得格差の拡大，非正規雇用の拡大とワーキングプア層の増加，被保護人員の増加，内需縮小によるデフレ進行，など経済構造の悪化が際立っていた。加えて，財政収支の悪化と累積債務残高の増大，社会保障財政の悪化とセイフティ・ネットとしての社会保障制度の弱体化などの問題も進行している。今や日本経済は「失われた20年」を経て「失われた30年」[1]の過程に入ったといっても過言ではなかった。しかも，大企業を中心とする2000年代日本のこうしたいびつな経済的繁栄は，リーマン・ショックによる世界同時不況と，3.11東日本大震災＝大津波＝原発危機という二重の危機によって終止符を打たれたのである。本章の課題は，こうした二重の危機下にある日本経済の動向を，企業経営や雇用・労働条件を中心として考察することである。

　本章では以上の課題に考察を進めるため，第1節では世界同時不況が日本経済にいかなる影響を及ぼしたのかについて，輸出動向，鉱工業生産指数，企業収益，設備投資，雇用・賃金の動向を中心として，まず検討した。次いで，世界同時不況からの日本経済の回復とその原因についても考察した。さらに第2節では，世界同時不況からの回復過程にあった日本を突然に襲った東日本大震災について，その損害額の推計を見たうえで，その大震災で企業経営と雇用や労働条件がいかなる影響を受け，その後どのような推移を辿ったのかを検討しよう。

第2部　2000年代日本の戦後最長の景気拡大から二重の経済危機へ

## 1　世界同時不況下の日本経済

### (1) 世界同時不況の発生

　世界同時不況の原因となった08年9月のリーマン・ショックとその後の世界同時株安，GMの破綻と国有化は，アメリカ住宅バブルの崩壊によって顕在化した世界経済金融危機のピークをなすものである。しかも，この世界経済金融危機こそは，1980年代にサッチャリズムとレーガノミックスを嚆矢とし，日本を含めて世界を席巻してきた新自由主義政策の下で推進された金融グローバル化が，その破綻を白日の下に晒したものといって良い[2]。

　すなわち，2000年代のアメリカ住宅バブルは，2000年のITバブル崩壊後にFRBが採用した過度の金融緩和やブッシュ政権による減税政策や財政支出の拡大を背景として発生した。その過程で住宅価格の上昇を債務支払いの前提とするサブプライム層向け住宅ローンが急拡大し，住宅バブルを膨張させた。しかし06年半ば以降住宅価格の下落が始まるとサブプライム層の住宅ローン債務支払いは破綻を余儀なくされた。その結果，銀行によって住宅は差し押さえられ，住居を失いホームレス化する層も急増した。さらに，サブプライム・ローンを組み込み複雑に組成された証券化商品は価格が急落したり市場が麻痺したのである。このため，こうした証券化商品で資金を運用していた欧米の投資銀行など巨大金融機関は巨額の損失を計上し，リーマン・ブラザーズなどの金融機関の相次ぐ破綻や世界同時株安とも相俟って世界金融危機を招いた。アメリカだけでなくイギリス，ドイツ，アイルランド，アイスランドなどのヨーロッパの金融機関もまた巨額の損失を被ったのである。ロイターのまとめを引用したリーマン・ショック直前の08年7月時点の新聞報道では，欧米金融機関のサブプライム関連の損失は，米シティグループ464億ドル（4.9兆円），米メリル・リンチ311億ドル（3.3兆円），スイスのUBS367億ドル（3.9兆円）といった巨額に達し，IMFの推計では世界の金融機関のサブプライム関連の損失は合わせて9,450億ドル（100兆円）に上るという。これに対し鶴田満彦氏はニューヨーク大学ヌリエル・ルービニ教授の予想として「最終的には2兆ドルに達する」という損失額を紹介し

**表 5-1** IMF 推定の米・欧・日の「潜在的損失」

(単位：十億ドル)

| 潜在的損失<br>（2007〜2010年） | 金融機関<br>全体 | 銀行 | 内訳 米国 | 内訳 欧州 | 内訳 日本 |
|---|---|---|---|---|---|
| 融資 | 2,087 | 1,270 | 601 | 551 | 118 |
| 　住宅ローン | 623 | 325 | 206 | 119 | ― |
| 　商業用不動産ローン | 292 | 181 | 116 | 65 | ― |
| 　消費者ローン | 512 | 336 | 169 | 109 | 58 |
| 　企業向け貸出 | 581 | 379 | 61 | 258 | 60 |
| 　地方債 | 80 | 50 | 50 | ― | ― |
| 証券化商品 | 1,966 | 1,199 | 1,002 | 186 | 11 |
| 　住宅ローン | 1,185 | 723 | 604 | 119 | ― |
| 　商業用不動産ローン | 254 | 155 | 136 | 19 | ― |
| 　消費者ローン | 114 | 70 | 59 | 11 | ― |
| 　企業向け貸出 | 413 | 252 | 204 | 37 | 11 |
| 融資と証券化商品合計 | 4,054 | 2,470 | 1,604 | 737 | 129 |

注）「金融機関全体」には保険会社やヘッジファンド，ノンバンクなどの業種も含む。「欧州」はユーロ圏と英国。「証券化商品」の内訳は原資産別。
出所）IMF「Global Financial Stability Report」（April 2009）を基に伴豊氏作成。

ているが，それらはリーマン・ショック前の数字に過ぎない[3]。ましてや，リーマン・ショック直後のサブプライム関連の損失や世界同時株安による損失も含めれば，一体どのくらいの金額に上ったのかは計り知れない。みずほ証券の伴豊氏は，2007〜2010年の金融機関全体のこれまでに発生した損失や予想される損失の合計が融資と証券化商品の合計で4兆ドルと推計している（表5-1参照）。

他方，それとは対照的に，日本の金融機関の09年3月期での損失は，保有株の評価損や不良債権処理費用の膨張などで野村ホールディングスが7千億円の純損失見通しとなり，みずほフィナンシャルグループが5,800億円の純損益予想などとなった[4]ことを別とすれば，その損失は比較的わずかであり，金融機関の大規模な破綻も回避されたのである。

とはいえ中国や日本などのアジア諸国や地域は，世界的金融危機の影響によって欧米諸国向けの輸出が大幅に縮小したため，実態経済面では極めて大きな打撃を被ることになった。すなわち，IMFの貿易統計によれば，世界貿易は既に07年頃から世界経済金融危機の影響でその伸び率を鈍化させつつ

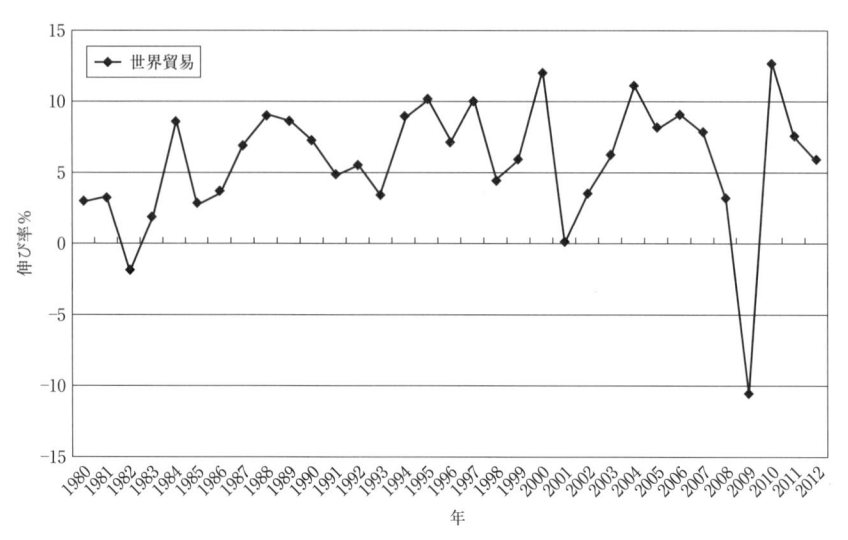

第2部 2000年代日本の戦後最長の景気拡大から二重の経済危機へ

**図 5-1 世界貿易の推移 1980–2012**

出所）IMF Homepage: IMF Data, World Economic Outlook Database, September 2011 のデータより筆者作成。

あり，09年には▲10.7％という過去最大規模の下落幅を記録した。因みに，80年以降の世界貿易額の推移（図5-1）によれば，ラテンアメリカの累積債務危機の影響を受けた82年の▲1.8％やアメリカITバブル崩壊直後（01年）の▲0.03％を除けば，世界貿易の伸び率がマイナスとなったのは今回が初めてであっただけではない。その落ち込み幅も80年代以降，今回のように10％を超える大幅な下落は例がないのである。

次に同じIMFの貿易統計によって主要国の輸出動向をみてみよう。図5-2から明らかなように，各国とも軒並み輸出を大幅に減少させたが，輸出超大国・中国を始め韓国，日本の3ヶ国はいずれも，アメリカやEU向けを中心として軒並み輸出を急減速させるなど，極めて大きな打撃を受けたのである。

まず中国は02〜06年には輸出を毎年20％以上伸ばしていたが，その後07年には18％，08年には8.5％と急速に伸び率を鈍化させ，09年には遂に▲10.3％と初めて且つ大幅な減少を記録した。これに対して中国政府は即座に

128

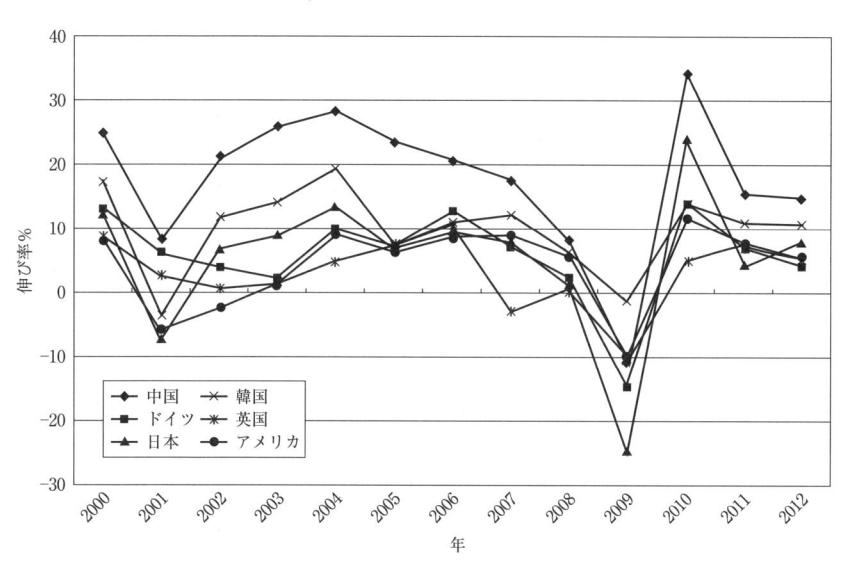

図 5-2　主要国の輸出伸び率 2000-2012

出所）IMF Homepage: IMF Data, World Economic Outlook Database, September 2011 データより筆者作成。

　4兆元の過去最大規模の内需拡大策を講じ景気のV字回復を達成したことが記憶に新しい。また，10年には輸出も30％以上という急速な回復を示した。他方，日本も，2000年代長期景気拡大の牽引役であった輸出が07年の対前年比伸び率8.4％から08年の1.7％へと急速に鈍化し，09年にはついに▲24.2％へと世界でも最大級の下落幅を記録したのである。日本に次ぐ輸出の落ち込みだったドイツでさえ▲14.3％に留まっていた。但し，10年の日本の輸出額は20％強と中国に次ぐ大幅な伸び率だったが，それは，欧米諸国での景気回復がはかばかしくない中での中国などアジア向け輸出によってもたらされたのである。

　IMFによる2010年の予測では，中国の輸出が34.6％と急速な回復を示しその後も10％台の伸びが予想されたのに対し，日本の輸出は10年こそ中国向けを中心に24.2％と大幅な回復が見込まれたものの，11年以降の伸びは1桁台前半の伸びが見込まれるに過ぎないとしていた。実際にもその予測通り，

第 2 部　2000 年代日本の戦後最長の景気拡大から二重の経済危機へ

後述するような欧米の経済の低迷で，輸出の回復ははかばかしく進まなかった。設備投資や個人消費の低迷によってデフレを常態化させ，輸出一辺倒の経済政策を進めてきたことの咎めがここで一挙に露呈したのである。

### (2)　世界同時不況による日本経済への打撃とその後の回復過程
#### (i) 鉱工業生産指数

輸出ルートを通じた世界同時不況の直撃を受けて日本の輸出産業の鉱工業生産指数（季節調整済み，月次。但し，2005 年 = 100.0 の旧基準による）の落ち込みは凄まじかった。図 5-3 からも明らかなように，製造業全体の鉱工業生産指数は 08 年 9 月の 103.6 ポイントから 09 年 02 月の 71.4 ポイントまで，わずか数ヶ月の間に 32 ポイント余りも落ち込んだが，こうした鉱工業生産指数の大幅な下落は過去にほとんど例がない。戦後初のマイナス成長を記録した第 1 次オイル・ショック時の鉱工業生産指数の減少も 30％ 程度と確かに大きかったとはいえ，それはオイル・ショックが始まった 1973 年 10 月から落ち込みの底だった 75 年初めまでの 1 年半近くをかけてのかなり緩

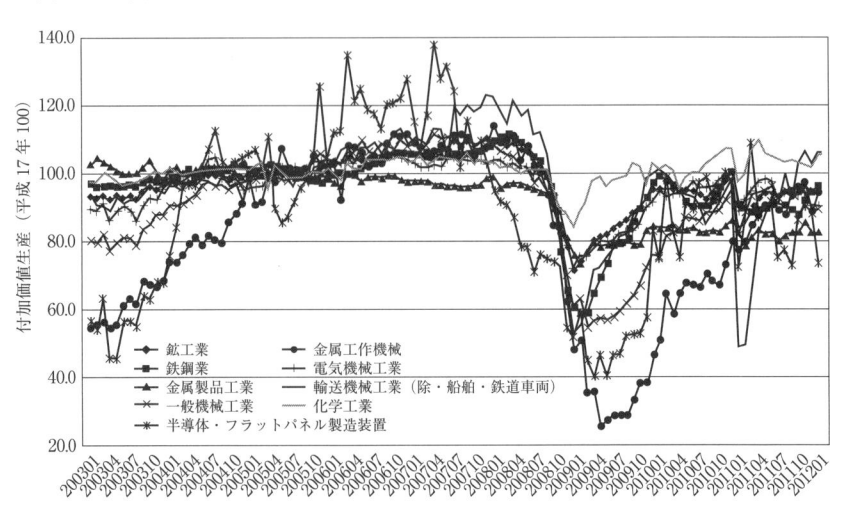

図 5-3　業種別鉱工業生産指数（季節調整済み、月次）2003-2012

出所）経済産業省 Homepage のデータより筆者作成。

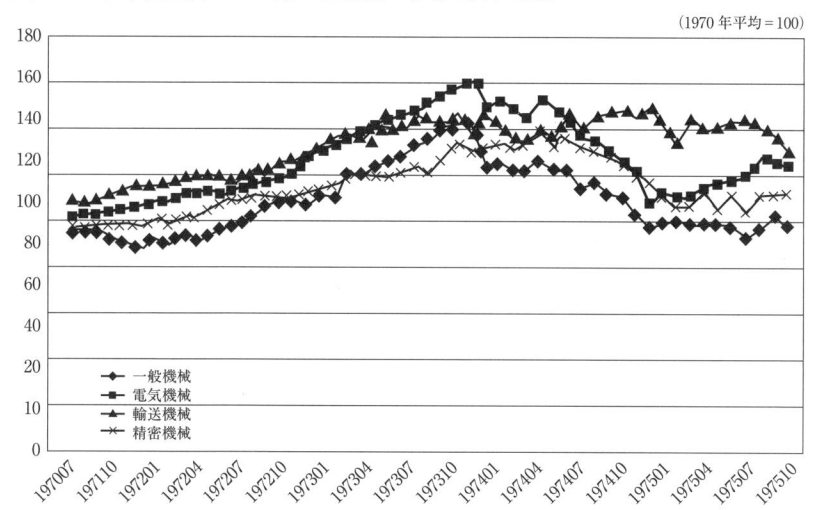

図 5-4　季節調整済み鉱工業生産指数の推移 1970-1975

(1970年平均 = 100)

凡例:
- ◆ 一般機械
- ■ 電気機械
- ▲ 輸送機械
- ✕ 精密機械

出所）大蔵省編『財政金融統計月報』各月版のデータより筆者作成。但し、各月版のデータは厳密には連続していない。

やかな下落だったからである（図5-4参照）。

　鉱工業生産指数の推移を業種別にみれば、輸送機械工業では驚くことに同じ期間に同指数は110ポイントから55ポイントへと半減したのであった。しかし、それ以上に大幅な落ち込みを示したのは、産業用ロボットなどを含む金属工作機械、半導体・フラットパネル製造装置、一般機械といった業種であり、特に金属工作機械の鉱工業生産指数は、ピーク時の110ポイントからわずか20ポイント余りへと80％強もの前代未聞の落ち込みを記録したのである。しかも、後述するように、4年後の2012年時点でもなお危機前の水準には回復していない。

（ⅱ）売上高と経常利益

　それでは、以上の結果、企業業績は危機前に比較してどのように推移したのであろうか。四半期別の売上高と経常利益の推移をみることにしよう（表5-2参照）。

**表 5-2** 日本企業の売上高と経常利益（四半期別）：戦後最長の景気拡大期からリーマン・ショックへ

| 産業（全規模） | 売上高 景気拡大ピーク | 売上高 リーマン・ショック後の底 | 経常利益 景気拡大ピーク | 経常利益 リーマン・ショック後の底 |
|---|---|---|---|---|
| 全産業 | 396 兆円<br>(07 年第 1) | 297.5 兆円<br>(09 年第 2) | 16.7 兆円<br>(07 年第 1) | 4 兆円<br>(09 年第 1) |
| 製造業 | 125 兆円<br>(07 年第 4) | 82.7 兆円<br>(09 年第 2) | 7.4 兆円<br>(07 年第 2) | ▲2.2 兆円<br>(09 年第 1) |
| 自動車・同付属品製造業 | 19.7 兆円<br>(07 年第 4) | 9 兆円<br>(09 年第 1) | 約 1.2 兆円<br>(07 年第 4) | ▲8,700 億円<br>(09 年第 1) |
| 生産用機械器具業 | 11 兆円<br>(07 年第 1) | 3.5 兆円<br>(09 年第 2) | 8,188 億円<br>(07 年第 1) | ▲1,937 億円<br>(09 年第 2) |
| 電気機械器具業 | 12 兆円<br>(07 年第 3) | 6 兆円<br>(09 年第 2) | 6,787 億円<br>(07 年第 2) | ▲2,660 億円<br>(09 年第 1) |
| 情報通信機械器具製造業 | 11 兆円<br>(08 年第 1) | 7 兆円<br>(09 年第 1) | 5,000 億円<br>(07 年第 2) | ▲5,080 億円<br>(09 年第 1) |
| 化学工業 | 12.4 兆円<br>(08 年第 3) | 8.6 兆円<br>(09 年第 1) | 1.1 兆円<br>(06 年第 4) | ▲5 百億円<br>(09 年第 1) |
| 鉄鋼業 | 6.2 兆円<br>(08 年第 3) | 3.4 兆円<br>(09 年第 2) | 5,600 億円<br>(07 年第 2) | ▲2,345 億円<br>(09 年第 2) |
| 非製造業 | 280.5 兆円<br>(07 年第 1) | 214.8 兆円<br>(09 年第 2) | 10 兆円<br>(07 年第 1) | 4.7 兆円<br>(08 年第 4) |
| 卸・小売業 | 148.7 兆円<br>(07 年第 4) | 112.3 兆円<br>(09 年第 1) | 3.2 兆円<br>(07 年第 2) | 約 9 千億円<br>(09 年第 4) |
| 建設業 | 36.5 兆円<br>(07 年第 1) | 22.8 兆円<br>(08 年第 2) | 1.9 兆円<br>(07 年第 1) | ▲4 百億円<br>(09 年第 2) |
| 広告業 | 12.1 兆円<br>(07 年第 1) | 3.6 兆円<br>(09 年第 2) | 7085 億円<br>(07 年第 1) | ▲40 億円<br>(09 年第 2) |
| サービス業（集約） | 39.3 兆円<br>(07 年第 3) | 33.6 兆円<br>(09 年第 2) | 2.6 兆円<br>(08 年第 2) | 1.1 兆円<br>(08 年第 4) |
| 不動産業 | 10.4 兆円<br>(07 年第 1) | 6.6 兆円<br>(09 年第 2) | 1.1 兆円<br>(07 年第 1) | 4,950 億円<br>(09 年第 1) |
| 情報通信業 | 17.6 兆円<br>(07 年第 1) | 13.9 兆円<br>(09 年第 3) | 1.28 兆円<br>(07 年第 1) | 8444 億円<br>(09 年第 3) |

出所）（財務省 Homepage）「法人企業統計調査」より筆者作成。

### ①売上高

　まず，全産業・全規模でみた売上高は，07 年第 1 四半期の 396 兆円強だったが，これ以後，若干の上げ下げはありつつも下落過程を辿り，09 年第 2 四半期の 297.5 兆円にまで減少した。100 兆円もの売上高の減少であった。製造業が，07 年第 4 四半期の 125 兆円強から 09 年第 2 四半期の 82.7 兆円へ

と42兆円余り減少したのに対し，非製造業は，07年第1四半期の280.5兆円から09年第2四半期の214.8兆円へと65兆円強の減少であった。

またそれぞれの業種別でみると，製造業で売上高の減少幅が最大となったのは自動車・同付属品製造業であり，07年第4四半期の19.7兆円から09年第1四半期の9兆円まで，約11兆円減少したのである。また売上高の減少が2番目に大幅だった生産用機械器具業では，07年第1四半期の11兆円から09年第2四半期の3.5兆円へと7.5兆円の減少であった。これに次いで売上高の減少が大幅となった電気機械器具業では，07年第3四半期の12兆円から09年第2四半期の6兆円へと6兆円の減少であった。以下，情報通信機械器具業，化学工業，鉄鋼業，などの順となっている。製造業では，自動車・同付属品製造業，生産用機械器具業，電気機械器具業の順に売上高の減少幅が大きかったことがわかる。

他方，非製造業では，卸・小売業が07年第4四半期の148.7兆円から09年第1四半期の112.3兆円へと36.4兆円の減少（うち卸売業が34.3兆円と大部分を占める），建設業が07年第1四半期の36.5兆円から08年第2四半期の22.8兆円へと13.7兆円の減少，広告業が07年第1四半期の12.1兆円から09年第2四半期の3.6兆円へと8.5兆円の減少，以下，サービス業（集約），不動産業，情報通信業，などの順となっている。非製造業では圧倒的に減少幅が大きかったのは卸・小売業であり，次いで建設業，広告業であった。

②経常利益

次に，全産業・全規模でみた経常利益は，07年第1四半期には16.7兆円の過去最高益を更新していたが，08年第3四半期には10.3兆円へと低下し，さらに09年第1四半期には4兆円にまで急落したのである。特に製造業の経常利益は07年第2四半期には約7.4兆円，08年第2四半期には6.5兆円と推移し，同年第3四半期には4兆円，第4四半期には4千億円弱へと正に坂を転がるように減少し続け，遂に09年第1四半期には▲2.2兆円へと転落したのである。

他方，非製造業の経常利益の減少は製造業ほどではないにせよ，07年第1

四半期の10兆円から同年第4四半期の7兆円へ，08年第3四半期の6兆円，同年第4四半期の4.7兆円へとピーク時の半分以下になるなど，大きな影響を被った。

　製造業，非製造業の経常利益を業種別にみれば，まず製造業の中で落ち込みが大きかった業種は，化学工業，鉄鋼業，非鉄金属，情報通信機械器具製造業，電気機械器具製造業，自動車・同付属品製造業などいずれも製造業を代表する業種であり，経常利益は揃ってマイナスへ転落した。中でも最大の落ち込みを示したのは自動車・同付属品製造業である。同業種では07年第4四半期には1兆2千億円近い経常利益を上げていたが，08年第3四半期には5千億円へと半分以下に減少し，同年第4四半期には遂に▲4,600億円に転落した。さらに09年第1四半期には▲8,700億円となった。また経常利益の減少幅が自動車・同付属品製造業に次いだのは情報通信機械器具製造業であり，07年第2四半期の5千億円から09年第1四半期の▲5,080億円へ減少したのである。

　他方，非製造業でも，やや予想外の感もあるが，世界同時不況によって非常に大きな影響を受けた業種が少なくないことがわかる。中でもピーク時からボトムまでの経常利益の下落幅では，卸売業・小売業の落ち込み幅は最大であり，07年第2四半期の3.2兆円から08年第4四半期の9千億円強まで，2.3兆円の下落幅であった。以下，経常利益の下落幅の順に建設業（約2兆円），サービス業（1.5兆円），運輸業・郵便業（約1兆円），電気業（約6千億円）となっている。

　では，経常利益はその後，どのような回復をみせたのだろうか。ボトムからの推移をみておこう。

　全産業・全規模で経常利益は09年第1四半期に4兆円まで落ち込んだが，その後，10年第2四半期には13兆2千億円へとV字回復を遂げている。特に製造業では09年第1四半期の▲2.2兆円から，10年第2四半期の約4兆6千億円へと急回復した。また非製造業では，08年第4四半期の4.7兆円から10年第2四半期の8.7兆円に回復したものの，その後の回復過程は緩やかであった。また業種別にみて経常利益の回復が最も速やかであった自動

車・同付属品製造業では，09年第1四半期の▲8,700億円から，10年第1四半期の約9兆4千億円へと急回復をした。また化学工業では09年第1四半期の▲500億円から10年第2四半期の9千億円へとやはり急回復している。他方，情報通信業だけは危機の影響をほとんど受けず，経常利益は1兆円前後の安定した水準で推移している。

(iii) 設備投資

以上でみたリーマン・ショック後の鉱工業生産指数の激しい落ち込みと売上高・経常利益に代表される企業収益の急激な悪化を受け，設備投資も急速に減少している。危機前の07年第1四半期から危機後の09年第2四半期にかけて全産業では18兆円から8.5兆円へ，また製造業では6兆円から3.1兆円へ，非製造業では12兆円から5.4兆円へと，設備投資はいずれもほぼ半減するなど，驚くべき減少がみられた。しかも，経常利益がV字回復を遂げたのとは対照的に，設備投資の危機後の回復過程は極めて遅い。中でも，製造業で最大の設備投資を行っていた自動車・同付属品製造業では，ピーク時には1兆円あった設備投資が危機後にはわずか3,450億円へと激減したのである。また，その後の回復過程も極めて遅い。しかし，非製造業では勿論のこと，なによりも全産業を通じても設備投資の落ち込みが最大となったのは，危機前の4.5兆円から危機後の約7,800億円にまで減少したサービス業である。しかも，こうした代表的な業種で設備投資の回復が遅れただけではなく，ほぼ全ての業種を通じて設備投資に回復の動きがみえない。今回の世界経済金融危機では設備投資が正に最大の打撃を受けたといわざるを得ないのである。

(iv) 経済成長率

以上の結果，実質GDP成長率は図5-5でみる通り，09年第1四半期には年率▲14.8%という戦後日本では例がないほどに大幅なマイナスとなった。経済成長率がこのように急落した原因は，純輸出の寄与度が08年第4四半期以後，▲11.3ポイント，▲4.3ポイントと，2期連続で大幅なマイナスが

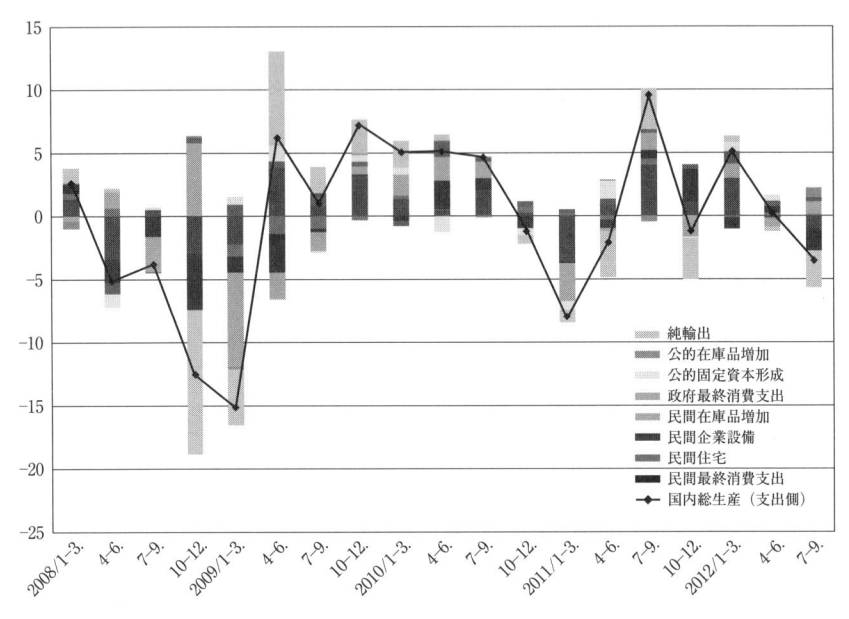

**図 5-5　実質 GDP 季節調整系列（年率寄与度）2008-2012**

出所）内閣府 Homepage: 国民経済計算、時系列データより筆者作成。

続いたのを始め，08年第4四半期のその他の項目の寄与度もまた民間在庫投資▲7.6ポイント，民間企業設備投資▲1.5ポイント，民間最終消費支出▲1.9ポイントなど（政府最終消費支出0.9ポイントと公的固定資本投資0.6ポイントがプラスの寄与度となったことを除き）軒並みマイナスとなったからであった。

(v) 雇用・賃金，生活保護

　輸出の減少と鉱工業生産指数の急落，売上高や経常利益など企業収益の悪化，そして何よりも設備投資の急減とその後の回復の遅れは，我が国の労働市場にも深刻な影響を与えずには済まなかった。01～03年に完全失業率は5％台の高水準で推移し，07年に漸く4％を切る水準にまで低下したばかりであったが，09～10年には再び5％台に逆戻りしたのである。また，図5-6

から明らかなように，年齢階級別にみた場合，特に若年層（15〜24歳）の完全失業率が際立って高いという構造的な失業問題にも注目せざるを得ない。1970年代以降2000年代にかけて拡大し続けた失業率の年齢階級別格差は，今ではすっかり定着したのである。

　森岡孝二氏によれば，近年の若年労働者（15〜24歳）の完全失業率は，全就業者の完全失業率に対し平均の2倍近い数字であり他の年齢層に比べ一貫して著しく高水準にあるが，適当な仕事がないという理由から就職活動をしなかった非労働力就業希望者がここには含まれず，失業の実態が十分に反映されていない。総務省2010年「労働力調査」では，若年者の完全失業者数は52万人に対し非労働力就業希望者数は120万人もいるという（森岡孝二（2011）『就職とは何か』岩波書店, 13-17頁）。それではなぜこれほど若年労働者の完全失業者数や完全失業率が高くなったのか。厚生労働省編（2006）『平成18年版労働経済白書』によれば，求職理由別若年失業率の数字でみる限り，自発的離職による失業者の割合が最も高くて4割を占め，「中高年の失業に比べ非自発的離職によるものの割合は小さい」。こうした「問題を抱える若年層には，その自立を促していることが課題」であり，職業意識を持たせたりキャリア形成の機会を設けたりすることが重要だというのである。但し，同書も90年代後半以降，非自発的離職による失業者の割合が大きくなっていることは認めている（106頁）。これに対し森岡氏は，自己都合退職をしたようにみえても，実際には妊娠がきっかけで辞めた場合，長時間労働で残業代も支給されず，産休も取れないブラック企業であったり，会社が各種の雇用対策助成金制度を利用しているため実質は解雇でありながら自己都合退職を強要したりするなど，「会社に違法な状態があるか，労働条件が余りに悪いから」であり，いったん会社を辞めると正社員としての再就職が困難になる現実がある。したがって一概には若者の職業意識や辛抱心が希薄だと決めつけることはできないと反論している（森岡, 18-19頁）。

　また2000年代の雇用者数（役職を除く）の推移をみると，2002年第1四半期の4,891万人から07年第2四半期の5,215万人へと324万人増加している。戦後最長の景気拡大というにはわずかな増加に過ぎないが，いずれにせ

表 5-3　日本における派遣労働を巡る動き

| 年 | 事項 | 備考 |
| --- | --- | --- |
| 1985 年 | 労働者派遣法制定（翌年施行） | 労働者供給事業を自由化。派遣業種を限定（ポジティブリスト）。 |
| 1995 年 | 日経連「新時代の『日本的経営』」を発表 | 雇用形態を 3 つに分類。 |
| 1999 年 | 派遣労働対象業務が原則自由化 | 業種のネガティブリスト化。 |
| 2002 年以降 | 戦後最長の景気拡大が進行 | 「雇用劣化現象」が加速。 |
| 2004 年 | 製造業派遣の解禁 | 政府の規制改革会議が推進。契約期限上限 1 年。それを越える契約は派遣先に雇用義務を課す。 |
| 2006 年 | 製造業派遣法改正 | 契約の上限が 3 年に延期。 |
| 2008 年秋以降 | リーマン・ショックで派遣切りが相次ぐ | |

出所）竹信三恵子（2009）ほかにより筆者作成。

よかなりの増加であった。しかし，これ以後世界経済金融危機の影響で 2010 年第 1 四半期の 5,071 万人まで減り続けた。ピーク時からの雇用者数の減少幅は 144 万人であった。

　しかし，この間の雇用者数の推移でむしろ注目しなければならない点は，正規雇用者数の漸減とその反面での非正規雇用者数の急増である。1994 年 2 月約 3,800 万人，2002 年第 1 四半期 3,486 万人とこれまでも減少し続けていた正規雇用者数は 2010 年第 2 四半期には 3,340 万人とピーク時からは 500 万人近くも減少した。逆に 1984 年 2 月に 604 万人であった非正規雇用者数は，1999 年 2 月には 1,225 万人と 2 倍に増加し，2010 年第 4 四半期にはついに 1,797 万人とほぼ 3 倍にまで増加した。正規雇用者数と非正規雇用者数の比率はほぼ 65 対 35 となったのである。また，非正規雇用者数のうちで派遣社員は，1985 年の労働者派遣法の成立とその後の相次ぐ派遣法の改正によって，1999 年 8 月の 28 万人から 2007 年第 4 四半期の 145 万人にまで急増している。ポジティブ・リストによる例外的存在であった派遣労働者は，今やネガティブ・リストによる恒常的存在となったのである（表 5-3 参照）。

　他方，03 年前半まで 360 万人前後で推移していた完全失業者数は，07 年 7 月の約 240 万人へと 120 万人減少した。しかし，その後のリーマン・ショックの発生で再び増加へと転じ，09 年 7 月には 360 万人という 2000 年代の

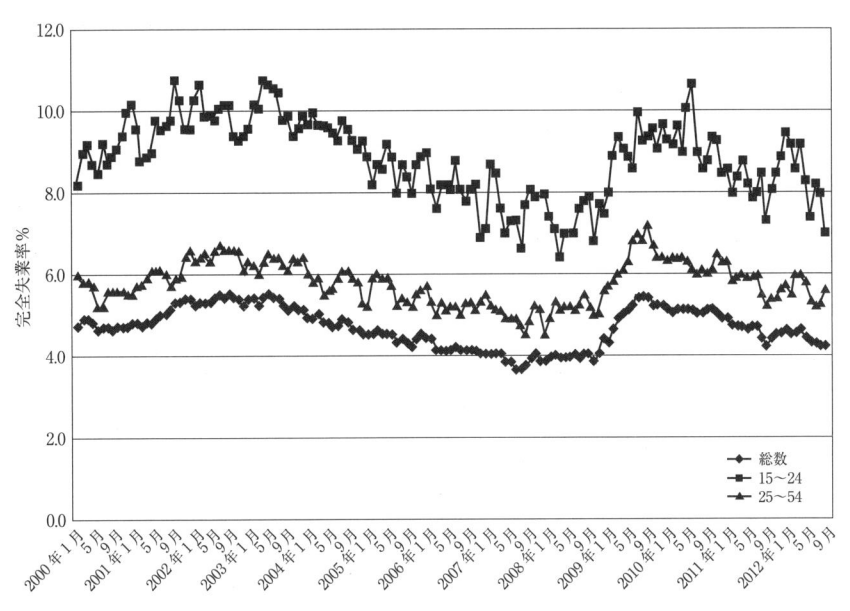

図 5-6 完全失業率の推移（季節調整済み、月次）2000-2012

出所）統計局 Homepage: 総務省、長期時系列データ「労働力調査」より筆者作成。

ピーク時に逆戻りしたのである。

　他方，1990年代後半から下落ないし横ばいで推移してきた現金給与総額は，09年にはほぼ全ての産業で大幅に減少した。調査産業計では月平均の対前年比で16,000円，年額でみれば19万円の減少であった。特に金融・保険業では月平均で約25,000円，年額では約30万円もの減少となったのである。

　ところで，リーマン・ショック後の輸出減少で大きな打撃を受けた製造業で「派遣切り」「雇い止め」が相次いだことは大きな社会問題となった[5]が，特に問題が顕在化したのは製造業の日雇い派遣に依存する自動車産業であった。また，恐らく戦後初めての現象といって良い新規学卒の「内定取り消し」・「内々定取り消し」も続出した。既述のように相次ぐ労働者派遣法の改正は不安定就業の非正規雇用者を大量に生み出してきたが，世界同時不況に

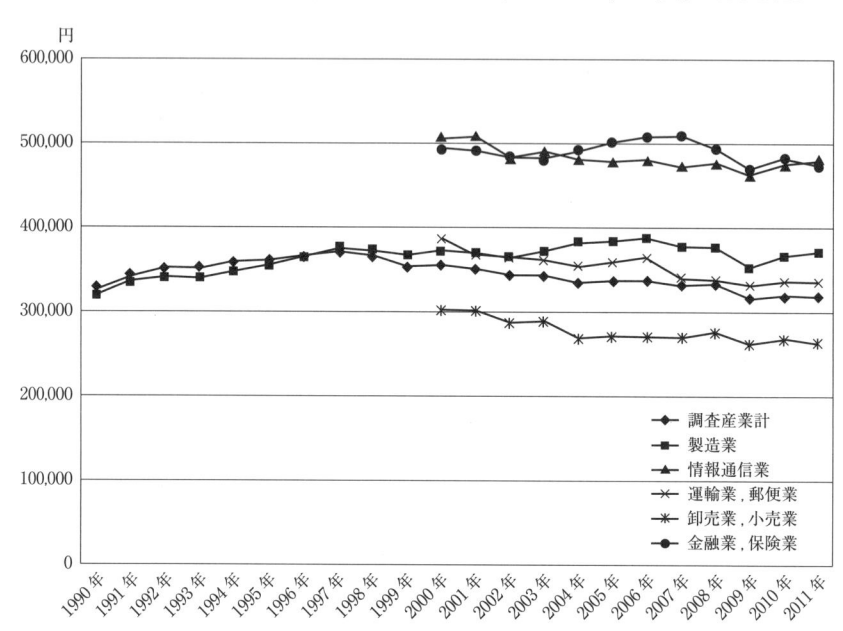

図 5-7 現金給与総額（月平均、5人以上、一般・パート）の推移 1990-2011

出所）労働政策研究・研修機構 Homepage: 労働統計データ検索システム「毎月勤労統計調査−現金給与総額」のデータより筆者作成。

よってその矛盾が一挙に吹き出した。それは何よりも新自由主義政策が積極的に推進しようとしてきた労働市場の「流動化・規制緩和」がもたらした必然的な帰結に過ぎなかったのである。

こうした雇用情勢の悪化に対する対策として，厚生労働省は雇用調整助成金等の拡充を図ったり，中途解雇された派遣労働者や有期契約労働者への離職者住居支援給付金の創設を行ったりしたが，焼け石に水の状態であった。また民主党の菅政権下では雇用促進税制の導入も行われた。それは一定の基準以上の雇用を拡大した企業に対して，法人税を減税する制度である。これは「菅直人前首相の肝いりの施策で約17万5千人の雇用創出効果があるとうたっていたが，受付開始1ヶ月後の8月末までに想定の約3％しか申請が出ていな」かったという。企業が減税を受けるには年間に雇用者数を10％

以上（大企業 5 人以上，中小企業 2 人以上）増加させると共に，①前年から解雇をしていないこと，②総給与支払額が増えていること，が条件である。それに加えて，この制度の適用を受けるためには法人税を払っていることが必要だが，そもそも日本企業の約 7 割が赤字で法人税を支払っていないため，減税の恩恵を受けられる企業は限られていたという[6]。

　こうした雇用環境や賃金水準の悪化を反映して，生活保護を受給する世帯数や人員数も急増した。既に戦後最長の景気拡大と喧伝されていた 2005 年時点で 1 ヶ月平均の被保護世帯数は 1,041,508 世帯と，被保護世帯数についての統計を取り始めた 1952 年以来初めて百万世帯を突破し，リーマン・ショック後の 09 年には 1,274,231 世帯に増加した（国立社会保障・人口問題研究所 Homepage のデータによる）。しかも，そのうちで世帯主または世帯員が働いている世帯数は，164,283 世帯にも上っている。ワーキング・プア層の増加を如実に示す数字である。生活保護費総額も 09 年度に 3 兆円の大台に達した。また各月間の被保護実人員は 2011 年 2 月には 200 万人を突破している。

　こうした被保護世帯数・被保護人員の増加に対しては，政治家やマスコミの中には不正受給の増加があるためだから受給要件をもっと厳格にすべきだと主張するものも少なくない。しかし，最後の社会的セイフティ・ネットである生活保護の受給要件を厳格化し窓口で申請させないという違法行為を繰り返した北九州市が相次いで餓死者を出すなどの事例が決して忘れられてはならない。また生活保護費が労働者の賃金水準よりも高いのだから引き下げるべきだとの主張も少なくないが，賃金が低いために生活できないワーキング・プア層が増え続けている現実を直視しない本末転倒の議論である。


（vi）経営者の高額報酬問題

　世界経済金融危機によって賃金・雇用問題に多くの困難が噴出している中，これまで公表されてこなかった経営者の高額報酬問題が表面化し大きな波紋を呼ぶことになった。株式会社 1 億円以上の経営者報酬が 2010 年度より公表を義務づけられたからである。戦後最長の景気拡大期にもかかわらず賃金

支払総額が減少ないしはほとんど横ばいで推移していながら，それとは対照的に，最大10億円近い年俸を受け取っていた経営者の存在が明らかになったのである。しかも，中には企業業績とは関係なく，お手盛りともみえるケースさえ散見された。一方では正規雇用者と同じように労働しながら生活保護を受けなければ生活できないワーキング・プア層が大量に生み出されながら，他方で通常の生活を送っている限り一生かかっても使い切れないほどの高額報酬を受け取っている経営者が少なからず存在している現実は，労働へのインセンティブを高めるためには所得の格差はやむを得ないという主張の欺瞞性を明白に示している。

　ここに至って漸く，所得格差拡大を当然視するアメリカの市場主義路線に追随する小泉政権を頂点として推進されてきた新自由主義路線への反省の機運がリーマン・ショック後に国民の間でも高まり，米の民主党政権誕生に続き日本でも，自民党長期政権から民主党への政権交代が実現したのである。

## 2　東日本大震災とその影響

### (1)　東日本大震災による損失・被害の推計

　リーマン・ショックを契機として日米では，新自由主義政策を標榜する政権から社会民主主義政権への政権交替が行われたのは前述の通りである。アメリカではオバマ政権がグリーン・ニューディールを政策の柱に掲げ，日本では鳩山政権が「コンクリートから人へ」を標榜しつつ，それぞれ世界同時不況からの回復に着手した。とはいえ，両国ともその回復過程の進捗にはほど遠かった。日本に関していえば，中国政府による4兆元の内需拡大政策の恩恵を受けた日本からの中国向け輸出の回復や日本政府の各種内需拡大策を別とすれば，世界同時不況からの日本経済の自律的回復がはかばかしく進まない中で突発したM9の東日本大震災は，宮城・岩手・福島の3県を中心とした東日本一帯に甚大な人的・物的被害をもたらした。加えて，福島第1原発が全電源を喪失し4基の原発が水素爆発やメルトダウンを起こすというレベル7の過酷事故も発生し，3年半以上が経過した現時点でも未だ事故は収束するに至っていない。大地震・大津波・原発事故関連による死者・行方不

明者は合わせて 18,535 人に上る大惨事となったのである (警察庁発表, 2013 年 10 月 10 日)。ピーク時には被災者のうちの 40 数万人が避難所生活を送っていたといわれるが，現在はその大部分の人々が漸く建設が進んだ仮設住宅等に移っている。他方，福島県では原発事故のために警戒区域・計画的避難地域の避難者だけでなく，乳幼児・児童の被曝を避けるための自主避難者を含めた県内・県外への避難者数の合計は，原発事故から 3 年半以上が経過した現時点でさえも 14 万人に上るといわれている[7]。

以上の人的被害に加え，物的被害もまた甚大であった。内閣府はその被害額について異なった前提による 3 つの推計を行っている。まず「内閣府防災担当」の推計では，被害額は約 16 兆 9 千億円であり，その内訳は，建築物等約 10 兆 4 千億円，ライフライン施設約 1 兆 3 千億円，社会基盤設備約 2 兆 2 千億円，農林水産業約 1 兆 9 千億円，その他約 1 兆 1 千億円，などとなっている。他方，「内閣府経済財政政策担当」による推計では，ケース 1 (津波被災状況を阪神大震災の損害 (約 9 兆 6 千億円) の 2 倍とみなす場合) が約 16 兆円，ケース 2 (同上損害を特に大きいとみなす場合) が約 25 兆円となっている[8]。但し，以上の物的損害額の推計には，未だ事故が収束せず数十兆円とも推計される福島第 1 原発での損害や補償額は勿論のこと，原発 4 基の廃炉までの費用なども一切含まないことに注意しなければならない。

なお，同原発事故によるこうした被害額や諸費用については，大島堅一氏の推計が興味深い[9]。大島氏によれば，原発事故に関する費用は次のように推計される。①損害賠償費用 (住民の被害に直接関わる費用) 5 兆 8,860 億円，②事故収束・廃炉費用「東京電力の財務資料・東京電力に関する経営・財務調査委員会報告」では 1 兆 6,800 億円余りとするが，これは 1～4 号機の被災状況が不明の下での金額である。チェルノブイリ事故では 2,350 億ドル (約 19 兆円) を要しており，この金額を大きく超えると推計した。③原状回復費用 (原発周辺地域の除染と原状回復) を同上報告書は不明とするが，計画区域等の 2,000 平方キロメートルの除染に伴う放射性廃棄物貯蔵施設の建設費用だけでも 80 兆円を要するという報道を紹介する。④行政費用 (国・自治体の防災対策，放射能汚染対策，各種検査，汚染食品の買取費用

等）については，予算面からみたこれまでの費用の合計は 9,340 億円余りと推計した。以上だけでも，ざっと数十兆円に上っている。

さらに，原発事故を含む大震災からの復旧・復興のためには膨大な財政資金が必要となることが容易に推測できる。東日本大震災後の各種財政資金需要のために第1次から第3次までの補正予算が組まれており，これだけで 18 兆円に達していることから，世界同時不況後の各種の内需拡大策によっていよいよ悪化の度合いを増している日本財政に，さらなる重圧がかかることは想像に難くない[10]。

### (2) 日本企業の経営環境悪化

東日本大震災では，上述した様々な人的・物的被害が発生したが，企業とても例外ではなかった。多数の従業員やその家族が大津波や原発事故の犠牲となったり，避難を余儀なくされたりした。また，企業の生産施設が多大な損害を被ったために企業が消滅したり操業が困難になり廃業したりしている。加えて，大震災による直接的被害を受けなかった企業でも，子会社や関連企業，その他取引先の企業が被災したために部品の入手ができなくなり，サプライチェーンの寸断で操業停止に追い込まれた企業も少なくなかった。特に，後述の自動車産業の場合のように，数ヶ月間に渡って生産が中断するという深刻な事態さえ発生したのである。

さらに，東京電力福島第1原子力発電所の事故による全国の原発の運転停止に加え，沿岸に立地する東北地方の火力発電所の多くが被災して操業を一時停止したために，11 年の電力不足がピークに達した夏季には，国内の製造業を中心に特に東京電力管内で「電力不足」（「計画停電」を含む）による操業短縮，夜間や土日あるいは休日の操業など変則的操業も生じた。現在は加えて，原子力発電所の安全点検のため多くの原発が運転を停止しているだけでなく，原発立地自治体のほかに周辺自治体も原発の安全性に対する不信感を強め，再稼働への反対が根強く，12 年 5 月には国内 54 基の全原発が運転を停止する前代未聞の事態を迎えた。これによって原発が稼働しなければ日本の電力が足りなくなるという政府や電力業界の国民に対する説明の妥当

性の当否も問われている。また，原発に代わる火力発電所のLNGなど燃料費の急騰は，これまで過度に原発に依存してきた電力会社の経営を圧迫することになっている。こうした中で企業向けや家庭向け電力料金の値上げ問題が発生し，従来の総括原価方式による安易な電気料金の値上げなど，その料金決定のあり方にも今回初めてメスが入ろうとしている。また，12年7月に始まった再生可能エネルギーの全量固定価格買取制度実施の効果が注目される他，これまで電力会社が地域独占をしてきた電力事業において，送電網を電力会社から切り離す発送電分離によって発電事業者の新規参入を促すなど，各種の電力制度改革はもはや待ったなしの状況である。

原発震災は日本の輸出や観光業にも重大な打撃を与えた。まず日本の輸出については，原発事故で放射能に汚染される可能性がある食品，部品・製品に対する海外での懸念が強まり，輸出先国での通関検査の強化による通関の長期化や疑わしい輸出品の日本への送還などの事態も発生し輸出企業に大きな打撃となった。また，原発震災前にはアジア諸国はじめ海外から多くの観光客が訪日し観光立国の期待が高まっていた観光業は，原発事故による観光客数の激減で大打撃を受けた。さらに放射能による被曝を恐れる研修生など外国人労働者が一斉帰国したために，企業の操業に対し重大な障害が生じたことも挙げられる。

大震災はまた，大方の予想に反した歴史的円高の進行を通じて輸出産業にさらなる追い打ちをかけた。すなわち，リーマン・ショックによる世界同時不況の影響が一段落したのも束の間，ユーロ圏のソブリン・リスクによる共通通貨ユーロへの不信や，格付け会社によるアメリカ国債初の格付引き下げ（2011.8），東日本大震災からの復旧・復興のために円に対する需要が強まるとの投機的見込みなどから，大震災と大津波被害に加えて原発危機の渦中にもある日本の輸出産業に対して，「歴史的」円高が進行するという前代未聞の事態が発生した。日本の産業空洞化進行の懸念も高まっているのである。

12年時点ではこうした円相場の他通貨に対する急騰問題だけでなく，日本を取り巻く世界経済自体にも懸念材料が多かった。リーマン・ショック以降，アメリカ経済の回復がはかばかしく進捗しないことに加え，ユーロ圏の

いわゆる PIIGS 諸国でのソブリン・リスク問題解決の見通しが立たなかったからである。ギリシャやスペインに対する財政支援と引き替えにドイツやフランスによる財政緊縮政策実施への要求が強かったため，他のユーロ圏諸国の財政緊縮政策とも相俟って，ユーロ圏全体の内需縮小による輸入減少を通じた世界経済金融危機第2弾に結びつく事態も懸念され，その経済動向から目が離せなかったのである。

さらに 2011 年夏から秋にかけてのタイの大洪水がもたらした現地日系企業への影響も甚大であった。ハードディスクなど多くの部品産業が集積するタイの日系企業も浸水被害を受けて操業停止に追い込まれた結果，東日本大震災直後のサプライチェーン寸断の第2段階ともいうべき事態が生じたのである。

以上の日本企業を取り巻く経営環境の悪化は，現実の企業活動や雇用・労働条件に対して実際，どのように影響したのだろうか。以下，もう少し具体的にみることにしよう。

### (3) 東日本大震災による企業経営，雇用・労働条件の変化

#### (i) 鉱工業生産指数の推移

鉱工業生産指数（2005 年 = 100.0 の旧基準）は世界同時不況によって 08 年 9 月の 103.6 ポイントから 09 年 2 月の 71.4 ポイントにまで急落したことは前述したが，図 5-8 でみるようにその後の回復は極めて緩やかであり，大震災前の 11 年 2 月に 98.5 ポイントへ漸く回復した。しかし，それも束の間，同年 3 月には再び 82.5 ポイントへと 16 ポイントも落ち込んだのである。しかもその後，緩やかなアップダウンを繰り返しながら 13 年 3 月には 90.4 ポイントとわずかに 8 ポイント回復したに過ぎない。

こうした鉱工業生産指数の推移を業種別にみれば，まず輸送機械工業では世界同時不況の影響で 08 年 9 月の 110 ポイントから 09 年 2 月の 55 ポイントまで半減した後に，一旦 10 年 3 月に 101 ポイントまで回復した。しかし，その後は再び 10 年 10 月の 85.6 ポイントまで下落した。そして 11 年 2 月には 98.8 ポイントまで上昇しつつも同年 3 月の大震災によるサプライチェー

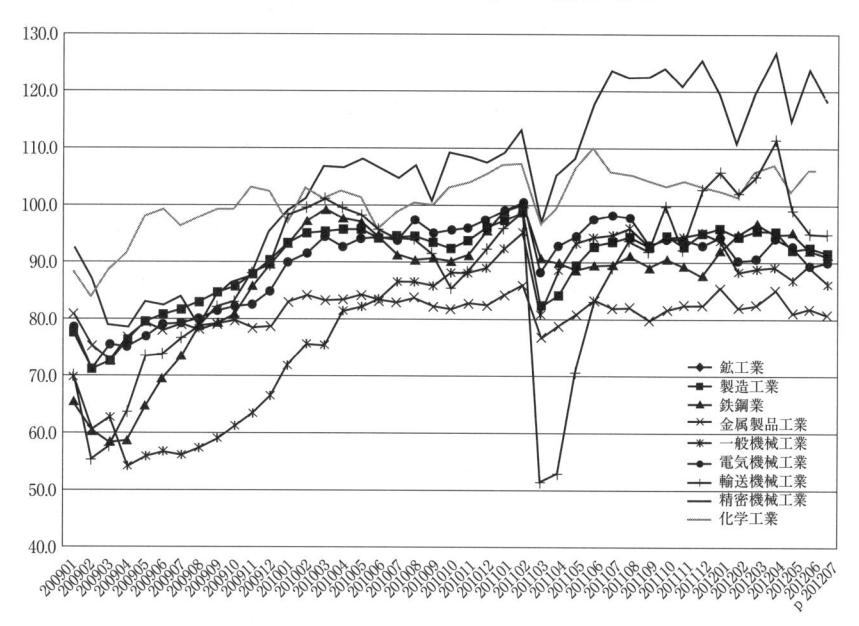

第 5 章　二重の経済危機下の日本経済

**図 5-8**　リーマン・ショック後の日本の鉱工業生産指数の推移

出所）経済産業省 Homepage のデータより筆者作成。

ンの寸断の影響により，51.8 ポイントというさらなる二番底へ落ち込んだのである。その後は，12 年 4 月の 111 ポイントまで回復はしたものの，13 年 3 月時点では 91.5 ポイントへと再度下落している。恐らくユーロ圏のソブリン・リスクによる世界経済の低迷がその頭を押さえていたのであろう。

　一般機械工業でも，07 年 10 月の 111 ポイントから 09 年 4 月の 55 ポイントまで半減した後，震災前夜の 11 年 2 月には 95 ポイントまで回復し，震災の同年 3 月には再び 81 ポイントまで下落し，その後一時的に 90 ポイント台までの回復はありながらも，ほぼ 70 〜 80 ポイント台で推移している。

　電気機械工業では，08 年 3 月の 104 ポイントから 09 年 2 月に 71.5 ポイントまで下落し，11 年 2 月に 100.5 ポイントとほぼ震災前の水準まで回復したものの，11 年 3 月に 88.5 ポイントへ下落し，以後，90 ポイント台で頭打ち状態となっている。

また付加価値生産のウェイトで約5割を占める機械工業全体でみても，08年2月の117.6ポイントから09年2月の63.1ポイントにまで下落した後，震災前の11年2月に101ポイントまで回復したものの，同年3月に約79ポイントへと20ポイント余り下落した。またその後も，80〜90ポイント台での低迷が続いた。

このように，大部分の業種で鉱工業生産指数はリーマン・ショック前の水準にまでは回復できず，企業活動は低迷を続けたのである。

(ii) 企業収益の動向

それでは，以上でみた東日本大震災後の経済上の一連の悪材料は，日本企業の収益や設備投資などに対しては，いかなる影響を与えただろうか。財務省法人企業統計調査の企業の売上高，経常利益，設備投資のデータ[11]を検討しつつ，この時期の企業経営の動向を探ることにしよう。

①売上高

表5-4で示されるように，まず全産業の売上高は，東日本大震災直前には約349兆円であった。それはリーマン・ショック後の底である約298兆円に対しては50兆円増加であるとはいえ，リーマン・ショック前のピークであった396兆円の水準からは遠く及ばなかったのである。しかもそれは東日本大震災の直撃を受けてさらに317兆円にまで減少することとなったのである。しかもその後の歴史的円高や，タイの大洪水によるサプライチェーンの寸断，ユーロ圏の財政危機等の影響も加わり，313兆円にまで減少することになった。つまり12年第2四半期の時点でみれば，売上高は，リーマン・ショック前のピークはおろか，そこからの回復途上にあった東日本大震災直前の水準にも回復してはいなかったのである。

こうした傾向は，製造業にも非製造業にも共通している。製造業の売上高はリーマン・ショック前のピークには125兆円あったが，東日本大震災直前のピーク時には約107兆円に過ぎなかった。しかも東日本大震災後は売上高はずるずると下げ続け，12年第2四半期には，約96兆円にまで減少したのである。また非製造業の売上高は，リーマン・ショック前のピーク時には

第5章 二重の経済危機下の日本経済

表5-4 日本企業の売上高と経常利益（四半期別）：リーマン・ショック後から東日本大震災へ

| 産業（全規模） | 売上高 ||||| 経常利益 ||||
|---|---|---|---|---|---|---|---|---|---|
| | リーマン・ショック前の山 | リーマン・ショックの谷 | 東日本大震災前の山 | 東日本大震災後の谷 | 東日本大震災後の山ないし谷 | リーマン・ショック前の山 | リーマン・ショックの谷 | 東日本大震災前の山 | 東日本大震災後の山ないし谷 |
| 全産業 | 396兆円(07年第1) | 297.5兆円(09年第2) | 348.9兆円(10年第4) | 316.5兆円(11年第2) | 313.3兆円(12年第2) | 16.7兆円(07年第1) | 4兆円(09年第1) | 13.2兆円(10年第4) | 9.8兆円(11年第3) | 12.6兆円(12年第2) |
| 製造業 | 125兆円(07年第4) | 82.7兆円(09年第2) | 106.6兆円(10年第4) | 91.4兆円(11年第2) | 95.9兆円(12年第2) | 7.4兆円(07年第1) | ▲2.2兆円(09年第1) | 4.6兆円(10年第4) | 3.2兆円(11年第3) | 3.98兆円(12年第2) |
| 自動車・同付属品製造業 | 19.7兆円(07年第4) | 9兆円(09年第1) | 15.6兆円(10年第3) | 11兆円(11年第2) | 17.6兆円(12年第2) | 約1.2兆円(07年第4) | ▲8,700億円(09年第1) | 9,356億円(10年第4) | 244億円(11年第2) | 8,274億円(12年第2) |
| 生産用機械器具製造業 | 11兆円(07年第1) | 3.5兆円(09年第2) | 6.1兆円(10年第4) | 4.9兆円(11年第2) | 5.2兆円(12年第4) | 8,188億円(07年第1) | ▲1,937億円(09年第1) | 3,640億円(10年第3) | 1,384億円(11年第2) | 3,480億円(12年第2) |
| 電気機械器具製造業 | 12兆円(07年第3) | 6兆円(09年第1) | 8.9兆円(11年第1) | 7.18兆円(11年第2) | 6.09兆円(12年第2) | 6,787億円(07年第2) | ▲2,660億円(09年第1) | 4,229億円(10年第4) | 2,779億円(11年第3) | 1,900億円(12年第2) |
| 情報通信機械器具 | 11.45兆円(08年第1) | 7.4兆円(09年第1) | 10.29兆円(10年第4) | 8.5兆円(11年第2) | 7.95兆円(12年第2) | 5,000億円(07年第2) | ▲5,080億円(09年第1) | 2,967億円(10年第4) | ▲1,100億円(11年第4) | 408億円(12年第2) |
| 化学工業 | 12.4兆円(08年第1) | 8.6兆円(09年第1) | 11.1兆円(10年第4) | 9.6兆円(11年第2) | 9.4兆円(12年第2) | 1.1兆円(06年第2) | ▲500億円(09年第2) | 1.05兆円(10年第4) | 6,700億円(11年第1) | 5,900億円(12年第2) |
| 鉄鋼業 | 6.2兆円(08年第3) | 3.4兆円(09年第1) | 4.7兆円(10年第4) | 4.4兆円(11年第2) | 4.2兆円(12年第2) | 5,600億円(07年第2) | ▲2,345億円(09年第1) | 2,070億円(10年第3) | 894億円(11年第1) | 64億円(12年第1) |
| 非製造業 | 280.5兆円(07年第1) | 214.8兆円(09年第2) | 253.75兆円(10年第4) | 225兆円(11年第2) | 217.35兆円(12年第2) | 10兆円(07年第1) | 4.7兆円(09年第1) | 8.7兆円(10年第4)/2.11兆円(10年第2) | 6.7兆円(11年第3) | 9.7兆円(12年第2) |
| 卸・小売業 | 148.7兆円(07年第4) | 112.3兆円(09年第2) | 153.45兆円(10年第4) | 124.8兆円(11年第2) | 118.46兆円(12年第3) | 3.2兆円(07年第1) | 約9,000億円(08年第4) | 3.38兆円(11年第1) | 2.37兆円(11年第3) | 3.73兆円(12年第2) |
| 建設業 | 36.5兆円(07年第4) | 22.8兆円(08年第2) | 27.79兆円(11年第1) | 20.4兆円(11年第2) | 28.49兆円(12年第2) | 1.9兆円(07年第1) | ▲400億円(09年第2) | 1.26兆円(11年第1) | 2,325億円(11年第3) | 1.47兆円(12年第1) |
| 広告業 | 12.1兆円(07年第4) | 3.6兆円(09年第2) | 4.23兆円(11年第1) | 2.99兆円(11年第2) | 3.94兆円(11年第4) | 7085億円(07年第1) | ▲40億円(09年第2) | 1,757億円(10年第4) | 787億円(11年第3) | 1,728億円(12年第1) |
| サービス業（集約） | 39.3兆円(07年第3) | 33.6兆円(09年第2) | 39.87兆円(10年第4) | 32.3兆円(11年第1) | 38.57兆円(11年第2) | 2.6兆円(07年第1) | 1.1兆円(08年第1) | 2.56兆円(11年第1) | 1.33兆円(11年第2) | 2.32兆円(12年第1) |
| 不動産業 | 10.4兆円(07年第1) | 6.6兆円(09年第2) | 8.999兆円(11年第2) | 6.845兆円(11年第2) | 8.775兆円(12年第2) | 1.1兆円(07年第1) | 4,950億円(09年第2) | 9,396億円(11年第2) | 5,521億円(11年第3) | 8,883億円(12年第1) |
| 電気業 | 5.07兆円(09年第1) | 3.9兆円(09年第2) | 4.59兆円(11年第1) | 3.96兆円(11年第2) | 5.1兆円(12年第2) | 5,258億円(06年第3) | ▲1,943億円(09年第1) | 5,059億円(11年第2) | 18億円(11年第3) | ▲6,040億円(12年第1) |
| 情報通信業 | 17.6兆円(07年第1) | 13.9兆円(09年第2) | 16.4兆円(11年第1) | 13.5兆円(11年第2) | 17.5兆円(12年第1) | 1.28兆円(07年第1) | 8,444億円(09年第2) | 1.15兆円(11年第1) | 1.06兆円(11年第4) | 1.56兆円(12年第1) |

出所）「法人企業統計調査」（財務省Webpage）より筆者作成。

280兆円であったが，リーマン・ショックで約215兆円まで落ち込み，東日本大震災直前に漸く254兆円まで回復した。しかし，東日本大震災で再び225兆円にまで落ち込み，12年第2四半期には遂に217兆円にまで減少しているのである。

さらにこの売上高を業種別にみれば，リーマン・ショック直前には約20兆円と製造業で最大の売上高を誇っていた自動車・同付属品製造業だが，リーマン・ショック後は9兆円にまで落ち込んだ。その後，東日本大震災直前には約16兆円にまで回復が進んだとはいえ，東日本大震災によって再び11兆円にまで落ち込むことになった。そして1年後の12年第1四半期にはリーマン・ショック前のピークには及ばないものの，18兆円近くにまで回復しているのである。

また製造業ではリーマン・ショック直前には自動車・同付属品製造業に次ぐ12.4兆円の売上高であった化学工業は，リーマン・ショックによって9兆円を下回ったが，東日本大震災直前には11兆円にまで回復した。しかし，東日本大震災によって10兆円を割り込み，12年第1四半期には9兆円台前半で推移している。

製造業での売上高がこれに次ぐ規模だった電機機械器具業は，リーマン・ショック前には12兆円であったが，リーマン・ショック後は6兆円にまで半減した。その後，東日本大震災直前までに約9兆円にまで回復したものの，東日本大震災によって7兆円にまで減少し，12年第2四半期にはリーマン・ショック直後の水準にまで逆戻りしたのである。

その他，製造業では生産用機械器具業，情報通信機械器具業，鉄鋼業など，いずれも東日本大震災後の売上高の減少が顕著である。

これに対して，製造業と非製造業を通じて最大の売上高をあげていた卸・小売業は，リーマン・ショック前には約150兆円近い水準にあった。リーマン・ショック後には112兆円にまで落ち込んだが，その後の回復によって東日本大震災直前にはリーマン・ショック直前を上回る153兆円に達した。しかし，東日本大震災直後には125兆円にまで落ち込み，その後さらに118兆円にまで下げている。

またリーマン・ショック前のピークに39兆円の売上高をあげたサービス業（集約）は，リーマン・ショック直後には約34兆円まで下げたものの，東日本大震災直前には約40兆円とリーマン・ショック前のピークにまで回復した。しかし，大震災によってリーマン・ショック直後を下回る水準にまで売上高を低下させた。だが，その後の回復スピードは速く，リーマン・ショック前の売上高にまでほぼ回復している。情報通信業，電気業とも12年第1四半期時点でリーマン・ショック前の水準に回復している。

　それに対して，売上高が東日本大震災前にリーマン・ショック前のピークに回復しないまま東日本大震災によってリーマン・ショック後の最低点をさらに割り込んだのは建設業である。その後，12年第1四半期には大震災前のピークを超えたものの，リーマン・ショック前のピークにはまだ遠く及ばない水準にある。

　さらに非製造業でリーマン・ショック前までの売上高の回復はおろか，東日本大震災直前のピークにも回復できずにいるのは，広告業である。

### ②経常利益

　他方，経常利益の動向はどうであろうか。リーマン・ショック前には16.7兆円の経常利益を上げていた全産業ではリーマン・ショック後には約4兆円まで落ち込んだものの，東日本大震災前には13兆円にまで回復した。しかし，東日本大震災後は9.8兆円にまで減少した後，リーマン・ショック前の水準に近い12.6兆円までかろうじて回復している。

　またリーマン・ショック直前には7.4兆円あった製造業の経常利益は，リーマン・ショック後にマイナス2.2兆円に下落した。その後の回復で東日本大震災直前には4.6兆円にまで戻したが，大震災で3.2兆円にまで低下し，その後2012年第2四半期には約4兆円まで低下している。さらに，リーマン・ショック直前には10兆円の経常利益をあげていた非製造業は，リーマン・ショック直後には4.7兆円と半分以下にまで減少した。その後，大震災直前には8.7兆円にまで回復したが，大震災で6.7兆円にまで落ち込むものの，12年第1四半期には9.7兆円にまで回復している。

　他方，業種別では，リーマン・ショック直前に約1.2兆円の経常利益を上

げていた自動車・同付属品製造業では，リーマン・ショック後には▲8,700億円にまで落ち込んだものの，東日本大震災直前には9,000億円強にまで経常利益は回復した。しかし，大震災によってわずか240億円にまでそれは落ち込んだものの，12年第2四半期には，8,000億円台にまで回復している。

化学工業の場合も，リーマン・ショック直前には1.1兆円の経常利益をあげていたが，リーマン・ショック後は一旦，マイナス500億円まで落ち込むが，東日本大震災直前には1兆円にまで回復している。しかし，大震災によってそれが6,700億円に減少すると共に，その後12年第1四半期には約6,000億円と経常利益の低迷が続いている。

製造業のその他の業種の場合も，リーマン・ショック後や大震災後の経常利益の落ち込みが概して大きく，またその後の回復傾向も順調とはいえない状況になる。

特に製造業各業種における大震災後の業績の悪化は，歴史的円高による輸出の減退，震災や大津波によるサプライチェーン寸断の影響による操業停止，しかもこれに追い打ちをかけた10月からのタイの大洪水による操業停止[12]などが大きな影響を及ぼしているのだと思われる。

他方，非製造業の各業種の経常利益の推移をみれば，リーマン・ショック直前のピークに対してリーマン・ショック直後の落ち込みは大きいものの，大震災前までにはほぼリーマン・ショック直前のピーク時近辺にまで回復するなど回復のスピードは速やかであった。また大震災による経常利益の落ち込みもリーマン・ショック直後と比べて遥かに落ち込み幅が小さかっただけでなく，12年第1四半期にはほぼ，大震災前のピーク時の水準まで回復しているのである。製造業とは明らかに回復傾向が異なっているのである。

但し，電気業の場合だけは，大震災後の経常利益の推移に顕著な特徴がみられる。東日本大震災直前には5,000億円とほぼリーマン・ショック前のピーク時の水準に経常利益は回復しながら，大震災後には18億円にまで減少すると共に，12年第1四半期には▲6,000億円と大幅なマイナスとなっているからである。これはリーマン・ショック直後の▲1,900億円をも遥かに下回る水準である。東日本大震災による東京電力福島第1原子力発電所の事故

の影響や，それによるほぼ全ての原子力発電所が停止状態に追い込まれたり，原発再稼働のための新たな津波対策など各種の追加工事が行われたりしていること，またそれを代替するための火力発電所を稼働するため燃料費が高騰し，電力会社の経営を直撃しているためであろう。

③トヨタ自動車のケース

さらに，東日本大震災以降，自動車産業における売上高と企業収益の動向を，平成24年3月期決算書（平成23年4月1日〜12月31日）に基づいてトヨタ自動車のケースでみておこう（以下，連結経営成績による）。それによれば，同社の売上高は前年同期の14,351,605百万円から12,881,127百万円へと約1兆4,700億円の減少であり，率にして対前年同期比▲10.2%となった。また営業利益は，同じ期間に422,190百万円から117,111百万円へと，赤字には転落しなかったものの，約3,050億円減（対前年同期比▲72.3%）の大幅な減益となった。また税引き前四半期の純利益も▲62.2%となっている。さらに同期間（連結累積期間）のトヨタの国内外での自動車販売台数は，499万5千台であり前年同期比52万2千台減少した（▲9.4%）。そのうち，日本国内での販売台数は135万7千台で13万1千台の減少であった（▲8.8%）。所在地別損益では，北米が最も大きな減益（▲20.1%）減収（▲39.5%）であった。東日本大震災後のサプライチェーンの寸断など国内外の企業環境の激変は，自動車産業の企業収益に大きな影響を及ぼしたことがわかる。

(iii) 設備投資の推移

次に東日本大震災以後の設備投資の動向であるが，震災復興需要への期待から設備投資は大きく伸びるのではないかとの予想も可能であった。しかし，実際には設備投資の回復の動きは極めて遅いようにもみえる。リーマン・ショックの影響から対前年同期比2四半期連続3%台で伸び悩んでいた全産業の設備投資伸び率は，大震災直後の11年第2四半期▲7.8%，第3四半期▲9.8%と2四半期連続で減少し，第4四半期に7.6%とわずかに回復したに過ぎない。また製造業では，大震災直前の2四半期連続2桁の高い伸び率の後，

第2部　2000年代日本の戦後最長の景気拡大から二重の経済危機へ

第2四半期以降2四半期連続でマイナスとなり，第4四半期に5.7%と再びわずかながらプラスに転じた。特に鉄鋼業，電気機械業，輸送用機械業では，大震災直前の2四半期連続2桁の伸び率の後，第2四半期以降，設備投資の停滞が続いている。他方，非製造業では，運輸業・郵便業，電気業，サービス業などを中心に設備投資の停滞はより一層顕著である。

それでは，以上の大震災の結果，大震災前から長期間悪化を続けていた雇用・賃金などの労働条件には，どのような影響が生じたのだろうか。

### (iv) 雇用・賃金，生活保護

前掲，図5-6より，完全失業率はリーマン・ショック後の2009年7～9月に5.4%のピークをつけた後も，5%台の高水準が続いた。それが翌10年12月に入って4.9%と漸く5%台を割り込み，大震災直前の11年2月に4.7%まで低下したが，大震災後にはこうした低下傾向は下げ止まり，7月まではほぼ横ばいで推移した。11年8月に4.4%と漸く4%台前半まで低下し，その後12年9月まで横ばいないし緩やかな下落傾向で推移してきた。

他方，完全失業者数はリーマン・ショック後の09年7月にピークをつけた360万人から大震災直前の11年2月の311万人まで減少し，震災後も少しずつ減り続けて11年8月に300万人の大台を割った。9月には272万人まで減少するものの，その後再び増加過程に入って12年1月305万人まで増え，直近の12年5月時点で289万人となっている。

求人倍率（月次）は新規求人倍率，有効求人倍率とも，リーマン・ショック以後の最低となった09年5月ないし6月から直近の12年5月にかけて，それぞれ0.8倍から1.4倍へ，0.4倍から0.8倍へと伸びるなどいずれも回復傾向にある。しかし，リーマン・ショック前のピークだった新規求人倍率1.6倍（06年12月），有効求人倍率1.08倍（06年7月）というそれ自体も決して高いとはいえない数値と比較してもなお及ばない状況である。

雇用者総数はリーマン・ショック後の09年第2四半期に5,105万人まで減少した後，10年第1四半期には5,071万人にまで減少し，それ以降は大震災を挟み5,100万人台前半で推移している。

また現金給与総額はリーマン・ショック以降，調査産業計ではほとんどショック前への回復傾向がみえないまま31万円台で推移している。また産業別では，横ばいないし若干の回復がみられるものの，リーマン・ショック前のピークに戻った産業はみられない（図5-7）。

　さらに厚生労働省のデータによれば，被災3県の雇用状況は，大震災直前の11年2月には新規求人倍率0.85倍，有効求人倍率0.5倍であったが，大震災直後はそれぞれ0.71倍と0.46倍にまで低下した。しかし，被災3県（岩手・宮城・福島）を対象に行われた雇用創出基金事業の結果，12年10月にはそれぞれ1.55倍と1.01倍に上昇し，この間に3県合計で52,097件の雇用が創出されたという（岩手県12,957人，宮城県15,729人，福島県23,411人）[13]。曲がりなりにも新規雇用が被災地で創出されこと自体は評価できよう。ただし，こうした数値からはその雇用が被災者の希望職種なのかどうか，正規雇用なのか非正規なのか，その雇用先の労働条件が震災前に比べてどのような水準なのかどうかなどについては，不明である。

　生活保護の被保護世帯数や被保護人員の増加にも歯止めはかかっていない。2013年7月時点で被保護世帯数は約159万世帯，被保護実人員は約216万人とその後も増える一方である。

### むすび

　以上，本章では多くの構造問題を抱えた2000年代日本の戦後最長の景気拡大期の後に発生した世界同時不況と東日本大震災後の危機とが，日本経済にいかなる影響を及ぼしたのかを中心に検討した。

　まず日本の金融機関はハイリスク・ハイリターンのサブプライム・ローンを組み込んだ証券化商品の売買など投機的な金融取引への関与の度合いは欧米の金融機関に比べれば遙かに少なかったとはいえ，反面で，日本の輸出は欧米諸国向けを中心として対前年比▲24％という世界でも最大級の減少を被り，この輸出ルートを通じて実体経済に大きな打撃を受けたのである。このため，製造業全体の鉱工業生産指数も過去に例をみない大幅な落ち込みを記録した。売上高や経常利益などの企業収益や設備投資も減少したほか，経

済成長率も低下した。こうした中で，戦後最長の景気拡大期から問題を抱えていた労働市場でも完全失業率は悪化した。また全体の雇用者数が減少する中で，正規雇用者数が減少した反面で非正規雇用者数はさらに増加したのである。とはいえ，輸出で大きな打撃を受けた自動車産業など製造業での雇用の調節弁と位置付けられてきた派遣労働者等は派遣切りや派遣止めの対象として解雇されると共に，社宅からも退去を迫られるなど，大きな社会問題となった。被生活保護世帯数や被生活保護人員も過去最悪となったのである。こうした中で最大で10億円近い高額報酬を得ている多くの企業経営者の存在が明らかになったことによって，新自由主義政策の矛盾の1つともいうべき所得ないし富の極端な格差にも焦点が当てられることになったのである。

しかも，こうした世界同時不況からの回復が進まない中で日本経済は東日本大震災によるさらなる危機に見舞われることともなった。大津波や原発関連の死者・行方不明者数が1万8千人を超えたほか，物的被害額も最大で25兆円とも推定されている。また原発事故関連の被害額も損害賠償費用に始まり事故の収束・廃炉等の費用まで含めれば，数十兆円ともいわれる。

さらに，取引先企業の被災によるサプライチェーンの寸断，全国の原発の運転停止や被災した火力発電所の操業停止による電力不足のための操業短縮や夜間土日休日操業などの変則的操業，電気料金の値上げ，放射能被曝を恐れる外国人労働者の一斉帰国，歴史的円高も進行した。さらにまたタイの大洪水による現地企業の操業停止や大震災に続くサプライチェーン寸断第2弾という一連の経済的困難も加わり，日本企業をめぐる経営環境はより一層，厳しさを増したのである。このため，リーマン・ショックからの緩やかな回復途上にあった鉱工業生産指数や企業収益，設備投資などが再び落ち込んだり停滞を余儀なくされたりした。

以上の結果，大震災前から長期間に亘って悪化を続けてきた失業率・雇用・賃金などの労働諸条件はより一層悪化ないしは不安定化し，また経済格差の拡大も進行している。こうした経済状態の悪化を反映し，被生活保護世帯人員は200万人の大台に達し生活保護費も3兆円を突破するなど戦後最悪を記録し続けている。

しかも，問題は日本経済だけではない。世界経済金融危機の第2段階というべき，ユーロ圏でのソブリン危機の拡大もまた懸念材料であった。

　1929年のアメリカ大恐慌後の世界経済は，先進諸国が危機に陥っただけではなく，農業諸国もまた軒並み第一次大戦終了後に長期の農業不況に見舞われるなど，世界経済の牽引役が欠如していた時期とは異なり，今回の世界経済金融危機後は，中国やインド，ブラジルなどのBRICs諸国が今後とも高い成長率を続けていき，世界経済の牽引役を果たすものと期待されていた。しかし，現在ではそれも些か心許ない状況にある。ユーロ圏のソブリン危機のためにユーロ圏諸国が緊縮財政政策を採用せざるを得なくなっているため，EUを最大の輸出先としていた中国を始めとするこれらBRICs諸国からの輸出は2012年当初から不振を極めており，それによって経済成長率も大きく低下しているからである。

　こうした日本経済を取り巻く世界経済環境の悪化の中でさらに突然降って湧いたのが，2012年9月に入ってからの日本の韓国や中国との間の領土問題をめぐるあたかも戦争前夜を思わせるかのような外交面での鋭い対立であり，さらに中国全土で吹き荒れた反日デモと日系企業への襲撃，日本製品に対する不買運動によって日本企業が受けた打撃は決して小さくない。東日本大震災からの復興，原発事故の収束，エネルギー政策の行方，日本政治の不安定性などとも相俟って，今や日本経済の先行きは極めて不透明な時代に入ったといわざるを得ない。

●注

1)「失われた30年」の用語は，金子勝・神野直彦 (2012)『失われた30年——逆転への最後の提言』NHK出版新書，のタイトルと10頁による。
2) 柴垣 (2009) は，グローバル化にも投機的な金融のグローバル化と対外直接投資の拡大など実態経済面のグローバル化を区別すべきであり，今回のリーマン・ショックによって金融グローバル化の破綻は行き詰まったが，実態経済面でのグローバル化は今後とも維持拡大されていくとの見解を示している (p. 9)。なお，柴垣 (2008) も併せて参照されたい。筆者も基本的にこの見解を踏襲している。ただ，昨今のユーロ圏での財政危機の影響が，これま

での世界経済の原動力となってきた中国などBRICS諸国をも巻き込み世界経済の大きな暗雲となってたれ込めており，その行方の如何によっては，実態経済面でのグローバル化の構図も激変する可能性がないとはいえない。

3）鶴田（2009），256頁。

4）朝日新聞（2008），朝日新聞（2009），参照。

5）年越し派遣村実行委員会編（2009），は派遣切りされると同時に住居からも追い出されるという企業からの過酷な仕打ちを受けた人々に対する，湯浅誠「年越し村村長」を始めとする多くのボランティア達による1人の凍死者も出さずせめて年末年始だけでも無事に過ごさせようとするための「命をつなぐ活動」の貴重な記録である。

6）以上，朝日新聞2011年10月9日経済面，参照。

7）朝日新聞，2012年9月24日付け朝刊。

8）以上，内閣府「東日本大震災における被害額の推計について」，平成23年6月24日（http://www.bousai.go.jp/oshirase/h23/110624-1kisya.pdf）。

9）大島賢一（2011）『原発のコスト―エネルギー転換への視点』岩波書店（pp.41-45，参照）。

10）財務省（Homepage）の「24年度予算のポイント」（http://www.mof.go.jp/budget/budger_workflow/budget/fy2012/seifuan24/yosan001.pdf）によれば，平成23年度の第1次～第3次補正予算で14兆円台半ばに加えて，平成24年度当初予算（東日本大震災復興特別会計（仮称）予算）で3兆7,754億円の約18兆円とされている。また平成24年度の歳入面では，復興特別税が5,300億円，一般会計からの繰り入れが5,500億円，復興債が2兆6,800億円などとなっている。他方，歳出面では，東日本大震災復興経費が3兆2,500億円（内訳：復旧・復興事業2兆2,500億円，除染等事業4,500億円，震災復興特別交付税財源5,500億円），国債整理基金特会への繰入1,250億円，東日本大震災復興予備費4,000億円である。

11）財務省Homesite「統計：報道発表　法人企業統計調査結果（平成23年10～12月期）」による（http://www.mof.go.jp/pri/reference/ssc/results/h23.10-12.pdf）。

12）ジェトロ（2012），参照。ジェトロ・バンコク事務所によれば，バンコク日本人商工会議所が実施したタイ進出日系企業の景気動向調査によるDI（景気動向指数）は，2011年上期には前期の59から27ポイント低下し32だったが，その要因は「東日本大震災で，サプライチェーンの原材料や部品が供給

不足に陥り，自動車産業を中心に減産した影響が出た」からであった。しかも下期はマイナス 31 とさらに大幅な悪化に転じた。特に製造業はマイナス 49 と，全ての業種でマイナスに転じた。下期の DI 急落の最も大きな要因は，同年 10 月に被害が広がった大洪水であり，被災した 7 つの工業団地に入居する約 800 社中，日系企業が約 450 社に上ったという。特に電気・電子機械製造業では「東日本大震災時と同様，サプライチェーンの一端を担う企業が多く被災し，部品の供給が出来なくなる」事態が発生した。また「従業員の被災による操業度の低下，道路損害などによる物流網の寸断，消費の減少などにより広範囲な産業で業況が悪化した」のである。ただ，12 年上期にはサプライチェーンの回復，旺盛な自動車需要，内需拡大策（法人税減免，賃金引き上げ）などがプラスに働き，洪水の被災企業が多く影響が 12 年度も続くとみられる電気・電子機械を除けば，業況感は急速に改善する見通しだという。

13) 厚生労働省 (2012), 厚生労働省 Homepage：報道発表資料「被災 3 県の雇用状況（月次）」, 平成 24 年 11 月 30 日, のデータより作成。

● **参考文献**

朝日新聞 (2008), 2008 年 7 月 5 日付け朝刊。
朝日新聞 (2009), 2009 年 4 月 24 日付け朝刊。
五十嵐仁 (2008), 『労働再規制——反転の構図を読みとく』筑摩新書。
池上岳彦 (2012),「経済・社会・政治の危機と現代財政」(経済理論学会編『季刊経済理論』第 49 巻第 1 号, 所収)。
伊藤誠 (2011),「日本資本主義の二重の激震と代替戦略の可能性」(『情況』2011 年)。
井手英策・菊池登志子・半田正樹編 (2011), 『交響する社会』ナカニシヤ出版。
岩田喜久男・宮川努編 (2003), 『失われた 10 年の真因は何か』東洋経済新報社。
内橋克人 (2006), 『悪夢のサイクル』文藝春秋。
内橋克人 (2009), 『共生経済が始まる——世界恐慌を生き抜く道』朝日新聞出版。
内橋克人編 (2011), 『大震災のなかで―私たちは何をすべきか』岩波新書。
大石雄爾 (2008),「「格差社会」の深化と市場主義経済学」(『季刊　経済理論』第 45 巻 1 号, 2008 年 4 月)。
大内秀明・柴垣和夫：神野直彦 (2008),「現代資本主義の歴史的位相と変革の

道」(『生活経済政策』2008. 7 No. 138）。
OECD 編著，濱口圭一郎訳（2011），『日本の労働市場改革』明石書店。
小川一夫（2009），『失われた 10 年の真実』東洋経済新報社。
加藤榮一（1973），『ワイマール体制の経済構造』東京大学出版会。
加藤榮一・馬場宏二・三和良一編（2004），『資本主義はどこに行くのか——二十世紀資本主義の終焉』東京大学出版会。
国際労働機関編著（2011），『世界労働レポート 2010——1 つの危機から次の危機へ？』。
ジェトロ（2012），「洪水後の在タイ日系企業の経営状況〜バンコク日本人商工会議所「2011 年下期タイ国日系企業景気動向調査」より〜」（2012 年 3 月 27 日　ジェトロ・バンコク事務所）。
（http://www.jetro.go.jp/jfile/report/07000876/th_jp_enterprises.pdf）
神野直彦（2001），『二兎を得る経済学』講談社＆α新書。
柴垣和夫（2008），「グローバル資本主義の本質とその歴史的位相」（政治経済研究所『政経研究』No. 90, 2008. 5）。
柴垣和夫（2009），「世界恐慌と産業グローバリゼーションの行方」（生活経済政策研究所『生活経済政策』June 2009）。
竹信三恵子（2009），『ルポ雇用劣化不況』岩波新書。
鶴田満彦（2009），『グローバル資本主義と日本経済』桜井書店。
東京大学社会科学研究所編（2006），『「失われた 10 年」を超えて［II］小泉改革の時代』東京大学出版会。
年越し派遣村実行委員会編（2009），『派遣村　国を動かした 6 日間』毎日新聞社。
内閣府（2012）「統計から見た震災からの復興」（ESRI Discussion Paper Series No.286, April 2012.）http://www.esri.go.jp/jp/archive/e_dis/e_dis290/e_dis286.html
中谷巌（2008），『資本主義はなぜ自壊したのか』集英社インターナショナル。
中野麻美（2006），『労働ダンピング——雇用の多様化の果てに』岩波新書。
仲野組子（2000），『アメリカの非正規雇用　リストラ先進国の労働実態』青木書店。
小林良暢（2005），「電機産業に何がおこったか」（久本憲夫・電機総研編『企業が割れる！　電機産業に何がおこったか』日本評論社）。
藤井将王（2010），「非正規労働者の増加に伴う課題と政策」（香川大学『経済政

策研究』第6号（通巻第6号），2010年3月）。

水野和夫（2007），『人々はなぜグローバル資本主義の本質を見誤るのか』日本経済新聞出版社。

村上和光（2010），『現代日本経済の景気変動』御茶の水書房。

藻谷浩介（2010），『デフレの正体―経済は「人口の波」で動く』角川書店）。

湯浅誠（2008），『反貧困――「すべり台社会」からの脱出』岩波新書。

Glyn, Andrew（2006）, *Capitalism Unleashed*, Oxford University Press.（アンドルー・グリン著，横川信治・伊藤誠訳（2007）『狂奔する資本主義』ダイヤモンド社）。

Harvey, David（2005）, *A Brief History of Neoliberalism*, Oxford University Press.（ハーベイ，デービッド著，渡辺治監訳（2007），『新自由主義　その歴史的展開と現在』作品社）。

Reich, Robert B., (2007), *Supercapitalism:Transformation of Business, Democracy, and Everyday Life*, .（ライッシュ，ロバート B., (2008），『暴走する資本主義』東洋経済新報社）。

# 第6章　アメリカ発世界経済金融危機とその原因

## はじめに

　2008年9月のリーマン・ショックでそのピークに達したアメリカ発の経済金融危機は，ただ単に投機活動に専念していた金融機関と金融システムそのものに深刻なダメージを及ぼしただけではなかった。危機は瞬く間に実体経済にも波及し世界同時不況へと転化した。これらはマルクス経済学の用語でいえば正しく世界恐慌であるが，本章ではこの危機を2000年代アメリカの景気循環過程を取り上げ，マルクスと宇野弘蔵の恐慌・景気循環論アプローチに基づいて解明することが課題である。それは同時にまた，今回のような危機の分析に対するそのアプローチの有効性が問われていることでもある。

　以下，まず第1節では，筆者の理解するアメリカ発経済金融危機の複合的要因を整理する。それを踏まえて第2節ではアメリカ発2000年代の好況局面を，また第3節ではアメリカの景気過熱と2008年経済金融危機の発生過程を，それぞれ考察する。そして最後に，以上の考察を改めて整理し，本章のむすびとしよう。

## 1　2008年世界経済金融危機の原因

　アメリカ発の世界経済金融危機の原因は何であったのかは最大の問題である。本章では，以下で述べる幾つかの複合的要因が作用したことによって危機が発生したと理解している。

　まず第1に，今回の金融危機では，第2次大戦後には経験したことのない激しい金融収縮が発生したことからも明らかなように，金融ないし信用が重要な要因だったことは間違いない。1980年代のレーガン政権以後，金融の自由化・規制緩和が進められ，アメリカの大恐慌を契機に金融機関の預金業務と証券業務の兼業や金融持株会社の保有などを禁止した1933年グラス・スティーガル法も1999年には撤廃され，商業銀行は投機的な金融活動にも

関与できるようになった。また金融機関はその傘下のSIV（Structured Investment Vehicle）やヘッジファンドなどを通じて各種証券化商品の販売や保有にも深く関与するようになった。

加えて，1970年代以降に急速に進んだ金融工学がサブプライム・ローンを組み込んだハイリスク・ハイリターンの証券化商品の組成に利用され，世界中の金融機関に販売されるようになったことなどが今回の金融危機の原因の1つともなっている。

本章でもこうした点に異論はないが，やや疑問なのは「実体経済から遊離した金融の暴走」説である[1]。アメリカなどの先進国で金融が暴走し大規模な資産バブルの崩壊や金融機関の破綻など金融が攪乱されれば，必ず実体経済を巻き込んだ経済金融危機が起きるのかどうかである。そうではなかった例の1つとして1987年10月19日のブラックマンデーが挙げられる。その時にはアメリカではダウ平均株価がプログラム売りを一因として1日に508ドルという当時としては過去最大の株価暴落が起き，翌日の日本でも日経平均がこれも過去に例のない3,836円もの暴落に見舞われるなど世界同時株安が生じ，世界恐慌の再来かと懸念されたが，そうした事態には至らずに済んだのはなぜだろうか。

確かにマルクスも，原理的には全ての恐慌が信用恐慌として現れる[2]と一方では述べながら，他方では，こうした金融恐慌の根底にあるだろう実体経済ないし資本蓄積過程に内在しつつ，部門間不均衡説や過少消費説，そして資本過剰説の間で一定のブレをみせつつ「恐慌の究極の原因」をも探ろうとした。これに対して宇野は，資本過剰による利潤率の低下を好況期のピークに出現する「恐慌の必然性の根拠」とし，それが利子率の上昇と衝突することによって周期的恐慌が発生すると整理したのであった。

その点でいえば第2に，今回のような経済金融危機は決して原理的な意味での周期的恐慌ではないとはいえ，マルクスや宇野にみられるそうした恐慌・景気循環論アプローチを踏まえつつ，資本主義経済を動かす原動力である利潤や利潤率の動向に注目することは重要であろう[3]。その点でいえば，1960年代末から1970年代にかけて世界的に発生したスタグフレーションの

解明に資本過剰ないし利潤圧縮が発生しただけでなく，1980年代後半の日本のバブル経済期の大型好況下でも労働力制約による資本過剰の発生がみられた[4]。また，バブル崩壊後の日本の1990年代の「失われた10年」でも，金融機関の不良債権問題が危機の全ての原因であるかのようにいわれたが，バブル期からの過剰債務に加えて過剰投資と過剰雇用という実体面にも重大な問題があったのである。さらに，今回のような一見すると金融面にだけその原因があるかにみえた2008年経済金融危機でも，後に示すように，利潤の減少や利潤率の低下問題が危機の根底にあったことは否定しがたい[5]。

　さらに第3に指摘しておきたい要因は，原油・資源価格の急騰である。2000年代は，アメリカの景気拡大に連動した世界同時好況であり，その過程で中国など新興国が急速な経済発展を遂げた結果，原油やその他の資源の需給がタイトになり価格が強含んでいたうえに商品市場への投機マネーの流入も加わって，2008年半ばまで原油価格や資源価格の急騰が発生したことは記憶に新しい。それによって第3次石油危機やスタグフレーションが発生したとまではいえないが，原油輸入代金の急増で企業利潤が圧縮されたり，特に航空業など特定の産業部門にも大きな打撃となったりした外，原材料費の高騰からFRBがインフレ懸念を抱き金融を引き締める原因となったことは否めないであろう[6]。

　そして，最後に今回の金融危機に結びつく重要な要因として挙げなければならないのは，世界最大の経常収支赤字国に転落した覇権国アメリカでは，製造業の国際競争力の低下に歯止めがかからないだけでなく，赤字幅がさらに拡大し続けたことである。これが新興国にとっては輸出の増大を通じた経済発展の原動力となったのは事実である。しかし今日の事態は，そうしたプラス要因を相殺してなお余りある世界経済の深刻な不均衡問題となっており，ドル暴落の懸念さえ招いている。さらに，その赤字をファイナンスするヨーロッパや中国や日本などからの巨額の資金の流入が，長期間に及ぶFRBの金融緩和政策とも相俟って，住宅バブルを促進するなど，投機マネーの源泉の1つともなっている。インフレ懸念から長期金利の引き上げを進めようとしたFRB議長グリーンスパンに長期金利の謎（conundrum）といわしめた現

象[7]，すなわち短期金利の引き上げにもかかわらず逆に長期金利は低下したという不可思議な事態も，アメリカへ大量に流入した資金がもたらした異常現象だったとも考えられる[8]。

それでは，以上の予備的考察を踏まえ，2000年代アメリカの景気動向に即しつつ，世界経済金融危機の原因を具体的に検討していこう。

## 2　アメリカ2000年代好況の特徴と民間企業部門の動向

### (1)　2000年代アメリカの景気拡大とその特徴

まず始めに2000年代アメリカにおける四半期別実質GDP成長率と各項目の寄与度を概観しておこう（表6-1）。ニューエコノミーやIT革命などと囃された1990年代における低インフレ下のアメリカの長期景気拡大は，2000年半ばにハイテク小型株中心のNASDAQ市場における株価の急落が生じ終焉を迎えることになった。ITバブル崩壊である。アメリカでは401Kなどの個人の年金資産に株式が多く組み込まれるなど，一般に家計の金融資産に占める株式保有の比率は日本などに比べて遙かに高い。その結果，株価の上昇局面では資産効果が働き個人消費を押し上げて景気拡大効果をもたらす反面，逆に株価の反落局面では逆資産効果が強く作用し個人消費支出の伸び率を大きく減少させた。このため，個人消費に牽引された民間企業設備投資・民間在庫投資も減少し，アメリカ経済は2000年第3四半期より景気後退過程に入らざるをえなかった。しかも，1990年代を通して株式市場で大規模なバブルが続いた後だけに，アメリカの金融機関が巨額の不良債権問題を抱えバブル崩壊後は相当に深刻な危機を招くのではないかと懸念されたのである。

しかし，現実はそうした予想を完全に裏切った。アメリカ経済は2001年第4四半期以降，極めて短期間に景気回復を遂げた。図6-1でみるように2000年から2001年にかけてFFレートはピーク時6.83％→3.88％へ，またプライムレートも平均で9.23％→6.91％へと，短期間で大幅に引き下げられるなど急速な金融緩和政策が実施された。さらに2003年までにFFレートは1.13％へ，またプライムレートは4.12％へと各々引き下げられたのである（図6-1）。また財政面でも2001年に発足したブッシュ政権が，政権発足後

第6章　アメリカ発世界経済金融危機とその原因

表6-1　アメリカの実質GDP成長率とその寄与度（4半期別）2000-2009

(単位：%)

|  | 実質GDP成長率 | 個人消費支出 | 民間企業設備投資 | 民間住宅投資 | 民間在庫投資 | 純輸出 | 政府の消費支出と粗投資 |
| --- | --- | --- | --- | --- | --- | --- | --- |
| 2000-Ⅰ | 1.1 | 4.16 | 1.83 | 0.14 | -2.97 | -1.53 | -0.58 |
| 2000-Ⅱ | 8 | 2.67 | 1.89 | -0.12 | 3.14 | -0.5 | 0.96 |
| 2000-Ⅲ | 0.3 | 2.67 | 0.55 | -0.32 | -1.37 | -0.98 | -0.22 |
| 2000-Ⅳ | 2.4 | 2.43 | 0.17 | 0.02 | -0.14 | -0.3 | 0.22 |
| 2001-Ⅰ | -1.3 | 1.08 | -0.52 | 0.08 | -3.28 | 0.3 | 1.04 |
| 2001-Ⅱ | 2.6 | 1.03 | -1.33 | 0.25 | 0.89 | 0.33 | 1.48 |
| 2001-Ⅲ | -1.1 | 1.2 | -0.8 | 0.1 | -0.67 | -0.79 | -0.13 |
| 2001-Ⅳ | 1.4 | 4.33 | -1.49 | -0.16 | -2.06 | -0.48 | 1.27 |
| 2002-Ⅰ | 3.5 | 0.97 | -1.03 | 0.49 | 2.63 | -0.7 | 1.12 |
| 2002-Ⅱ | 2.1 | 1.41 | -0.69 | 0.46 | 1.01 | -0.76 | 0.71 |
| 2002-Ⅲ | 2 | 1.89 | -0.21 | 0.11 | 0.26 | -0.63 | 0.6 |
| 2002-Ⅳ | 0.1 | 0.98 | -0.79 | 0.29 | 0.47 | -1.37 | 0.5 |
| 2003-Ⅰ | 1.6 | 1.43 | -0.19 | 0.19 | 0.01 | 0.34 | -0.16 |
| 2003-Ⅱ | 3.2 | 2.61 | 1.08 | 0.46 | -1.16 | -0.9 | 1.14 |
| 2003-Ⅲ | 6.9 | 3.96 | 0.95 | 1.04 | 0.29 | 0.39 | 0.25 |
| 2003-Ⅳ | 3.6 | 1.56 | 0.54 | 0.57 | 1.2 | -0.29 | 0.06 |
| 2004-Ⅰ | 2.8 | 2.68 | -0.31 | 0.19 | 0.46 | -0.54 | 0.36 |
| 2004-Ⅱ | 2.9 | 1.53 | 1.09 | 0.83 | 0.87 | -1.73 | 0.28 |
| 2004-Ⅲ | 3 | 2.4 | 1.12 | 0.24 | -0.48 | -0.59 | 0.28 |
| 2004-Ⅳ | 3.5 | 3.23 | 0.92 | 0.18 | 0.3 | -0.65 | -0.46 |
| 2005-Ⅰ | 4.1 | 2.11 | 0.38 | 0.43 | 0.66 | 0.39 | 0.08 |
| 2005-Ⅱ | 1.7 | 2.68 | 0.61 | 0.56 | -2.39 | 0.19 | 0.08 |
| 2005-Ⅲ | 3.1 | 1.99 | 0.61 | 0.25 | -0.09 | -0.36 | 0.68 |
| 2005-Ⅳ | 2 | 0.71 | 0.25 | 0.01 | 2.21 | -0.74 | -0.34 |
| 2006-Ⅰ | 5.4 | 3.08 | 1.84 | -0.27 | -0.49 | 0.44 | 0.75 |
| 2006-Ⅱ | 1.4 | 1.48 | 0.8 | -1.12 | 0.22 | 0.02 | 0.06 |
| 2006-Ⅲ | 0.1 | 1.7 | 0.49 | -1.36 | -0.13 | -0.71 | 0.11 |
| 2006-Ⅳ | 3 | 2.79 | 0.27 | -1.18 | -1.08 | 1.94 | 0.21 |
| 2007-Ⅰ | 1.2 | 2.54 | 0.46 | -0.89 | -0.61 | -0.29 | 0 |
| 2007-Ⅱ | 3.2 | 0.81 | 1.25 | -0.66 | 0.32 | 0.66 | 0.82 |
| 2007-Ⅲ | 3.6 | 1.35 | 1.1 | -1.14 | 0.19 | 1.36 | 0.75 |
| 2007-Ⅳ | 2.1 | 0.86 | 0.78 | -1.44 | -0.63 | 2.24 | 0.31 |
| 2008-Ⅰ | -0.7 | -0.39 | 0.25 | -1.24 | -0.21 | 0.36 | 0.51 |
| 2008-Ⅱ | 1.5 | 0.06 | 0.19 | -0.6 | -1.25 | 2.35 | 0.71 |
| 2008-Ⅲ | -2.7 | -2.49 | -0.73 | -0.57 | 0.26 | -0.1 | 0.95 |
| 2008-Ⅳ | -5.4 | -2.15 | -2.47 | -0.81 | -0.64 | 0.45 | 0.24 |
| 2009-Ⅰ | -6.4 | 0.44 | -5.29 | -1.33 | -2.36 | 2.64 | -0.52 |
| 2009-Ⅱ | -0.7 | -0.62 | -1.01 | -0.67 | -1.42 | 1.65 | 1.33 |
| 2009-Ⅲ | 2.2 | 1.96 | -0.59 | 0.43 | 0.69 | -0.81 | 0.55 |

出所）Bureau of Economic Analysis, NIPA Table1.1.2 Contribution to Percent Change in Real Gross Domestic Productのデータより筆者作成。

167

早々に今後10年間で1兆3,500億ドル（うち個人所得税減税1兆2,000億ドル）に上る大型減税を実施したほか，2001年の9.11テロ後には対テロ戦争によって国防費を急増させた[9]。

こうした超金融緩和と財政政策が，ITバブル崩壊後に予想された逆資産効果を相殺したものと考えられる。ITバブル崩壊によって発生したかもしれなかった経済金融危機は，そうした強力な財政金融政策によってひとまず先送りされたのである。しかし，そうであるが故に投機資金や金融機関の投機行動などバブル経済のマグマが蓄積されてエネルギーを増し，その後のさらに激しい経済金融危機となって吹き出したことが今回の危機の特徴の1つとも考えられる。

それは兎に角，これ以降，国防費を含む連邦支出はGDP増加率に占める高い寄与度を維持し，景気拡大の要因の1つとして作用した。しかし，アメリカの経済成長を支えた最大の柱は何よりも個人消費支出である。特に2003年第2四半期以降，2007年第3四半期まで2%ないし4%もの高い寄与度を示した。しかも，そうした高い個人消費を長期間に亘って支えたのが，住宅価格の上昇であった。

そもそも住宅価格の上昇自体は1990年代後半から始まり，上述したITバブル崩壊後のFRBの超金融緩和・低金利政策によってさらに加速された。低金利政策は低利の住宅ローンによる住宅の購入を容易にし，また住宅投資需要を高めたのは勿論だが，それと同時に家具，大型家電，乗用車，園芸用品など住宅に直接間接に付随する各種耐久財及び非耐久財への広範囲な購買需要をも同時に喚起することによって，景気拡大効果をもたらしたのである。さらに，可処分所得が次第に伸び悩む中でそうした旺盛な購買需要を満たそうとすれば，消費者ローンへの依存度を次第に高めざるを得ないことになる。そして特に住宅価格の上昇を背景として，住宅を抵当に入れたホームエクイティ・ローンもまた急拡大したのである。

アメリカの場合，住宅価格等が上昇すると，直ちにそれが資産効果として個人消費の拡大に反映されるといわれる。スティグリッツによれば，それは正しく「住宅含み益の現金化」そのものであった[10]。またブレナーも，「資

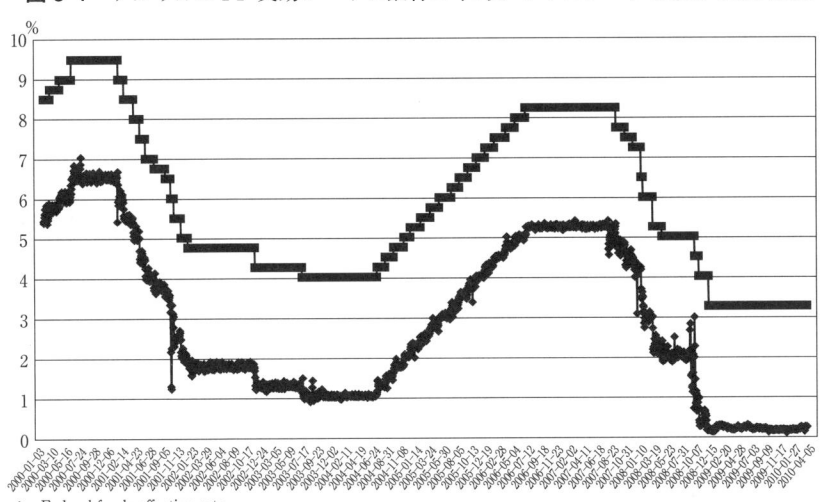

図6-1 アメリカのFF実効レートと銀行の平均プライムレートの推移2000-2010

◆ Federal funds effective rate
■ Average majority prime rate charged by banks on short-term loans to business, quoted on an investment basis

出所) FRB, Datadownload Page のデータより筆者作成。

産価格が上昇したため，企業や家計は少なくとも紙の上だけのことだが，巨額の富の増加を実感した。そこで彼らは，大規模な借り入れを行い，投資と消費を急増させ，かくして経済を活性化させた」とし，このような住宅価格や株価の上昇によって個人消費と投資の両面から景気を押し上げる手法を，「資産価格ケインズ主義」と呼んでいる。しかも，1980年代後半に日本がこうした手法の採用を初めて考案し，それをアメリカの当局者が最終的な仕上げをしたというのである[11]。実際に日本やアメリカがその財政金融政策によって資産価格の上昇を通じた景気拡大を意識的に推進したのか否かは別としても，現実にも新自由主義政策の下では資産バブルを通じた「ブームとバースト」が繰り返し発生してきたことを想起すれば，彼の指摘には興味深いものがあるといわざるを得ない[12]。

しかも，住宅金融会社による低利の住宅ローン供与→住宅価格上昇→さらなる住宅購入需要の増加・住宅投資需要増大→さらなる住宅ローンの膨張と，住宅価格上昇→ホームエクイティ・ローン等消費者ローン供与→個人消費の

増大→消費者ローンの膨張，の中で住宅市場はバブル化し景気が押し上げられていったのである。また，家計部門での負債比率の上昇も進んだ。さらに，こうした低金利に支えられた住宅バブルが進展する過程で，次第に債務の返済能力の低い低所得層に対してさえも持ち家を可能にするという，いわば社会政策的大義名分も同時に与えられつつ，数年後にはローン金利の上昇や返済額の急増が生じるといった基本的な返済条件の変更についての十分な説明さえもないといった，借り手の側における「金融リテラシー」の欠如[13]につけ込んだ劣悪で詐欺的なサブプライム・ローンも急膨張した[14]。あるいは，アメリカの住宅ローンは日本の住宅ローンとは異なり，債務者がローンの支払いをできなくなる場合には住宅の差し押さえ・競売で住居を追われるものの，それ以上債務支払いの請求を受けない，いわば「ノンリコース・ローン」であるため，超金融緩和・低金利政策の下での住宅価格の持続的な上昇という楽観的ムードが浸透している下で，家計部門は負債の増加に対して無警戒であった所にも，サブプライム・ローンが膨張する余地があったのかも知れない。

　ところで，これら住宅ローン債権は，それを供与した住宅金融会社が債務者の支払い不能のリスクを負って長期間保有する必要はなかった。バブル崩壊後の1990年代に日本で起きたような住宅金融専門会社が債権を抱え破綻に追い込まれる住宅ローンの不良債権問題は生じなかった。なぜなら，債権は供与されるや否や他の金融機関に転売され流動化されたからである。それによって住宅金融会社は，再び新たな借り手への住宅ローンの供与が可能とされた。反面，そこに住宅価格が右肩上がりで上昇するといった楽観論と並んで，住宅ローン審査の形骸化・無審査化が加速される余地もあった。

　他の金融機関に転売された住宅ローン債権は，いわゆる金融工学を駆使した様々な手法によって流動化された。債権を買い入れる金融機関の側では，それをリスクと利回りの度合に応じてシニア，メザニン，エクイティなどに切り分けて証券化したり，あるいは自動車ローンなどの各種消費者ローンなどともない交ぜにして，さらに複雑な証券化商品へと生成された。しかも他の債権に比べて高利回りを謳うこれら証券化商品は，信用格付け会社の杜撰

な審査によって，実態を反映しない高格付けを与えられつつ，アメリカやヨーロッパを中心とする世界中の主要な金融機関やその傘下の金融機関，ヘッジファンド，年金基金などに売り捌かれたのである。こうした住宅金融の世界規模に及ぶ債権流動化の仕組みに支えられて，より一層，アメリカの住宅価格は上昇を加速させた。しかも，住宅価格のその上昇分がまた新たな担保となって消費者への追加ローン供与を可能とし，個人消費の膨張や民間企業の設備投資，住宅投資の増加を生み出すといった上方への累積過程を2006年にかけて生み出していったのである。

　しかし，そうした住宅バブルに支えられた個人消費の膨張にもかかわらず，アメリカ製品への需要面に大きな恩恵が及んだわけではない。既に1960年代～1970年代から始まったアメリカ製造業の対外競争力の弱体化や多国籍企業の対外直接投資の増大（海外への製造拠点の移転），そしてそれらによる製造業の空洞化現象は加速する一方であり，国内の個人消費の激増を通じて経常収支赤字はさらなる膨張を続けた。すなわち，アメリカの経常収支赤字は2000年代初めの年間4,500億ドルから2007年の8,000億ドル近辺へと膨張を続けたのであり，それがまた各国からアメリカ向け輸出の拡大を通じて世界同時好況を現出させていった。表6-1からも明らかなように，純輸出はこの間，GDP増加率にとってマイナスの寄与度で推移した。輸入品目では工業用部品・原材料や資本財の他に，自動車や消費財などが主要品目であり，また輸入先別でみれば中国がカナダと共にアメリカの最大の輸入相手国であり，以下，メキシコ，日本の順となっている。しかも，今や2007年時点でいえばアメリカにとって中国は年間2,500億ドルにも上る最大の輸入超過先である。こうした中国との貿易に比べれば，中国に次ぐ輸入超過先であり，またかつて最大の貿易摩擦国でもあった日本からの輸入超過850億ドルはやや色褪せてさえみえる。また，中国，日本，韓国を合わせたアジア太平洋地域は，アメリカにとって今や4,000億ドルを超える輸入超過先となったのである。

　さらに，対米で巨額の経常黒字を計上している中国や日本，その他のアジア諸国は，受け取った外貨の相当部分をアメリカ国債や社債・株式・各種債

券の購入など対米証券投資や対米直接投資に振り向けることによってアメリカへと資金を還流させ，アメリカの経常収支赤字と財政赤字を事実上ファイナンスする結果となっている。

　IMFの2008年時点での主要な純資本輸出入国に関するデータによれば，純資本輸出国第1位は中国（全体の23.4％）であり，以下，順にドイツ（12.9％），日本（8.6％），サウジ・アラビア（7.4％）となっている。他方，純資本輸入国第1位はアメリカ（全体の43.4％）であり，以下，スペイン（9.4％），イタリア（4.8％），フランス（4％）の順であった[15]。こうした資金の世界的な還流こそは，アメリカが年々，巨額の過剰消費を通じて8,000億ドル近い経常収支赤字を生み出しながらも，基軸通貨ドルが暴落を免れたり国内における資金需給の逼迫が生じるのを回避したりすることを可能とし，また有り余るほどに流入する資金は再びアメリカから海外に向かって再投資され，金融収益を上げることによって依然として金融超大国として振る舞い，基軸通貨国としての地位を維持し続けることができるメカニズムなのである[16]。

　しかし，住宅バブルの進展を伴った以上の2000年代アメリカの景気循環過程では，国内の民間企業部門の設備投資や企業利潤，また賃金・雇用はどのような推移を辿ったのだろうか。次にその点をみよう。

### (2) 民間企業設備投資，企業利潤，雇用・賃金の動向

　民間非金融企業部門は，上述の通り，FRBの金融緩和による金利引き下げや，ブッシュ政権による大型減税の実施，国防支出を始めとする大規模な財政支出の発動，そして特に住宅価格の上昇と個人消費の拡大などに刺激を与えられたとはいえ，ITバブル崩壊後の不況からの回復過程は決して順調に進んだわけではなかった。個人消費に牽引され2001年第4四半期から景気回復が始まったとはいえ，1980年代，1990年代の景気拡大と比較しても2000年代の設備投資の動きは概して弱々しいものであった（図6-2）。2003年に入って漸く緩やかな設備投資の回復が始まったに過ぎない。特に象徴的なのは，情報処理機器やソフトウェア関連投資の動向である。1990年代に

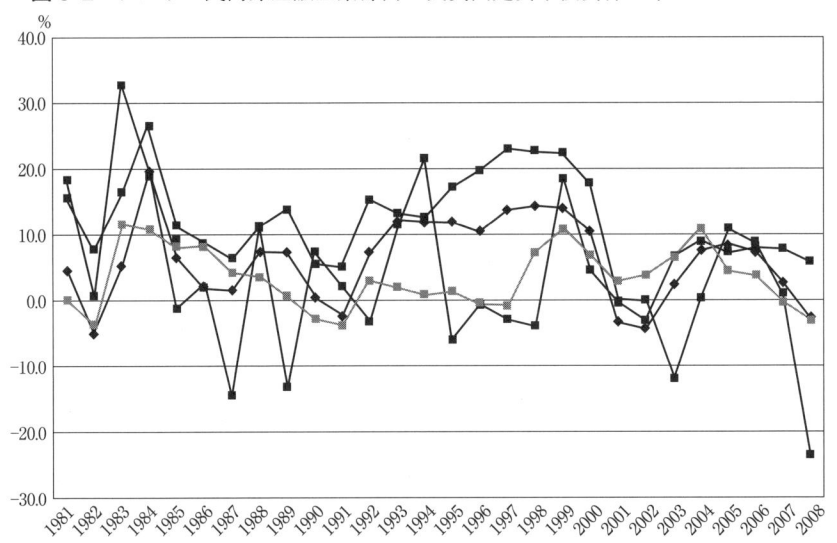

**図 6-2** アメリカ民間非金融企業部門の実質固定資本投資伸び率 1981-2008

- ◆ 非住宅用設備・ソフトウェア産業　■ 情報処理設備・ソフトウェア産業
- ■ 自動車産業　■ 住宅用設備産業

出所）US Bureau of Economic Analysis, NIPA Table 5.5.1. のデータより筆者作成。

はIT革命と囃されIT関連の投資も20％以上の大きな伸びを示したのに反して，2000年代に入ると過剰投資の反動から，投資は10％にも満たないわずかな伸びに留まった。また過去最大規模の住宅バブルが発生したといわれ，住宅価格が大幅な上昇を示したわりには，住宅設備機器の固定資本投資の伸びも，特に際だって高い伸び率をみせたわけではない。1990年代前半の低迷と比較すれば幾分ましだとはいえ，2000年代のピーク年だった2004年に10％をわずかに上回った程度なのである。

次に，この時期の民間企業部門の税引き前利潤の動向をみれば（図6-3），金融・保険業では2000年の1,021億ドルから2006年の2,863億ドルへと大幅な増加を示し，特に2001年～2005年には製造業全体の利潤をも上回った。これに対して製造業では，2000年の1,538億ドルがITバブル崩壊によって2001年の469億ドルへとわずか3分の1にまで落ち込んだ。その後，2003

年まで低迷を続けたが，翌年以降になって漸く，しかもかなり急激な回復を示し，ピークとなった2006年には3,267億ドルと数年振りに金融・保険業の利潤を上回ったのである。他方，小売業はITバブル崩壊時にも特に大きな落ち込みをみせず，ピーク年の2006年には1,365億ドルにまで増加した。以下，卸売業，建設業がこれに続いた。これに対して，企業業績面でもITバブル崩壊の打撃を最も大きく受けたのは情報産業であり，2000～2002年の3年間に亘って赤字が続き，2003年以降，漸く黒字へと転換し2006年には927億ドルとなった。

こうして業績面で特に好調だったのは金融・保険業であり，小売り・卸売り・建設業がそれに続いたが，反面で製造業や情報産業の業績は大きく低迷していたのである。

以上の状況を反映して，ITバブル崩壊後の数年間は厳しい雇用情勢が続いた。まずアメリカ全体の就業者数は，2001年の1億3,247万人から2003年の1億3,027万人まで220万人も減少した（各年の1月末データの比較による）。失業率も2000年の4%から2003年の5.8%へと上昇した。いわゆる「雇用なき景気拡大」である。とはいえ，2004年以降，雇用情勢は改善に向かい2008年には1億3,794万人へと対2003年比で767万人も増加した（その増加した雇用の質は取り敢えずここでは問わない）。その結果，失業率も徐々に低下し2007年には4.7%にまで低下したのである[17]。

こうした「雇用なき景気回復」といわれた雇用情勢を規定していた要因は，就中，製造業での雇用の大幅な減少である。1970年代後半の2,000万人強をピークとし1980年代以降に減少が始まった製造業の雇用は，2000年にはほぼ1,700万人台にまで減少した。いわゆる製造業の空洞化現象であるが，2000年代の好況過程でも全くその減少に歯止めがかからないまま，2007年には遂に1,300万人台にまで減少したのである。この間，金属製品加工，自動車，エレクトロニクス，などの耐久消費財産業で計200万人減，非耐久消費財産業で百数十万人減などとなっているのである。こうした現象は正しくグローバル化に晒されているアメリカ製造業の労働者が置かれた厳しい状況を現わしている。とはいえ，これはアメリカにおける雇用の全てではなかっ

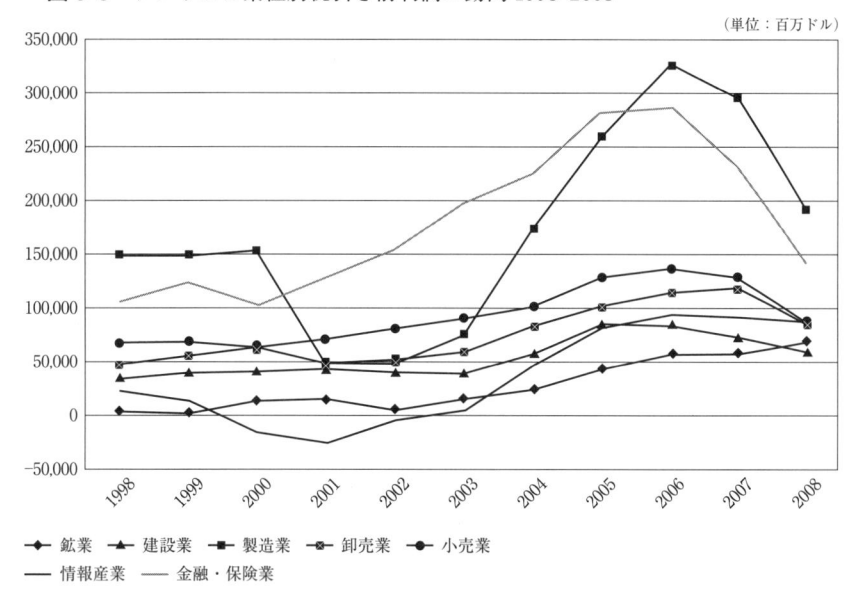

図6-3 アメリカの業種別税引き前利潤の動向1998-2008

(単位：百万ドル)

◆ 鉱業　▲ 建設業　■ 製造業　☒ 卸売業　● 小売業
── 情報産業　── 金融・保険業

出所）US Bureau of Economic Analysis, NIPA Table 6.17D. のデータより筆者作成。

たことにも注意しなければならない。

　以上のような製造業における雇用の大幅な減少分は，サービス業での就業者数の大幅な拡大が補ったのである。その中でも最大の雇用を維持した部門は政府部門の2,486万人を別とすれば，民間部門で最大なのは保健医療及び社会支援業種であり，2008年で1,593万人（2000年比約300万人増加），また2007年で小売業1,576万人（2000年比約30万人増加）であった。以下，宿泊・食品サービス業1,156万人（2000年比152万人増加）などとなっている。また管理的及び廃棄物管理サービス業841万人（2000年比33万人増加），専門的科学的技術的サービス業796万人（2000年比106万人増加），金融保険業619万人（2000年比44万人増加）など，専門的管理的業種での就業者数が大幅に増えている[18]。これらはアメリカの就業構造におけるサービス化の著しい進展を示すものである。

　こうした中で，2005〜2006年以降次第にインフレ懸念が高まると共に，

『大統領の経済報告書』によれば労働市場にも「需給の逼迫傾向」が現れてくる[19]。景気拡大に伴う過熱現象が表面化したのである。以下，その点を具体的にみよう。

## 3　アメリカの景気過熱と 2008 年経済金融危機

### (1)　景気過熱現象とインフレ懸念の台頭，企業利潤削減，設備投資減少

　アメリカでは消費者物価上昇率は，1990 年代の長期景気拡大期及び IT バブル崩壊後の 2001 年頃まで約 2％前後と極めて安定的に推移していたが，2002 年に入ると次第に上昇傾向を強めた。そして 2008 年には 4～5％台に迫ったのである。こうした背景にあったのは，2000 年代が既述の通り，アメリカの景気拡大に牽引されたヨーロッパ，日本，新興諸国を含めた世界同時好況だったことであり，特にこの間の中国を始めとする新興諸国の経済成長率の高さには目覚ましいものがあった。その過程で原油・鉄鋼・穀物・その他多くの資源の供給制約による需給逼迫によって商品価格が急激に上昇すると共に，これら商品市場に投機マネーが流入し価格の上昇を加速し始めたことが挙げられよう。原油価格は 2008 年夏には 1 バレル 140 ドルを超える大幅な上昇を示した。Economic Report（2009）によれば，「07 年 6 月から 08 年 6 月にかけての 1 バレル＝ 66 ドルの価格上乗せは，それに先立つ 4 年間の価格上昇全体を上回り，米国の輸入代金をおよそ 2,450 億ドル増やした」（p.56）のであり，経済全体への影響は決して小さくなかった。また，原油価格の上昇に伴い代替燃料の原料とされる穀物の価格高騰も無視できなかった。

　ところで，こうした原油・資源・穀物等の価格高騰による企業内部の原材料費の上昇分は，一部は企業が製品価格に転嫁するためインフレの原因となる。どれだけを製品価格に転嫁できるかは，1 つは製品市場における企業の寡占度の如何によるし，もう 1 つはその製品の需給動向によるであろう。こうして原材料費上昇分は，一部が製品価格に転嫁されてインフレをもたらし，一部は生産性の上昇によって吸収され，さらに，それでも吸収しきれない原材料費の上昇分は企業利潤を削減するだろう。原油・資源・穀物等の価格高

騰はそうした色々な側面を含みつつも，インフレとして発現し，FRBは住宅バブルの進行とも相俟ってインフレ懸念を強めつつ，金融を次第に引き締め気味に操作していったのである。

　他方，2000年代の好況過程で増加し続けた民間の税引き前企業利潤は，前掲，図6-3から明らかなように，2006年をピークに以後，減少し始めたことに注意しておきたい。別の四半期別データでは，大部分の業種で2006年第3四半期が企業利潤のピークであり，これ以降，減少し始めたことが確認できる[20]。2008年9月のリーマン・ショックによって初めて金融部門の危機が実体経済に波及したかのような理解も少なくないだけに，実際は2006年中に企業利潤は既に大部分の産業・業種でピークを迎え，これ以後，企業利潤も景気も下降過程に入ったという事実をここで確認しておこう。アメリカ2000年代の好況は既にリーマン・ショック前に，後にみるようにFRBの金融引き締めを契機として反転した。なお，自動車・車体・同部品産業は，2000年以降，2005年を除き2006年まで赤字が続き，また航空業も，2001年以降2005年まで赤字であり，両部門とも既に構造不況業種という様相を呈していたのである[21]。

　それでは，こうした企業利潤の減少をもたらした要因は一体何だろうか。

　その要因の1つは上述の通り，原油・資源・穀物等の原材料費の高騰分を，諸々の事情で企業が製品価格に転嫁できなかったか，あるいは企業内部の生産性上昇によって吸収できなかったことである。さらに別の要因もある。労働需給逼迫による貨幣賃金の上昇分や原油・資源・穀物等の価格高騰による貨幣賃金の上昇分である。確かに，それによる企業内の人件費上昇分もまた，一部は製品価格に転嫁されてインフレの原因となる一方で，転嫁できない部分は企業の売り上げを一定とすれば利潤の削減になる点で，企業にとっては原材料費等の上昇分と同じである。あるいは，さもなければ企業内部での生産性の上昇によって吸収する外はない。

　しかし，国民経済計算的にいえば人件費の場合は原材料費とは異なり，資本損耗分や利子支払いなどと同様に，その企業内部で生産した粗付加価値からの控除であり，それらの項目を除いた残りが企業利潤になる。こうした観

**表 6-2** アメリカ非金融企業の実質単位粗付加価値価格と単位労働コスト及び利潤 2000-2008

(単位：ドル，季節調整済み)

|  | 2000 | 2001 | 2002 | 2003 | 2004 | 2005 | 2006 | 2007 | 2008 |
|---|---|---|---|---|---|---|---|---|---|
| 非金融企業の実質単位粗付加価値価格 | 0.925 | 0.937 | 0.943 | 0.954 | 0.973 | 1 | 1.031 | 1.048 | 1.044 |
| 雇用への報酬（単位労働コスト） | 0.621 | 0.635 | 0.63 | 0.633 | 0.627 | 0.631 | 0.64 | 0.656 | 0.663 |
| 単位非労働コスト | 0.222 | 0.236 | 0.237 | 0.237 | 0.234 | 0.243 | 0.25 | 0.264 | 0.275 |
| 固定資本減耗 | 0.103 | 0.113 | 0.116 | 0.116 | 0.115 | 0.118 | 0.123 | 0.128 | 0.135 |
| 生産と輸入品に対する課税—補助金＋経常移転支払い | 0.085 | 0.088 | 0.092 | 0.095 | 0.097 | 0.101 | 0.102 | 0.102 | 0.104 |
| 純利子と多様な支払い | 0.034 | 0.035 | 0.029 | 0.026 | 0.022 | 0.024 | 0.025 | 0.034 | 0.036 |
| 在庫価値調整と資本減耗調整済み税引き前利潤 | 0.082 | 0.066 | 0.076 | 0.084 | 0.112 | 0.127 | 0.141 | 0.127 | 0.107 |
| 企業所得に対する課税 | 0.03 | 0.02 | 0.017 | 0.023 | 0.031 | 0.043 | 0.047 | 0.045 | 0.036 |
| 在庫価値調整と資本減耗調整済み税引き後利潤 | 0.052 | 0.046 | 0.059 | 0.061 | 0.081 | 0.083 | 0.094 | 0.082 | 0.071 |

注）単位労働コスト＋単位非労働コスト＋在庫調整と資本減耗調整済み企業利潤＝単位粗付加価値価格
出所）US Bureau of Economic Analysis, NIPA Table 1.15. による。

点で 2000 年代アメリカの税引き前企業利潤の動向をみれば，どの項目が利潤の動きに影響を及ぼしたかがある程度推測できる。但し，ここで利用できるデータは表 6-2 にみるように，実質単位粗付加価値と各項目別の動向であることを予め断っておこう[22]。

それによれば，まず第 1 に，単位労働コストは 2005 年から上昇した。その原因の 1 つに労働需給の逼迫で貨幣賃金率が上昇したことが挙げられよう。また，社会保険への雇用主拠出金と，被雇用者年金・保険への雇用主拠出金が共に上昇した。2000 年から 2008 年にかけて，社会保険への雇用主拠出金は 3,452 億ドルから 4,727 億ドルへ約 37％増加したのに対して，特に被用者年金・保険への雇用主拠出金は 6,691 億ドルから 10,239 億ドルへと 53％も増加したのである[23]。高齢化の進展が雇用主の保険料ないし拠出金の負担を大きくした。こうした極めて具体的要因を含んだ貨幣賃金コストの上昇であった。

第 2 に，単位非労働コストもまた上昇した。その内訳をみると，固定資本減耗が 2005 年から増えているが，これは好況局面での設備投資の増加によ

るのであろう。また純利子と多様な支払いが2005年以降，増えたが，これは資金需給が引き締まり金利が上昇したためであろう。

　以上，単位労働コストと単位非労働コストの2要因が上昇したが，他方，単位当たり実質粗付加価値は頭打ちから2008年には若干のマイナスとなった。その結果，図6-3でみたように税引き前利潤，税引き後の利潤とも2007年から減少したのである。

　こうした状況を先取りするように，民間非金融企業の設備投資は2006年から減少し始めた。住宅用設備投資や情報処理機器・ソフトウェア投資の場合は，早くも05年から減少していた。

　2006年時点でのアメリカ経済における景気後退の兆候は，各種の統計からもほぼ確認できるのである。

(2)　金融引き締めへの転換と住宅バブル崩壊

　今回のそもそもの危機の発端は，原油・資源・穀物等の価格の高騰であった。それを契機としてインフレ懸念が高まると，FRBは2004年6月下旬を境に政策金利であるFFレートを高めに誘導し始めた（前掲，図6-1）。FFレートは，それまでほぼ1％に据え置かれていたが，これ以降，約2年間，小刻み且つ一直線に上昇を始めたのである。そして，2006年6月中旬に約5％となった段階で約1年3ヶ月間据え置かれたのである。そして，2007年9月に初めて引き下げられた。それと対応してプライムレートもほぼ同様の動きを辿っている。こうしたFFレートやプライムレートの引き上げを契機に，2000年代アメリカの景気は反転し，景気後退過程に入ったのである。しかし，事態はそれだけには留まらなかった。2004年6月下旬からの金利引き上げは住宅市場の需給動向にも影響を及ぼさずには置かなかった。2006年前半をピークとする住宅価格は，この年の後半から下落に向かい始め，2008年にはさらに下落速度を速めた。住宅バブルの崩壊である。

　こうした住宅バブルの崩壊を契機として，サブプライム・ローンの返済不能問題が表面化すると，ただ単に住宅販売が行き詰まるだけでは済まなかっ

179

た。その影響は極めて多方面へと波及した。住宅バブルが進行する中で，これまでホームエクイティ・ローンを利用しつつ販売が促進されてきた家具や車や大型家電など高額の耐久財等の販売も行き詰まってきた。さらにサブプライム・ローンを組み込んだ証券化商品の価格が急落し，それを保有する金融機関の側に巨額の損失が発生したのである。

のみならず，本来ならばこうした事態に備えて証券化商品を保有する金融機関に対して保険ないしリスクヘッジ手段を提供するはずであり，ピーク時にはその残高が想定元本ベースで68兆ドルという巨額に膨張していたCDS（クレジット・デフォルト・スワップ）のプロテクションの売り手であるモノラインや世界最大の保険会社AIGなどが破綻の危機に陥ったのである。こうした事態に至れば，市場原理主義を信奉するブッシュ政権といえどもAIGを事実上，国有化するほかはなかったわけである。ところが，相次ぐ巨大金融機関の破綻によって，それぞれの金融機関が抱える底知れない危機の存在が明らかになったまさしくその時に，政府がAIGには救済の手を差し伸べながらリーマン・ブラザーズだけはこれを破綻するに任せたことは，金融資本市場に激しい衝撃を与えた。金融機関の日々の資金調節に欠かせないインターバンク市場で，一体誰が支払能力に問題のない取引相手であり誰がデフォルトを起こす可能性を持った危険な取引相手なのか見極めがつかない事態が生まれ，金融機関同士の間での信用取引が完全に行き詰まったからである。そうであれば，日々の資金調節ができなくなった金融機関は，企業への設備投資資金や経常取引のための資金，消費者への住宅ローンはおろか，ほぼ全てのローンに対する貸付をストップせざるを得ない事態に追い込まれた。現金取引だけが全てという正しく19世紀のイギリス金融市場についてマルクスが『資本論』の中で喝破した事態が，21世紀の日欧米の金融市場で出現したのであった。

その当然の帰結として過剰信用に支えられた過剰消費は一転，過小信用による消費の行き詰まりへと急転せざるを得ない。既に危機前からビッグ3を中心として落ち込みをみせていたアメリカでの自動車への内需も当然に大幅な落ち込みをみせることになる。また，アメリカを中心とする経常収支のイ

ンバランスとそれを補正する世界的な資金の循環が一時的にせよ完全な中断を余儀なくされる以上，2008年の世界のアメリカ向け輸出が激減したのも当然であった。

**むすび**

以上の考察を踏まえて改めて今回の世界経済金融危機の原因を整理してみよう。

アメリカは一方では巨額の経常収支赤字を抱えつつも，海外から流入する巨額の資金に支えられたFRBの金融緩和や政府の減税・財政支出拡大によって，バブル化した住宅市場の活況とそれに基づく個人消費の拡大によって2000年代の長期好況を生み出したが，それはまた日本や中国などの新興国も含む世界同時好況を実現した。しかし，そうしたアメリカの好況も，やがて景気の過熱現象の中で企業での単位労働コストや単位非労働コストの上昇とから利潤圧縮が生じると共に，他方では，世界同時好況と商品市場への投機マネーの流入による原油・資源・穀物等の価格高騰がインフレ懸念を高めFRBが金融引き締め政策に転じた[24]ことによって，景気は反転した。宇野のいう利潤率（の低下）と利子率（の上昇）の衝突を彷彿とさせるような事態がアメリカで生じたのである。但し，それは危機の第1局面であり，その後のさらに大きな金融危機への前段階であった。FRBの金融引締・金利の引き上げは，この間に膨張を続けた住宅バブルの崩壊を通じる個人消費の急減や，証券化商品の急落による金融機関本体や傘下の事業体での巨額の損失の発生，CDS危機など，一連の危機の連鎖を通じてリーマン・ショックに至ったのである。

なお，こうしたアメリカ発の危機が世界経済金融危機へ波及するのは，『2009年度通商白書』が指摘する信用危機のルート，貿易縮小によるルート，海外への投資資金が急激に本国に逆流したことによるルートに，世界同時株安・債券安など資本市場を通じるルートを合わせた4ルートを通じてであった。

現時点の限り金融危機は取り敢えず収束したとはいえ，各国の景気は巨額

の景気対策や中国の内需拡大効果などを受けつつも回復は緩やかであり，またユーロ圏の財政危機に過敏に反応するなど経済の脆弱さは否めない。景気の行方を今後も注視せざるを得ないのである。

●注
1) こうした見解の代表は，井村 (2010) である。本書は，複雑なサブプライム・ローン問題を平易且つ丁寧に解説し分析した労作であり，筆者も多くのものを学んだが，ただ今回の危機を「金融の暴走」だけに集約するのは疑問である。
2) K. マルクス，向坂逸郎訳 (1969)，『資本論』岩波文庫版第7分冊，258頁。
3) この点でいえば，早くからアメリカを始めとする先進資本主義諸国での利潤率の長期低下を説いてきたロバート・ブレナー (2002)，(2009) の見解が注目される。しかし彼の主張するように仮に利潤率の長期低下が事実だとしても，利潤の絶対量は減少していないなら，その影響は限定的ではないだろうか。その点でいえばむしろ，景気局面の転換に伴う利潤の減少や利潤率の低下の方がより企業活動に対して強い影響力を持っているのではないかもと考えられる。
4) 星野 (2008)，93-94頁。
5) 今回の金融危機について資本過剰の問題にまで注目している文献は，大内秀明 (2010) だけであろう。氏によれば1980年代以降の「慢性的な資金過剰の基礎には，…ポスト工業化に基づく製造業を中心とした投資の限界，それに伴う資本過剰が存在している」と明確に規定している（大内 (2010)，26頁）。ただ，その場合の資本過剰とは何であるのか。必ずしも，労働力制約との関連が指摘されているわけではないだけに，その点の明確化が必要ではないだろうか。
6) 安保 (2009) は，今回の世界金融危機をテーマとする学会の大会等の場でさえ，問題が金融危機に限定され「このけた外れの金融危機現象が実態経済面との関わりでどのように位置づけられるのか，まったく言及も議論もない」(25頁) と強い懸念を表明しつつ，氏自身は，今回の金融危機では底なしの信用収縮，株価暴落などが発生したのと同時に，第1次石油危機「と比べてはるかに複合的でグローバルな広がりを持ち，深刻」な「第三次石油・エネルギー危機」「第二次スタグフレーション現象」であったと主張している（27

頁ほか）。筆者も，今回の危機では石油・その他の資源・穀物価格の異常な高騰があったことの指摘は重要だと思うが，それらが第3次石油危機になったというよりはむしろ，インフレの懸念を高め金融引き締めの契機になったことの方がより重要ではないかと思う。

7) Greenspan (2005), pp. 4-5。
8) アメリカを中心とした2000年代初めまでの世界的資金循環については池田（2003）を参照。なおUS President (2009) は，ファイナンスを受ける自らの巨額の経常収支赤字には一切言及しないまま，「グローバルな金融危機」の原因の「一端」が発展途上国の過剰な貯蓄にある (pp. 74-6) とし，今回の危機の原因を発展途上国に転嫁したとも受け取れる一面的な見解を述べている。
9) 以上の金融緩和政策，大型減税，国防支出についての詳細は，河村 (2008)，45-48頁を参照。
10) J. スティグリッツ著，楡井・峰村訳 (2010)，27頁，参照。
11) Brenner (2009), p. 2。
12) こうした「資産価格ケインズ主義」あるいは「株式市場ケインズ主義」という現代アメリカの経済政策の捉え方は，ブレナーが彼の主著の1つである『ブームとバブル——世界経済の中のアメリカ』でも絶えず指摘したところである。Brenner著，石倉・渡辺訳 (2005)，第7章などを参照。
13) スティグリッツ (2010)，123頁。
14) アメリカのサブプライム問題に関連して，1977年に制定された地域再投資法との関連が想起される。柴田 (1993)，134-135頁，参照。今回の危機の原因の1つとなったサブプライム・ローン問題はこうした地域再投資法の，それ自体は評価される立法意図を，金余り現象の背景の下で金融工学によるリスク分散の手法を利用して金融機関が悪用したのではないかとも推測される。
15) IMF (2009), Statistical Appendix, Key financial centers, Figure 1, による。
16) 池田 (2003)，196頁。
17) Bureau of Labor Statistics, 参照。
18) Bureau of Economic Analysis, All NIPA Tables/Table 6.4C & 6.4D。
19) 「逼迫した労働市場を背景に生産が持続的に拡大しているのは，新規資本に対する力強い需要の継続を予想させる」(US President (2008), p. 33，訳48頁)。
20) Bureau of Economic Analysis, All NIPA Tables/ Table 6.16D, 参照。なお，

これは季節調整済みの年率に換算したデータである。但し，税引き前のデータなのか税引き後なのかについての記載はない。

21）Bureau of Economic Analysis, All NIPA Tables/ Table 6.17D, 参照。

22）Bureau of Economic Analysis, All NIPA Tables/Table 1.15, 参照。

23）Bureau of Economic Analysis, All NIPA Tables/Table 7.8, 参照。

24）なお，FRBの金融引締には住宅バブル抑制の狙いもあったのではないかと思われるが，確認していない。

●参考文献

姉歯暁（2009），「アメリカの消費から見たサブプライム・ローン問題の本質——アメリカにおける過消費構造と家計債務（モーゲージローンと消費者信用）の現状——」（経済理論学会編『季刊経済理論』第46巻第1号）。

安保哲夫（2009），「アメリカ発世界金融経済危機の構造，2009年初」（『世界経済評論』Vol. 53, No. 4)。

池田正雄（2003），「アメリカを巡る世界的資金フローの変化とその歴史的意義」（SGCIME編『世界経済の構造と動態』御茶の水書房）。

伊藤誠（2009），「サブプライムから世界金融恐慌へ」（『情況』2009年1・2合併号）。

伊藤誠（2009），『サブプライムから世界恐慌へ』青土社。

井村喜代子（2010），『世界的金融危機の構図』勁草書房。

大内秀明（2010），「世界金融恐慌とポスト資本主義への展望——グリーン・ニューディールが提起したもの——」（社会環境フォーラム『社会環境論究』第2号，2010年1月）。

河村哲二（2008），「アメリカの1990年代長期好況とニューエコノミー」（SGCIME編『グローバル資本主義と景気循環』御茶の水書房）。

河村哲二（2009），「アメリカ発のグローバル金融危機——グローバル資本主義の不安定性とアメリカ」（経済理論学会編『季刊経済理論』第46巻第1号）。

経済産業省（2009），『通商白書2009（PDF版）』
(http://www.meti.go.jp/report/tsuhaku2009/2009honbun_p/index.html)

柴田武男（1993），「金融機関の公共性と社会性」（『生活経済学会会報』第9巻，1993年12月）。

新田滋（2009），「宇野理論で読み解く2008年恐慌」（『情況』2009年1・2合併号）。

馬場宏二 (2009),「世界大恐慌の再来？」(政経経済研究所『政経研究』第93号)。

星野富一 (2008),「日本のバブル経済期における大型好況とその終焉」(SGCIME編『グローバル資本主義と景気循環』御茶の水書房)。

Brenner, Robert (2002), *The Boom and The Bubble: The US in the World Economy*, New York and London, Verso (ロバート・ブレナー著, 石倉雅男・渡辺雅男訳 (2005)『ブームとバブル』こぶし書房)。

Brenner, Robert (2009), The Economy in a World of Trouble, in International Viewpoint
(http://www.internationalviewpoint.org)。

Bureau of Economic Analysis, National Economic Accounts, Interactive Table Home, Table Selection, All NIPA Tables.
(http://www.bea.gov/national/nipaweb/SelectTable.asp?Selected=N)。

Bureau of Labor Statistics, Databases, Labor Statistics from the Current Population Survey, Seasonally Adjusted Unemployment rate.
(http://data.bls.gov/PDQ/sevlet/SurveyOutputServlet)。

Bureau of Labor Statistics, Databases, Employment, Hours, and Earnings from the Current Statistics survey, Seasonally Adjusted Total nonfarm, All Employees.
(http://data.bls.gov/PDQ/sevlet/SurveyOutputServlet)。

Greenspan, Alan (2005), Testimony of Chairman Alan Greenspan, Federal Reserve Board's semiannual Monetary Policy Report to the Congress Before the Committee on Banking, Housing, and Urban Affairs, U.S. Senate, February 16, 2005.
(http://www.federalreserve.gov/boarddocs/hh/2005/february/testimony.htm)。

IMF (2009), Global Financial Stability Report.
(http://www.imf.org/External/Pubs/FT/GFSR/2009/02/pdf/text.pdf)。

Stigliz, Joseph E., (2010), *FREEFALL*, W. W. Norton & Company. (スティグリッツ著, 楡井浩一・峰村利哉訳『フリーフォール』徳間書店, 2010年)。

US President (2008), *Economic Report of the President* (萩原伸次郎監訳『米国経済白書2008』毎日新聞社)。

US President (2009), *Economic Report of the President* (萩原伸次郎監訳『米国経済白書2008』毎日新聞社)。

# 第7章　アベノミクスと日本経済の行方

## はじめに

　第2次安倍内閣の経済政策であるアベノミクスが，人気を博している。「大胆な金融政策，機動的な財政政策，民間投資を喚起する成長戦略の3本の矢」がキャッチコピーのアベノミクスによって，先進国でも特異なデフレを伴う日本の長期経済停滞（「失われた20年」）が今度こそ払拭できるのではないかとの期待を集めているからである。事実，安倍氏の「口先介入」による円安・株高によって先導されたさい先良いスタートとなり，それへの世論の高支持率に支えられ，これまでの所，安倍氏の狙い通りの展開となっている。しかし，その実態はといえば08年9月のリーマン・ショックで過去のものとなったバブル経済や大型好況事業頼みによる日本型ケインズ主義政策と新自由主義政策の混合物に過ぎないのではないのか。

　そもそも日本経済は，バブル経済が崩壊する1990年以後，デフレを伴う深刻な経済低迷状態に陥ってから久しい。今や「失われた30年」に入りつつある（金子勝）との指摘さえ現実味を帯び始めている。とはいえ，この間の日本経済は停滞一色で推移してきた訳では決してなく，2000年代には02年初めから07年にかけて「戦後最長の景気拡大」（「いざなみ景気」）といわれる好況を経験したことが見落とせない。この時期の四半期別の企業業績をみれば，1980年代後半のバブル経済のピーク時に記録した10兆円を上回って16兆円強もの経常利益を上げたのである[1]。しかも大部分の企業はそれらの利益を設備投資や従業員の待遇改善にも当てず，200兆円から300兆円ともいわれる内部蓄積に充当してきた。

　こうした巨額の利益の源泉の1つは1ドル140円台で推移した円安やアメリカの住宅バブルの恩恵による輸出の拡大であったが，もう1つはブルーカラーだけでなくホワイトカラーも巻き込んで進行した大規模な雇用リストラと賃金コストの切り下げである。この間，現金給与支払総額は1997年をピ

ークとしてこれ以後，下落の一途を辿ってきたのである。正規雇用者は夏季や年末の一時金を大幅に減額され，さらには長時間の残業にもかかわらず手当を支払わないサービス残業が当たり前の風潮が広がっていた。加えて，正規雇用者に比べて身分的にははるかに不安定で且つ賃金水準も数分の1という低水準の非正規雇用者が正規雇用者に取って代わり，今や全雇用者の3分の1以上を占めるまでになっている。内需が縮小し，先進国でもまれなデフレ状態が定着したのも当然といわざるを得ない。その結果，多くの勤労階層は，戦後最長の景気拡大といわれるような好況感などほとんど感じることができないまま08年のリーマン・ショックや，11年の3.11（東日本大震災）へと突入したのである。

新自由主義の破綻が明らかになったリーマン・ショック後は，「マニュフェスト選挙」「コンクリートから人へ」「官僚主導から政治主導へ」を謳い文句にした民主党が自民党長期政権に代わって初めての政権の座についたものの，その実，官僚の支えなしに何もできない政治の未熟さを露呈したうえに，沖縄普天間基地海外移設問題の頓挫や消費税率引き上げなど相次ぐマニュフェスト違反と「政界の壊し屋」小沢一郎による解党などのために昨年12月の総選挙で惨敗，自民党の政権への返り咲きと第2次安倍政権の誕生をみすみす許す結果となった。

本章の課題は，こうして政権復帰を果たした自民党の第2次安倍政権が推し進めようとしているアベノミクスが今後の日本経済に果たして広範な勤労階層が期待する結果を及ぼせるのか否かを，政権発足後4ヶ月余り経った現時点から検証することである。

まず第1の矢である大胆な金融政策についてみておこう。

## 1　大胆な金融政策

リーマン・ショック前まではゼロ金利政策ではこと足りず量的緩和政策などにも踏み込むなど世界的にも例をみない白川日銀の大規模な金融緩和政策によって，これまで金融機関が持つ無利子の日銀当座預金残高は47兆円（朝日新聞2013.4.25）もの巨額に達している。しかし，既述の理由による内

需縮小のために民間企業の設備投資向け資金需要は増えず，金融機関の貸し出し残高もほとんど伸びていないのが実情である。にもかかわらず安倍氏は，こうした事情を知ってか知らないでか，これまで実施されてきた金融緩和政策は全く以て不十分極まりなくもっと大胆な金融緩和政策を実施せよと白川日銀に強硬に要求してきた。昨年末の安倍政権の誕生と共に内閣府参与に就任し安倍氏の経済ブレインを務める浜田宏一・イエール大学名誉教授も，自らのかつての教え子である白川日銀総裁に対して金融デフレ政策を行っているなどと事実誤認の批判を繰り返し，中央銀行の独立性を認めた1998年の新日銀法を再度改正してでも日銀に金融政策を変更させるべきだなどと主張してきた[2]。そして，安倍氏は1％の物価上昇を金融政策の目途としてきた白川日銀に対して1月22日，「暗闘1ヶ月」の後に「2％の物価上昇率目標を織り込んだ共同声明」を結ばせることに成功した[3]。これによってインフレ対策も単なる「目途」から「目標」へと大きく転換したのであった。白川総裁はそれから間もない2月5日に「日銀総裁が任期満了を待たずに辞職するのは極めて異例」といわれる4月の任期満了前に事実上の辞任に追い込まれ，3月20日，黒田東彦総裁と岩田規久男副総裁という2人の日銀批判の急先鋒であったリフレ派に主導された新日銀体制が誕生した。

　黒田新日銀は4月4日に開いた金融政策決定会合で，市場の予想をはるかに超える「量・質共に異次元の金融緩和」を打ち出した。その要点は，①金融緩和の指標を従来の翌日物金利から（市中の金融機関から日銀が買い入れる金融資産規模でみた）マネタリーベース（資金供給量）へと変更する，②2012年末に138兆円だった資金供給量を13年末に200兆円，14年末に270兆円にまで拡大する，③長期国債を12年末の89兆円から13年末の140兆円，14年末の190兆円に買い増すほか，不動産投資信託（REIT），上場投資信託（ETF）などのリスク性資産も買い増す，④長期国債の買い入れ対象をこれまでの平均残存期間3年弱から7年程度へと拡大する，⑤国債の買い入れ枠に一定の歯止めをかけてきた「日銀券ルール」は一時停止する，などである[4]。

　こうした量的金融緩和による資金供給量の大幅な増大によってデフレを解

消し2%の物価上昇目標を達成しようというわけであるが，だがそれはいかなる経済的メカニズムないしルートで実現されうるというのか。恐らく，それは合理的期待形成理論による貨幣供給量増加による経済当事者の物価上昇期待がインフレを引き起こすというのか，あるいは物価水準は貨幣供給量の増加に比例するという貨幣数量説が前提されているのだろう。しかし前者については消費税の引き上げは別として貨幣供給額の増加が消費者などのインフレ期待を集める保証はない。後者の貨幣数量説については，その一般的妥当性には疑問がある。例え貨幣供給量を増やしても，民間の資金需要がないために貨幣の流通速度が低下してしまえば，物価は上昇しない点である。実際に，白川日銀体制の下でも同じ前提に立って貨幣供給量を増加したにもかかわらずデフレが解消しなかったのは，この理由が大きかったと思われる。貨幣供給量を増やせば，デフレが解消するという彼らの主張は間違っているのではないのか。

　それだけではない。こうした大幅な金融緩和政策には，その反面で幾つかの副作用も懸念される。

　まず第1に，安倍氏の口先介入が功を奏し，輸出産業の競争力を奪ってきた1ドル70円台の「歴史的円高」に対して為す術がなかった民主党政権に対して，それを円安へと流れを果敢に逆転させることに成功し，これら産業の業績を改善させたことは一定程度評価できる。しかし，その反面で急激な円安の進行が原油や小麦など輸入物価の上昇を引き起こしつつあり，14年4月からの消費税率の5%から8%への引き上げ，さらに15年10月の10%への引き上げなどとも相俟ってインフレが進めば，中小・零細企業の下での原材料費の増大や賃上げによる恩恵がない下での消費者物価の引き上げによって，これまで以上に国民生活への圧迫が生じることは間違いない。これでデフレを解消したなどと政権の手柄にされては溜まらない。事実，2000年代の戦後最長の景気拡大期には，円安による輸出拡大によって企業業績は1980年代後半のバブル経済期の業績を大幅に上回りながらも，大企業は設備投資や賃金引き上げを実施しないどころか，賃金支払総額は下げ続けた。正規雇用のリストラや賃金引き下げ，サービス残業の拡大，原則的に解雇自

由で低賃金・ボーナスなしの非正規雇用者が全雇用者の3分の1に達した。
　第2に，日銀の大幅な金融緩和による資金供給の増加が実体経済の回復には向かわずに，株式市場や不動産市場などに流入し資産バブルを引き起こしつつあることがもう1つの懸念材料である。証券会社などは株式売買注文の取り次ぎが急増し，業績が急回復するなど笑いが止まらない状況だというが，こうした資産バブルが加熱してやがてそれが崩壊すれば，第2のバブル崩壊を通じていつかきた道を辿ることがないとはいえないのであり，極度に警戒しなければならない。白川日銀が懸念していたのもこのことであろう。1980年代後半の資産バブルが進行した時期に，日銀はインフレ率が低いからと史上最低の低金利を5年間も放置したことがバブルを加熱させ，その後の深刻なバブル崩壊と不良債権問題を引き起こす結果となったと厳しく批判されたことを安倍政権や黒田日銀はよもや忘れたわけではあるまい。
　それでは次に，第2の矢である機動的な財政政策についてはどうだろうか。

## 2　機動的な財政政策

　安倍政権は，防災，災害復旧，「国土強靱化」を名目とする公共事業費の大幅増額（民間も含めて今後10年間で200兆円を投資），2012年度補正予算と新年度予算を合わせた15ヶ月予算を100兆円へと増額するなど，民主党政権の下での「コンクリートから人へ」の政策を再逆転させ，社会保障では生活保護費の削減（「先進国と比較して最も低い水準の最低賃金を上回ることを理由とする生活扶助基準の引き下げ」）を早々と決定した。自民党の経済危機対策の「人からコンクリートへ」という公共事業優先（先祖返り）を露わにする象徴的な出来事であった。
　また「15ヶ月予算」のうち公共事業関係費の規模は，12年度補正予算では東日本大震災復興特別会計を含めて13兆1,054億円のうちで4.7兆円が公共事業関係費，13年度歳出予算では5兆2,854億円が同じく公共事業関係費であり，それらは合計で約10兆円に上るという。しかもその内訳は，大規模プロジェクトを中心とする新規投資を行いながら，老朽化し更新期を迎えつつある設備の更新投資も行うというものであるために，必然的に国債増発

191

と地方債への依存度が高まらざるを得ない。さらに，歳出面では福祉切り下げとは対照的な11年ぶりの防衛関係費の増額，歳入面では逆進的な消費税増額と引き替えに渋々決定した高額所得者・資産家への課税適切化（所得税の最高税率引き上げ，資産課税の総合累進課税化等）の不徹底や，「日本経済再生に向けた緊急経済対策」の一環として盛り込まれた法人税の課税ベース拡大（優遇措置の縮小）なきさらなる法人税率の引き下げが進められようとしている[5]。

　1990年代には公共事業を中心とする相次ぐ過去最大規模の経済危機対策と大型減税の実施，そしてそのための国債増発が繰り返し行われたにもかかわらず確たる景気回復には繋がらなかった結果として，今日に続く巨額の財政赤字と累積債務残高の膨張がもたらされたことは明らかである。そのことを考えれば，アベノミクスによる「機動的な財政政策」が社会保障と税の一体改革の大義名分で引き上げられた消費税増税分を大型の公共事業費で食い潰し国債の増発と累積債務残高のスパイラルを招きはしないかが，大いに危惧されるのである。

　以上，アベノミクスによる金融政策と財政政策を見てきたが，財政出動をいつまでも続けることができないことは明らかである。民間投資と消費が持続的に拡大する成長戦略が欠かせないとする。最後に第3の矢であり最も重要である成長戦略をみよう。

## 3　民間投資を喚起する成長戦略

　成長戦略については参議院選前の6月頃までに体系的に取り纏める予定だといわれるが，さし当たりその柱になると思われるエネルギー政策，通商政策，そして労働政策を中心にみておこう。

### (1) エネルギー政策

　東電福島第1原子力発電所の重大事故を受けて国民の9割もの圧倒的多数が望んでいる原発ゼロの声に押されて，民主党野田政権が2012年，渋々取り決めた「2030年代に原発をゼロにする」との基本方針を安倍政権は早々

と放擲し、「責任あるエネルギー政策の推進」の旗印の下で今後10年間で原発の基本政策を決定するとして事実上、原発維持の方針に逆戻りした。日米原子力共同体＝原発マフィアが求める原発政策へと舵切りしたのである。しかし、福島第1発電所の事故から3年が過ぎても原発周辺の住民約14万人が郷里に戻れない状態が続き、また事故の収束はおろか既に方針が決まった40年といわれる原発廃炉の具体的計画も未だ見通せない状態に有りながら、国民の声を無視し、原発再稼働を順次進めていくことは、政府の政策として無責任極まりないといわなければならない。思い起こせば原発事故直後に国内だけでなく世界的にも原発廃止の声が大きな広がりを見せる中、イタリアの国民投票で原発廃止の結果が出た当時、石原伸晃自民党幹事長（当時）がそれを「集団ヒステリー」と評した（朝日新聞）ことを忘れることができない。こうした受け止め方しかできない政治家が政権中枢にいる政党が政権に返り咲けば、原発維持に逆戻りするのも時間の問題であった。しかし、そもそも原発推進派の根拠となっているのは、原発を稼働しなければ電力需給が逼迫するとか、原発による発電コストが最も安いからということである。しかし、そうした主張はいずれも、事実によっても理論的にも否定されている。2012年5月には初めて54基全ての原発が停止することになったが、原発を稼働しなければ電力需給が逼迫して大変な事態になるとの脅し文句にもかかわらず、実際には省エネの進捗によって真夏のピーク時の電力不足は起きずに無難に乗り切った。また発電コストについても、むしろ原子力発電が最も高いという試算が提出されている。原発マフィアによる「日本の原発は絶対安全」という嘘に続いて、またしても「原発再稼働がなければ電力不足が起きる」、「原子力の発電コストが最も安い」という宣伝文句のまやかしが露見したのである。

　さらに、そうした大事故のために、国内での新設が困難になった原発を、成長戦略の一環として国内の代わりにアジアや中東地域を中心に輸出する計画が野田政権から安倍政権の下で着々と進んできた。「原発事故によって日本の原発の安全性がさらに強化された」などと強弁してトップセールスで海外への売り込みをはかるのは、正しくモラルの欠如にほかならない。

他方，再生可能エネルギー政策については，民主党政権下の12年7月から再生可能エネルギーの固定価格買取制度がスタートしているが，固定価格買取制度さえ作れば事態が円滑に進捗するわけでないのは当然のことだ。実際に計画が進捗しているのはメガソーラーや個人住宅へのソーラーパネルの設置など太陽光発電の分野だけであり，風力発電，小水力発電，バイオマス発電，地熱発電などの分野では各省庁や自治体の各種規制が障害となっててほとんど進んでいないのが実情だという。日本経済新聞によれば，13年1月までに運転した主な再生可能エネルギーの発電容量は，太陽光が約664万キロワット，風力約254万キロワット，バイオマス約213万キロワット，地熱約50万キロワットなどとなっている[6]。環境への影響を十分に見極めたうえでだが，進捗の障害となっている要因を除去するための経済産業省など省庁の本腰を入れた取り組みが欠かせない。

　また発送電分離や電力の小売り自由化を課題とする電力市場改革は，電力会社による地域経済での圧倒的な独占と支配力を打破し再生可能エネルギー等による発電事業者の新規参入を促すうえでも，避けては通れない。安倍政権下でも一応は発送電分離など電力市場改革を進めるとの方針は決定している。しかし，「日本の原発は絶対安全だ」と政官財報学が一体で原発を推進してきた末に引き起こした大事故への後ろめたさなど微塵も感じさせず，モラルも脱ぎ捨てなりふり構わず原発の再稼働や海外への原発の売り込みに狂奔していることとは対照的に，電力市場改革に向けた熱意と意気込みがあまり伝わってこないのはどういう訳か。電力業界のロビー活動によって気がつけばいつの間にか発送電分離など電力市場改革が換骨奪胎されていたということにならないよう，最大限注視していく必要があろう[7]。

### (2) 通商政策

　通商政策では，活発でフェアな国際競争を確保するため，貿易・投資のルールの調和と創出，そして特に成長を続けるアジア太平洋地域，東アジア地域，欧州との経済連携を戦略的に推進するとの基本方針を打ち出している。その方針の下でTPP交渉参加やアジアでの日中韓FTA，RCEP（東アジア地

域包括的経済連携協定。ASEAN＋日中韓，オーストラリア，ニュージーランド，インドの16ヶ国から成る），EUとの経済連携協定（EPA）などが議題に上っているが，この中で最大の問題となっているのはTPP交渉への参加問題だ。

　すなわち，民主党の野田内閣がTPP交渉参加を2012年暮れの衆院選での争点の1つとしてこれを党公認候補者に対する踏み絵としたため，選挙公約破りの消費税率引き上げと並んで党の分裂・解体を招くことになったのに反して，自民党は聖域なき関税撤廃には断固反対でありTPP交渉には参加しないということを事実上の選挙公約としておりながら，選挙で大勝し訪米してオバマ大統領から「聖域なき関税撤廃を条件とするものではない」との一言を引出すや否や，それを錦の御旗として，TPP交渉への参加を早々と決定した。これは明らかに民主党と同根の選挙公約破りであった。

　こうしたTPPについては多くの識者から重大な問題点が指摘されている。鈴木宣弘氏からは，国民生活に重大な影響を及ぼす交渉の内容がそもそも国民に全く秘密裏に進められていること，交渉入りする前の段階で狂牛病のために輸入が規制されてきたアメリカ産牛肉輸入への大幅譲歩や関税率がとうにゼロとなっている日本市場への米国製自動車の輸入台数の一定枠確保など法外な「入場料」が要求されていること，また孫崎享氏からはISDS条項によって投資家が投資した国の法律や行政上の不備，制度などによって損害を被ったことを口実にして当該国の政府を相手取って国際司法裁判所に提訴し，法律や制度等を撤廃させることができる点などが問題視されている。

### (3) 労働政策

　労働政策の分野では，「世界で最も企業が活動しやすい市場の創出」の一環として関税率引き下げ，法人税率引き下げなどと並んで，労働市場の流動化を推進しようとしている[8]。安倍首相が議長を務める産業競争力会議では10人の民間議員のうち，労働界からは1人の委員も入れず，新自由主義寄りの経営者や竹中平蔵氏などの学者で構成し，会議では民間議員から，経済界が強く求める正社員に対する解雇規制緩和の提言が出されたと報じられた。

すなわち解雇規制を緩和し金銭補償することによって自由に解雇できるようにしようというのである。こうした発言は労働契約法第16条で規定する「解雇は，客観的に合理的な理由を欠き，社会通念上相当であると認められない場合は，その権利を濫用したものとして，無効とする」という至極当然な「解雇権濫用法理」をターゲットにし，これを撤廃させようとしたものという。「企業の活力を生むためには人材の新陳代謝は欠かせない」という日本経済新聞は，こうした民間議員の提案に賛成の立場から，社説でこう主張する。

「競争力の落ちた企業に人材が抱え込まれれば産業構造改革が進まず，本人のためにもならない。」「環境・エネルギーや医療・介護など成長分野への人の移動を促すため，障害になる規制は取り除かなければならない」[9]と。

こうした安倍政権下での労働分野の規制緩和は，彼の師でもあった小泉氏が2004年に実施した製造業派遣の自由化とも同工異曲である。

しかし，さすがに参議院選挙を目前にしてのこうした露骨な労働政策は労働者や労働組合の反発を招く恐れがあると考えてか，首相も導入を完全に否定し6月に予定している成長戦略には取り入れないことになったという。だが，こうした政策はホワイトカラー・エグゼンプションなどと同様，アドバルーンのように打ち上げられて労働者の顔色を伺いつつ，選挙で大勝した後に再度持ち出されてくる可能性がないとはいえない。また，解雇規制の緩和は今回取り下げられたとはいえ，やはり民間議員の要望によるものとして，雇用調整助成金を縮小してその代わりに労働移動促進の助成金対象を大幅に拡充したり，職務や勤務地を絞る代わりに賃金を従来の正社員より安くする「限定正社員」を普及するための雇用ルールなどがその実施を前提にして前向きに検討されるという。さらに，ハローワークの業務の一部の民間の人材派遣会社への移管や，裁判による解雇無効判決時の職場復帰ではなく金銭解決での提案についても，引き続き議論を続ける方向だといわれる[10]。いずれも労働移動の流動化という名前の雇用の不安定化や雇用の劣化を推し進める方策であり，これまで以上に労働者の犠牲のうえで成長戦略を構築しようとするものにほかならない。また企業の人件費削減には役立っても，設備投資

の増大を通じた雇用の増加と賃金引き上げなど労働条件の改善に結びつく保証は全くない。政府が取組むべきはまさに同一労働同一賃金の原則の確立など，労働分野での社会的公正の確立でなければならない。

### むすび

　以上，アベノミクスとそれによる日本経済の行方を，政権発足後4ヶ月余り経過した具体的事実を踏まえながら批判的に検証し予測してみたが，安倍氏の口先介入に始まり異次元の金融緩和とによって円安が進行し，これによって輸出産業や証券業など一部の業種の企業業績が急回復していることや70％という世論の安倍政権への高い支持率にもかかわらず，その政策には疑問を抱かざるをえない。賃金引き上げなど雇用条件の改善を伴わない単なるインフレ昂進の可能性や，資産バブルの進行とその崩壊後の経済危機の懸念がある。それらに加えて，長引くデフレの原因となってきた雇用の悪化と民間企業の巨額の内部蓄積と設備投資の縮小など，内需の縮小問題にメスが入れられるどころか，むしろ雇用の悪化に拍車がかかる労働分野での各種の規制緩和さえも議題に上っているからである。いわゆる7月の参院選前までの「安全運転」として進められているこの時期に取り纏められる予定の成長戦略だけでなく，むしろ参院選後に表面化してくる安倍氏の本音に基づいて成長戦略に盛り込まれる内容にこそ注視していく必要があろう。

### ［補足］

　本章の執筆後2ヶ月が経過し，アベノミクスを取り巻く状況にも大きな変化が生じているため，若干の補足を加えておこう。

　まず第1に，黒田日銀が「異次元の金融緩和」によって達成しようとしていた目標の1つに長期金利の引き下げによって設備投資を刺激するという狙いが挙げられるが，その思惑通りに事が運ぶかどうか疑念を抱かせる事態が生じているのである。というのは，13年に入って日経平均株価が年初来高値を更新しつつあるとみるや否や，これまで国債市場で運用されていた機関投資家の資金が株式市場に流入した結果，異次元の金融緩和が実施される前

に0.3％前後で推移していた長期金利がその後0.8％台にまで上昇し，メガバンクの住宅ローン金利も3ヶ月連続で上昇したからである。先進国で最悪の日本の政府長期債務残高が1,000兆円に限りなく接近しつつある中で，金融当局が長期金利のコントロールを失えば，ユーロ圏同様の財政危機に見舞われることもあり得ないことではないのである。

　第2の大きな変化は，昨年末から一本調子で上昇し続けた日経平均株価が13年5月23日（木）に歴代13位ともいわれる1,143円もの大幅な下落を示し，これ以降，株価が乱高下を繰り返すなど不安定性（ボラティリティ）を高めていることである。こうした株価の急落は，バーナンキFRB議長が議会証言でアメリカ経済の回復を踏まえてQE3（金融の量的緩和第3弾）の縮小を考慮しているとの発言や，中国経済での製造業の景況感の悪化が報じられたことが直接の契機であった。アベノミクスを支えていた有利な世界経済環境が変調を来しつつあるのである。また，参議院選挙の公示前に発表された成長戦略に何も目新しさがないことも，市場の失望を買ったといわれている。

　第1四半期のGDPが年率換算でプラス4.1％となり，世論のアベノミクスへの高い期待から参議院選挙も自民党の圧勝が予想される中，IMFが世界経済の新たな懸念材料として，中国の金融システム不安と成長の鈍化，アベノミクス，それにアメリカの量的緩和の縮小による世界金融の不安定化の順に，これらを世界経済のリスク要因に挙げたとの報道がなされている（2013年7月10日付け朝日新聞Web版）。アベノミクスと日本経済の行方を今後とも注視していかざるを得ない。

●注
1）財務省，四半期別法人企業統計，同省ホームページ，データによる。
2）浜田宏一『アメリカは日本経済の復活を知っている』講談社，2013年，参照。ほかに同氏，日経新聞，朝日新聞のインタビュー記事，参照。
3）日本経済新聞「首相執念　折れた日銀」，2013年1月23日朝刊，3面。
4）日本経済新聞「日銀，新たな量的緩和」，2013年4月4日夕刊，1面。
5）町田俊彦「2013年度政府予算の分析と課題　「総論」「生活重視」「人」から

「企業収益重視」「コンクリート」へ」(『生活経済政策』2013年3月号), 3-8頁, 参照.

6) 日本経済新聞, 2013年5月10日, 9面. なお, 同紙によれば, 住友林業が間伐材などを燃料とした5万キロワットという国内最大規模のバイオマス発電所を2016年にも稼働させる計画のほか, 広大な社有林を持つ製紙大手もバイオマス発電に相次いで参入しており, 太陽光発電に偏っている再生可能エネルギーの多様化が進みそうだという.

7) Web版の"The Economist"誌は,「安倍政権は日本の電力産業を改革する野心的な計画を承認した.」「もし国会で承認されれば, 1950年代以来の日本の電力部門における重要な改革となろう」('Business in Japan: Appraising Abenomics', Apr 6th 2013.) と述べているが, 安倍政権のこの問題に取り組む本気度がどれだけなのか, 参院選対策の可能性もあるため, 今後十分に見極める必要がある.

8) 小倉利丸「「成長」とナショナリズム―不可能性としてのアベノミクス」(『インパクション』189号, 2013年4月号), 21-22頁, 参照.

9) 日本経済新聞「社説 元気な社会へ新たな雇用ルールを」, 2013年4月8日朝刊, 2面.

10) 日本経済新聞「解雇規制 緩和見送り」, 2013年4月24日, 3面.

著者紹介

星野　富一（ほしの・とみいち）

　1948年新潟県生まれ。
　1974年横浜国立大学経済学部卒業。81年東北大学大学院経済学研究科博士課程単位取得退学（経済理論・景気循環論専攻）。同年4月盛岡大学文学部専任講師を経て同助教授。91年4月カナダ・ヨーク大学客員研究員（〜92年3月）。94年4月富山大学経済学部教授（〜2014年3月）。2014年4月富山大学名誉教授。2003年　博士（経済学・東北大学）。

　主要著書・論文：「アメリカの連邦財政赤字と貿易赤字──レーガノミックスと世界経済」（盛岡大学『比較文化研究紀要』第4号，1992年），R. Albritton & Thomas T. Sekine ed. *A Japanese Approach to Political Economy*, Macmillan, 1995.「リカードウ新機械論の論理」（『経済学史学会年報』第36号，1998年），馬渡尚憲編著『経済学の現在　V.3』（昭和堂，2002年），『景気循環の原理的研究』（富山大学出版会，2007年），村上和光・半田正樹・平本厚編著『転換する資本主義：現状と構想』（御茶の水書房，2005年），SGCIME編『グローバル資本主義と景気循環』（御茶の水書房，2008年），「アメリカ発世界経済金融危機とその原因」（経済理論学会編『季刊　経済理論』第47巻第2号，2010年），星野富一ほか編『東アジア地域統合の探究』（法律文化社，2012年），星野富一・金奉吉・小柳津英知編著『東アジアの競争と協調』（富山大学東アジア共生学創生の融合研究報告書，2013年）ほか。

現代日本の景気循環と経済危機

2014年10月10日　第1版第1刷発行
2015年 4月 5日　第1版第2刷発行

　　　　　　　　　　著　者　星野富一
　　　　　　　　　　発行者　橋本盛作
　　　　　　　　　　発行所　株式会社御茶の水書房
　　　　　　　〒113-0033　東京都文京区本郷5-30-20
　　　　　　　　　　　　　電話　03-5684-0751

Printed in Japan　　　　　　　　　印刷／製本：シナノ印刷(株)

ISBN978-4-275-01088-9　C3033

|  |  |  |
|---|---|---|
| 『資本論』と私 | 宇野弘蔵 著(桜井毅解説) | 四六判・三八八頁 価格 二八〇〇円 |
| 現代資本主義のダイナミズム | 伊藤誠 編 | A5判・二一二頁 価格 二六〇〇円 |
| 資本主義経済の機構と変動 | 伊藤誠 編 | A5判・二六八頁 価格 二八〇〇円 |
| 転換する資本主義：現状と構想 | 村上和光・平田正樹 編著 | A5判・三三四頁 価格 三三〇〇円 |
| 現代の資本主義：構造と動態 | 馬渡尚憲 編集代表 | A5判・五三二頁 価格 三五〇〇円 |
| グローバル資本主義と景気循環 | SGCIME 編 | A5判・三三〇頁 価格 三一〇〇円 |
| 宇野理論とアメリカ資本主義 | 馬場宏二 著 | A5判・五二〇頁 価格 四八〇〇円 |
| マルクス経済学 方法論批判——変容論的アプローチ | 小幡道昭 著 | A5判・二九八頁 価格 三三〇〇円 |
| 経済原論 | 菅原陽心 著 | 菊判・三四二頁 価格 三〇〇〇円 |
| 段階論の研究——マルクス・宇野経済学と〈現在〉 | 新田滋 著 | A5判・五五六頁 価格 九〇〇〇円 |
| 経済学原理論を読む | 村上和光 著 | A5判・四四〇頁 価格 八〇〇〇円 |
| 接客サービスの労働過程論 | 鈴木和雄 著 | 菊判・四二六頁 価格 六六〇〇円 |

御茶の水書房
(価格は消費税抜き)